광흥사 월인석보 권7·권8

서보월(徐輔月)

경북대학교 국어국문학과 및 대학원 졸업
안동대학교 국어국문학과 교수
한국문학언어학회 회장
안동어문학회 회장
『신국어학』(1993), 『안동문화의 수수께끼』(공저, 1997), 『온주법』(2013), 『문경방언의 언어지리학』
(공저, 2016) 등

천명희(千明熙)

안동대학교 국어국문학과 졸업
경북대학교 대학원 국어국문학과 졸업
안동대학교 강사
『증보 정음발달사』(공저, 2016), 『한어방언지리학』(공저, 2017), 『여암 신경준의 저정서 연구』(공저,
2018) 등

광흥사 월인석보 권7·권8

© 서보월·천명희, 2019

1판 1쇄 인쇄__2019년 06월 05일
1판 1쇄 발행__2019년 06월 15일

편저자__서보월·천명희
펴낸이__양정섭

펴낸곳__도서출판 경진
         등록__제2010-000004호
         이메일__mykyungjin@daum.net
         사업장주소__서울특별시 금천구 시흥대로 57길(시흥동) 영광빌딩 203호
         전화__070-7550-7776 팩스__02-806-7282

값 28,000원
ISBN 978-89-5996-251-8 93710

※ 이 책의 이미지는 불교중앙박물관이 촬영한 것이며 광흥사의 협조로 게재되었음을 밝힙니다.
※ 이 책은 본사와 저자의 허락 없이는 내용의 일부 또는 전체의 무단 전재나 복제, 광전자 매체 수록 등을 금합니다.
※ 잘못된 책은 구입처에서 바꾸어 드립니다.
※ 이 도서의 국립중앙도서관 출판예정도서목록(CIP)은 서지정보유통지원시스템 홈페이지(http://seoji.nl.go.kr)와 국가자료
   공동목록시스템(http://www.nl.go.kr/kolisnet)에서 이용하실 수 있습니다.
   (CIP제어번호: 2019019994)

광흥사
월인석보
권7·권8

편저자

서보월·천명희

안동 광흥사(廣興寺) 월인석보(月印釋譜) 권7·권8

1. 『월인석보(月印釋譜)』의 간행

　『월인석보』는 1447년에 완성된 『석보상절(釋譜詳節)』과 이를 보고 세종이 친찬(親撰)한 『월인천강지곡(月印千江之曲)』을 편집하여 1459년(세조5)에 목판본으로 간행한 책이다. 정식 서명(書名)은 두 책의 이름 첫 두 자를 합한 것이므로 권두제(卷頭題)는 '월인천강지곡석보상절(月印千江之曲釋譜詳節)'이다. 권1에 '훈민정음언해(訓民正音諺解)'가 실려 있으며, 여러 중간본과의 비교를 통해 국어의 변천 과정을 살펴볼 수 있다는 점에서 그 가치가 매우 크다.

　『석보상절』과 『월인천강지곡』의 편찬은 1447년에 이루어졌다. 『월인석보』 권1에 수록된 「석보상절서(釋譜詳節序)」와 「어제월인석보서(御製月印釋譜序)」에는 1446년(세종28) 3월에 승하한 소헌왕후(昭憲王后)의 추천(追薦)을 위하여 세종이 수양대군(首陽大君)에게 석가의 일대기를 편찬하라는 명령을 내렸으며, 수양대군은 책의 편찬을 위해 승우(僧祐)의

『석가보(釋迦譜)』와 도선(道宣)의 『석씨보(釋氏譜)』를 얻어 보았으나 내용이 같지 않으므로 두 책을 합쳐서 한문본(漢文本) 『석보상절』을 편찬하고 그것을 다시 모든 사람이 알기 쉽게 언해하였다는 편찬과정이 나타난다. 완성된 『석보상절』을 본 세종은 석가의 공덕을 찬양하는 『월인천강지곡』을 지었다고 전해진다.

『월인천강지곡』과 『석보상절』은 모두 영본으로만 전해지는데 『월인천강지곡』은 상권만이 전하며, 중권과 하권의 일부는 『월인석보』 및 『석보상절』 낙장에 끼어 전하는데 현재 전체 3권 3책으로 구성되었던 것으로 추측된다. 『석보상절』은 권6·권9·권13·권19·권20·권21·권23·권24의 8권 8책이 전하며, 16세기 복각본인 권3·권11의 2권 2책도 전하고 있다.[1]

현전하는 『월인석보』의 원간본은 권1·권2·권7·권8·권9·권10·권11·권12·권13·권14·권15·권17·권18·권19·권20·권23·권25의 17권이고, 중간본은 권1·권2·권4·권7·권8·권17·권21·권22·권23의 9권이다. 즉 원간본과 중간본을 모두 대상으로 하여도 권3·권5·권6·권16·권24의 5권이 결권(缺卷)이 된다. 원간본과 중간본이 모두 전하는 경우는 권1·2·7·8·17·23의 6권이다.[2] 『월인석보』의 전권은 『석보상절』의 구성으로 미루어서 24권으로 추정되었지만, 1995년에 전남 장흥의 보림사(寶林寺)에서 권25가 발견되면서 대략의 규모가 정리되었다. 권25에는 『석보상절』 24권의 내용이 들어 있으며, 내용 구성상 마지막 부분에 속하므로 이에 따라 『월인석보』의 총 권수는 25권으로 볼 수 있다.[3]

1) 안병희, 「月印釋譜의 編刊과 異本」, 『진단학보』 75, 진단학회, 1993, 184쪽.
2) 김기종, 「釋譜詳節 卷11과 月印釋譜 卷21의 구성방식 비교연구」, 『한국문학연구』, 2003, 동국대학교 한국문학연구소, 2003, 220쪽.
3) 강순애(1998, 2001, 2005) 참조.

『월인석보』의 현재 전하는 간본의 종류와 소장처는 다음과 같다.4)

〈표1〉 월인석보의 이본 및 소장처

권차	수량	소장처	
		원간본	중간본
권1	52	서강대 도서관(보물 745-1)	풍기 희방사판: 서울대 규장각, 국립중앙도서관, 동국대 도서관 등
권2	79		
권4	66		간기미상판: 대구 김병구
권7	80	동국대 도서관(보물 745-2)	풍기 비로사판: 경북 의성 개인(권7)
권8	104		풍기 비로사판: 서울대 일사문고(권8) 간기미상판: 고려대 육당문고
권9	66	김민영(양주동 구장본, 보물 745-3)	
권10	122		
권11	130	호암미술관(보물 935)	
권12	51		
권13	74	연세대 도서관(보물 745-4)	
권14	81		
권15	87	성암고서박물관, 순창 구암사(보물 745-10)	
권17	93	범우사(보림사 구장본) 평창 월정사 성보박물관(수타사 구장본, 보물 745-5)	
권18	87	평창 월정사 성보박물관(수타사 구장본, 보물 745-5)	
권19	125	가야대 박물관	
권20	117	임홍재(보물 745-11)	
권21	222	안동 광흥사	안동 광흥사판: 국립중앙도서관, 서울대 규장각, 영남대 도서관, 경희대 도서관 등 순창 무량굴본: 호암미술관(심재완 구장본, 보물 745-6), 연세대 도서관, 서울대 규장각, 동국대 도서관 등 은진 쌍계사판: 서울대 규장각 등 지장경언해: 국립중앙도서관 등

---

4) 국립국어원, 국가기록유산, 한국고전적종합목록시스템 등 참조.

권차	수량	소장처	
		원간본	중간본
권22	109		간기미상판: 삼성출판박물관(보물 745-7)
권23	106	삼성출판박물관(보물 745-8)	순창 무량굴본: 연세대 도서관, 영광 불갑사
권25	144	장흥 보림사(보물 745-9)	

『월인석보』는 현전 목판본 문헌 중에서 판각과 인출의 기술이 매우 뛰어나며 중간본의 경우에도 원간본에 비해서는 그 기법이 뒤지지만 전반적으로 판각의 우수성을 잘 보여주고 있다. 또한 훈민정음 창제 초기의 한글 변천 과정을 살피는 데 있어서 중요한 국어사적 자료로서의 가치를 지닌다. 그리고 조선 초기에 유통된 중요 불교 경전이 취합된 것이므로 당시 경전의 수용 태도도 살필 수 있는 자료이다.

우선 『월인석보』는 『월인천강지곡』을 본문으로 하고 『석보상절』을 주석으로 하여 구성되었다. 이야기의 단락에 따라서 『월인천강지곡』이 1~50수가 실리고 그에 해당하는 『석보상절』이 실려 있다. 『월인석보』의 본문과 주석은 글자의 크기에서 차이가 나는데 「월인천강지곡」 부분은 큰 글씨로 1행에 14자이지만 「석보상절」 부분은 작은 글씨로 1자를 낮추어서 1행 15자이다.[5] 한글 자형도 초창기와 달리 획이 부드럽게 바뀌었으며, 방점 및 아래아의 모습도 점획(點劃)으로 바뀌었다.

『월인석보』는 『월인천강지곡』과 『석보상절』의 단순한 합편이 아니며 권의 배열과 글의 내용에 있어서 변개가 있다. 예로 『석보상절』 권11과 권19의 내용이 각각 『월인석보』 권21과 권17에 나타나고, 같은 권13이 『석보상절』은 『묘법연화경』 권1, 『월인석보』는 권2와 권3의

---

5) 안병희(1993: 186).

내용을 담고 있다. 또한 문장과 표기법에서 「월인천강지곡」의 부분에서는 한자가 먼저 놓이고 동국정운식 한자음에 충실한 독음이 표기되는 것으로 바뀌었다. 구성에 있어서는 협주(夾註)가 추가되고, 어구가 수정되는 등 부분적 변개와 곡차(曲次)의 변동이 있다. 또한 문법과 어휘 선택 등에서도 차이점을 보이는데 이는 이들 문헌 편찬자들 간의 언어 사실 차이와 불경의 성격에 더 가깝게 하려는 편찬자의 의도가 반영된 것으로 보인다.

〈표2〉 월인석보와 석보상절, 월인천강지곡

권차	釋譜詳節	月印千江之曲 曲次
권1		1~11
권2	권3	12~29
권4	권6	67~93
권7		177~181, 182~199, 200~211
권8		212~219, 220~250
권9	권9	251~260
권10		261~271
권11		272~275
권12	권13	276~278
권13		279~282
권14		283~293
권15		296~302
권17	권19	310~317
권18		318~324
권19	권21	325~340
권20		341~411
권21	권11	412~429
권22		445~494
권23	권23, 권24	497~524
권25	권24	577~583

2. 광흥사 복장(腹藏)

　복장은 불상을 조성하면서 배 안에 봉안(奉安)하는 사리(舍利) 등의 유물을 일컫는다. 처음 사리를 봉안하기 위하여 탑이 생겨났고 이후 불경이나 불화에도 봉안하였으며, 점차 불상의 배 안에도 장치하게 되었는데 이는 사리를 불상에 넣어야만 조성된 불상이 진신(眞身) 부처가 된다는 믿음에서 비롯되었다. 사리는 초기에는 불상의 머리 부분에 장치하였다고 하며, 이후 점차 배 부분에 넣게 된 것으로 추정되고 있다. 보통 불상 복장 안에는 사리와 사리통, 5곡이나 오색실, 불경과 의복, 다라니와 만다라, 복장기나 조성기 등을 머리와 배의 빈 부분에 가득 채워 넣었는데『조상경(造像經)』6)의 법식을 따르고 있다. 우리나라의 경우 766년에 조성된 지리산 석남사 석조비로자나불좌상의 대좌에 사리 장치를 넣었던 경우가 발견되었으므로 그 기원을 신라시대로 볼 수 있다. 복장물은 당시 불교 신앙의 경향과 불상조성의 유래, 발원문을 통한 당대 시대사 연구에 귀중한 자료가 된다. 그리고 여러 문헌들의 대량 출현을 통해 귀중한 자료를 제공해 주고 있다.

지장전 목상

---

6) 불보살상(佛菩薩像)의 조성에 따른 제반의식과 절차에 관한 내용을 담은 경전.

복장

　2013년 광흥사의 복장에서 발굴된 자료들은 모두 18개의 상자로 나누어 수습되었다. 복장의 발굴은 불교중앙박물관의 도움으로 진행되었다. 수습 이후 며칠 뒤에 박물관으로 옮겨졌기 때문에 현장에서 복장물 수습을 기록한 자료를 요청하여 이후 정확한 목록표를 작성하였다. 각 상자별로 자료를 목록화하면 총 18상자의 139항목으로 정리된다. 아래 〈표2〉에서 분류항의 번호는 상자별 유물 번호이다. 유물의 총량은 훼손 및 제책으로 묶여 있어 분리가 되지 못한 46묶음과, 수량이 파악된 3,077장 및 후령통 16점이다. 각 묶음은 10~20장 가량의 분량이며, 1책이 묶음으로 처리된 경우도 다수여서, 적어도 1,000여장 이상으로 추정할 수 있으며 따라서 복장의 총량은 적어도 4,000점 이상으로 추측할 수 있다. 앞서 언급한 바와 같이 이들 중 월인석보는 복원 과정을 마친 상태이다. 그러나 여타의 문헌들은 아직까지 수장고에 보존처리를 위해 보관되어 있다.

〈표3〉 복장 유물 목록

번	분 류	종 류	수 량
1	1-1	능엄경다라니	76장
2	1-2	능엄경다라니	31장
3	1-3	중례문	6장
4	1-4	월인석보	3장
5	1-5	경전	1장
6	2-1	법화경	37장
7	2-2	경전	1장
8	2-3	능엄경다라니	49장
9	2-4	능엄경다라니	6장
10	2-5	범자인주다라니	20장
11	2-6	인주다라니	24장
12	2-7	월인석보	1묶음
13	2-8	묵서진언	6장
14	2-9	후령통	1점
15	3-1	능엄경다라니	77장
16	3-2	법화경1	1묶음
17	3-3	법화경7	1묶음
18	3-4	법화경3~7	1묶음
19	3-5	후령통	1점
20	4-1	다라니	52장
21	4-2	법화경	82장
22	4-3	화엄경 보원행원품	1묶음
23	4-4	법화경	1묶음
24	4-5	법화경	1묶음
25	4-6	법화경	1묶음
26	4-7	월인석보	1묶음
27	4-8	후령통	1점
28	4-9	묵서	1장
29	5-1	발원문	1장
30	5-2	후령통	1점
31	5-3	능엄경다라니	153장
32	5-4	능엄경다라니	37장
33	5-5	범자인주다라니	16장

번	분 류	종 류	수 량
34	5-6	법화경	1묶음
35	5-7	필사 경전	1묶음
36	5-8	월인석보	73장
37	6-1	후령통	1점
38	6-2	월인석보	1묶음
39	6-3	필사 경전	1묶음
40	6-4	법화경	105장
41	6-5	능엄경다라니	37장
42	6-6	능엄경다라니	33장
43	6-7	범자인주다라니	36장
44	7-1	후령통	1점
45	7-2	현수제승법수서	1묶음
46	7-3	선문염송	1묶음
47	7-4	법화경	1묶음
48	7-5	치문경훈	1묶음
49	7-6	금강경	1묶음
50	7-7	대장경	1묶음
51	7-8	대혜보각선사서	1묶음
52	7-9	수월도량공화불사여환빈주몽중문답	1묶음
53	7-10	월인석보 권8	1묶음
54	7-11	필사 경전	1묶음
55	7-12	법화경	123장
56	7-13	범자인주다라니	7장
57	7-14	능엄경다라니	67장
58	7-15	능엄경다라니	27장
59	8-1	후령통	1점
60	8-2	팔사 경전	1묶음
61	8-3	월인석보	1묶음
62	8-4	청문	1묶음
63	8-5	법화경	42장
64	8-6	능엄경다라니	63장
65	8-7	범자인주다라니	80장
66	9-1	발원문	1점
67	9-2	후령통	1점

번	분 류	종 류	수 량
68	9-3	월인석보	1묶음
69	9-4	북두칠성연명경	1묶음
70	9-5	법화경	1묶음
71	9-6	법화경	80장
72	9-7	능엄경다라니	92장
73	9-8	다라니	29장
74	9-9	범자인주다라니	3장
75	10-1	후령통	1점
76	10-2	선종영가집언해	1묶음
77	10-3	의식집	1묶음
78	10-4	종경촬요	1묶음
79	10-5	청문	1묶음
80	10-6	법화경	1묶음
81	10-7	법화경	1묶음
82	10-8	법화경	64장
83	10-9	능엄경다라니	98장
84	10-10	범자인주다라니	6장
85	11-1	후령통	1점
86	11-2	월인석보	1묶음
87	11-3	법화경	1묶음
88	11-4	법화경	101장
89	11-5	능엄경다라니	80장
90	11-6	능엄경다라니	30장
91	12-1	북두칠성연명경	3장
92	12-2	능엄경다라니	62장
93	12-3	범자인주다라니	44장
94	13-1	후령통	1장
95	13-2	법화경	1묶음
96	13-3	의식집	1묶음
97	13-4	필사 경전	1묶음
98	13-5	능엄경다라니	17장
99	13-6	범자인주다라니	23장
100	13-7	백지	21장
101	14-1	후령통	1점

번	분류	종류	수량
102	14-2	금강경	1묶음
103	14-3	문집	1묶음
104	14-4	법화경	32장
105	14-5	능엄경다라니	41장
106	14-6	능엄경다라니	20장
107	14-7	범자인주다라니	31장
108	14-8	보치진언다라니	17장
109	15-1	후령통	1점
110	15-2	월인석보	1묶음
111	15-3	법화경	43장
112	15-4	능엄경다라니	21장
113	16-1	후령통	1점
114	16-2	문집	1묶음
115	16-3	경전	1묶음
116	16-4	법화경	43장
117	16-5	범자인주다라니	21장
118	16-6	능엄경다라니	13장
119	16-7	능엄경다라니	28장
120	17-1	후령통	1점
121	17-2	보각선사문집	1묶음
122	17-3	필사경전	1묶음
123	17-4	법화경	19장
124	17-5	범자인주다라니	37장
125	17-6	경전 낱장	1장
126	17-7	몽산화상육도보설 표지	1장
127	17-8	능엄경다라니	2장
128	17-9	백지	1묶음
129	18-1	후령통	1점
130	18-2	청문	1묶음
131	18-3	월인석보	1묶음
132	18-4	영가집	1묶음
133	18-5	필사	1묶음
134	18-6	필사	1묶음
135	18-7	법화경	22장

번	분 류	종 류	수 량
136	18-8	능엄경다라니	113장
137	18-9	범자인주다라니	51장
138	18-10	묵서	3장
139	18-11	한글서간	1점
합		52묶음 3,071장 후령통 16점	

　　다음으로 이를 종별로 분류하여 제시하면 아래 〈표4〉와 같다. 종별
분류는 유물 수습 당시의 자료사진을 일일이 대조하여 분석한 것이다.
현재까지 자료는 총 39종으로 분류된다.

〈표4〉 복장 유물 종별 분류

번	종 류	분류 - ( )는 수량	수 량
1	금강경1	7-6	1묶음
2	금강경2	14-2(1묶음), 14-3(1묶음), 16-2(1묶음), 16-3(1묶음),	4묶음
3	능엄경다라니1	1-1(76장), 2-3(49장), 3-1(77장), 4-1(52장), 5-3(153장), 6-5(37장), 7-14(67장), 8-6(63장), 9-7(92장), 10-9(98장), 11-5(80장), 12-2(62장), 13-5(17장), 14-5(41장), 15-4(21장), 16-6(13장), 17-8(2장), 18-8(113장)	1,112장
4	능엄경다라니2	1-2(31장), 2-4(6장), 5-4(37장), 6-6(33장), 7-15(27장), 9-8(29장), 11-6(30장), 14-6(20장), 16-7(28장)	241장
5	대혜보각선사서1	7-8	1묶음
6	대혜보각선사서2	17-2	1묶음
7	몽산화상육도보설	17-7	1묶음
8	묵서1	4-9	1장
9	묵서2	18-10	3장
10	묵서3	2-8	6장
11	발원문1	5-1	1장
12	발원문2	9-1	1장
13	백지 (닥종이)	13-7(21장), 17-9(1묶음)	2묶음
14	범자인주다라니	2-5(20장), 2-6(24장), 5-5(16장), 6-7(36장), 7-13(7장), 8-7(80장), 9-9(3장), 10-10(6장), 12-3(44장), 13-6(23장), 14-7(31장), 14-8(17장), 16-5(21장), 17-5(37장), 18-9(51장)	416장

번	종 류	분류 - ( )는 수량	수 량
15	법화경1	4-2(82장), 5-7(1묶음), 6-3(1묶음), 10-3(1묶음),	3묶음 +82장
16	법화경2	3-3(1묶음), 4-5(1묶음), 7-4(1묶음), 9-5(1묶음), 10-6(1묶음), 11-3(1묶음)	6묶음
17	법화경3	3-2(1묶음), 3-4(1묶음), 4-4(1묶음), 4-6(1묶음), 9-6(80장), 10-7(1묶음), 13-2(1묶음)	6묶음 +80장
18	법화경4	2-1(37장), 5-6(1묶음), 6-4(105장), 7-12(123장), 8-5(42장), 10-8(64장), 11-4(101장), 14-4(32장), 17-4(19장), 15-3(43장), 16-4(43장), 18-7(22장)	1묶음 +631장
19	북두칠성연명경1	12-1	3장
20	북두칠성연명경2	9-4	1묶음
21	선문염송	7-3	1묶음
22	선종영가집	18-4	2묶음
23	선종영가집언해	10-2	1묶음
24	수월도량공화불사 여환빈주몽중문답	7-9	1묶음
25	월인석보 권7	1-4, 2-7, 8-3, 15-2	55장
26	월인석보 권8	5-8, 7-10	104장
27	월인석보 권21 원간본	4-7, 9-3, 11-2, 18-3	207장
28	월인석보 권21 광흥사	6-2	121장
29	의식집	13-3	1묶음
30	종경촬요	10-4	1음
31	천지명양수륙재의 찬요(중례문)	1-3	6장
32	자기산보문	8-4(1묶음), 10-5(1묶음), 18-2(1묶음)	3묶음
33	치문경훈	7-5(1묶음), 7-7(1묶음)	2묶음
34	필사 경전	7-11(1묶음), 8-2(1묶음), 13-4(1묶음), 17-3(1묶음), 18-5(1묶음), 18-6(1묶음)	6묶음
35	현수제승법수	7-2	1묶음
36	육경합부	4-3	1묶음
37	신민 언간	18-11	1점
38	후령통	2-9(1점), 3-5(1점), 4-8(1점), 5-2(1점), 6-1(1점), 7-1(1점), 8-1(1점), 9-2(1점), 10-1(1점), 11-1(1점), 13-1(1점), 14-1(1점), 15-1(1점), 16-1(1점), 17-1(1점), 18-1(1점)	16점
39	기타 (경전낱장)	1-5(1묶음), 2-2(1묶음), 17-6(1장)	2묶음 +1장

광흥사 복장에서는 훈민정음 창제 직후의 표기를 그대로 반영하는 한글 자료가 다수 발견되었다. 발견된 한글 자료는 『선종영가집언해』 권하, 『월인석보』 권7의 55장, 『월인석보』 권8 전장, 『월인석보』 권21에 해당하는 2책이다. 이들 문헌들의 한글표기는 모두 15세기 후반에서 16세기 초반의 특성을 보인다. 특히 『월인석보』의 경우 발견된 4종 중 3종이 현재까지 알려지지 않은 판본이다.

또한 광흥사 복장에서는 17세기 국어연구에 활용할 수 있는 중요한 자료들도 발견되었다. 특히 한문문헌에 나타나는 여러 종의 묵서와 구결자료는 복장 이전 17세기에 기입된 것으로 당시의 국어학적 현실을 살펴볼 수 있는 다양한 정보를 담고 있다. 『종경촬요(宗鏡撮要)』와 『대혜보각선사서(大慧普覺禪師書)』 묘희암판(妙喜菴板)과 보현사판(普賢寺板), 『몽산화상육도보설(蒙山和尙六道普說)』, 『선문염송(禪門拈頌)』, 『선종영가집(禪宗永嘉集)』, 『묘법연화경(妙法蓮華經)』 등에는 다양한 구결이 묵서로 기록되어 있다. 묵서에는 방대한 양의 조선전기 한글어휘가 발견되며, 구결은 다양한 형태가 나타났다. 필사자료로서는 화원승(畫員僧) 신민(信敏)의 언간이 있다. 복장 당시인 1692년에 작성된 편지는 광흥사에 있던 동료 화승들에게 보낸 것인데 조선 초기 한글 보급과 관련한 중요한 자료이다.

3. 광흥사 월인석보 권7·권8

광흥사의 복장에서 『월인석보』는 아직까지 보고된 바가 없는 권7과 권8, 그리고 원간본으로 추정되는 권21과 광흥사 중간본 권21 등 총 4권 490장이 발견되었다. 이 가운데 권7과 권8은 간기 미상의 판본이며 그 제작 시기는 한자음의 변개를 비롯한 국어사적 사실로 미루어 16세기 초반으로 추정된다. 권21 2종의 경우 하권만 발견된 것은 1542년에 간행된 광흥사 중간본이다. 그러나 제책의 형태가 기존의 보고된 판본과는 차이를 보인다. 권21의 다른 한 종은 현재까지 보고된 바 없는 원간본임이 확인되었다.

현재까지 알려진 권7과 권8의 원간본은 동국대 도서관 소장본(보물 745-2호)이 유일하며, 중간본으로는 1572년에 간행된 풍기 비로사판(毘盧寺板)이 있는데, 이 중 권7은 경북 의성의 한 개인소장자가, 권8은 서울대규장각 일사문고에 보관 중이다. 간기미상의 중간본으로 권8이 고려대 육당문고에도 소장되어 있다.

『월인석보』 권7은 석가의 종제(從弟)가 출가하고 『불설관불삼매해경(佛說觀佛三昧海經)』 제7과 『불설아미타경』 등의 정토경전을 원용하여 영원한 생명으로서의 초월적인 석가 모습을 구현하고 있다. 권8에서는 『불설관무량수경(佛說觀無量壽經)』, 『불설무량수경(佛說無量壽經)』, 『안락국태자전(安樂國太子傳)』 등을 저본으로 하였다. 그 중 『불설관무량수경』은 앞부분인 서분이 생략되고 부처가 위제포부인의 호소를 들어 무우청정(無憂淸淨)의 나라가 서방극락정토임을 제시하고 있다.[7]

발견된 『월인석보』 권7과 권8의 경우에는 발견 당시에는 원간본으로 추정하였다. 그러나 정밀한 비교 결과 원간본과 한자음 및 방점 등에서 차이를 보이며, 비로사판과도 차이를 보여 현재까지 알려지지 않은 새로운 판본으로 확인된다.

동국대 소장 원간본의 경우 규격은 사주쌍변, 반곽 231×179mm, 유계, 반엽 7행 16자, 대흑구, 내향흑어미이며 책의 크기는 309×220mm

---

7) 강순애(2001: 80).

이다. 간기는 드러나지 않는다.

1572년에 간행된 비로사판의 경우에는 규격이 사주쌍변, 반곽 215×172mm, 무계, 반엽 7행14자 주쌍행 상하소흑구, 내향흑어미이며 책의 크기는 315×217mm이다. 책의 말미에 '萬歷三十五年丁未(1607)二月日...下駕山中基寺'의 간기가 나타나며, '隆慶六年壬申(1572)日慶尙豊基小白山毘盧寺開板'의 원간기(原刊記)도 확인된다.

광흥사 복장에서는 월인석보 권7은 17~18, 26~78로 모두 55장이며, 권8은 1~104의 총 104장으로 전장이 발견되었다. 권7은 책의 크기가 314×204mm, 반곽 216×178mm이다. 광곽은 사주쌍변, 판심의 상하비선은 대흑구이며, 내향흑어미이다. 행관은 7행 16자이며, 월인부는 14자이다. 권8은 규격이 314×206mm이며 반곽 212×183mm, 권7과 동일하게 사주쌍변, 대흑구, 내향흑어미, 7행 16자(월인부 14자)이다.

권7에는 월인천강지곡의 177~181, 182~199, 200~211장이, 권8에는 212~219, 220~250장이 수록되어 있다. 석보상절의 내용은 현재 해당 부분이 전하지 않아 정확히 알 수 없다. 특히 이번 자료에서 권8에는 시주질이 판각된 부분이 나타나는데 33b의 광곽 좌측에 '施主華思比丘', 63b의 광곽 좌측 '施主金仲貞記付先ㄷ父母到名母亞駕', 78b 광곽 좌측에 '黃加ㅁ同兩主', 89b 광곽 최측에 '金貴鶴保佐', 97a 광곽 우측에 '金連亨兩主', 99a 광곽 우측에 '金仲仃兩主' 등 6부분에서 확인된다. 이들은 '부부'를 의미하는 '兩主' 등의 표기로 보아 각수의 이름을 새긴 것은 아니라 판단되며 승려를 비롯하여 평민에 이르는 다양한 계층의 시주자로 볼 수 있다.

문헌의 표기 특성에서 주목할 부분은 특히 89~90장의 경우 표기의 차이가 두드러지고 한자음의 받침 부분이 급격히 변화한 모습을 보인다는 것이다. 우선 이 경우는 이 목판이 만들어지고 난 이후 한자음의 표기가 현실음 표기로 변개되어 가던 과정의 어느 때에 훼손되거나 소실된 목판이 있어 이를 보충하여 다시 제작한 것으로 추정된다. 즉 이 권8의 경우는 혼판(混板)으로 간행된 것으로 보인다.

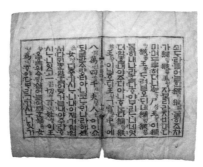

권7-16

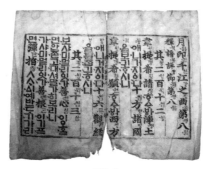

권8-1

시주질

4. 『월인석보』 권7·권8의 국어학적 특성

다음 문헌들에 나타난 표기 특성으로 먼저 권7에서는 고유어에서 표기의 차이를 보이는 경우는 8부분이 발견된다. 이는 일정한 어형의 변화라기보다는 판각상의 문제로 보인다.

(1) a. 目·독(32a 2), 들(45b 4), 梵·뻠(50a 5), 頻뼌(59a 6), ·ㅣ ㅣ(45b 5)

    b. 提·띵(40b 7), 王왕(33b 7), ·란(18a 2), 내(43b 1), ·ㅅ(43b 2), 鬼:광 (67a 5), 化·항(51a 7), 千젼(74b 2)

    c. 信·신(76b 2), ·스(46a 4), 連련(32a 3), 覺·각(40b 7), 劫·건(69a 1)

    d. 나ᅎ(59b 2)

    e. 百·빅(34a 6), 佛·뿛(41a 1), 化·황(67b 2)

한글 자형이 파괴된 형태도 다수가 발견되는데 (1a)는 초성이 잘못 새겨진 경우로 '目·독(32a 2)〈目·목〉'과 '들(45b 4)〈·믈〉', '미(45b 3)'은 'ㅁ'의 좌측 세로획이 판각되지 않아 'ㄷ'을 뒤집어 놓은 듯한 모양이다. '梵·뻠(50a 5)'과 '頻뼌(59a 6)'의 경우에는 'ㅃ'의 가로획이 사라져 있다. '·ㅣ ㅣ(45b 5)〈·니〉는 'ㄴ'의 가로획이 탈락한 경우이다. (1b)는 모음이 잘못 판각된 경우로 '提·띵(40b 7)'은 '提·뗑'에서 모음 'ㅖ'가 'ㅐ'로 마치 'ㅣ'가 두 개가 나타난 형태이다. '王왕(33b 7)'의 경우에는 'ㅘ'가 'ㅓ'로 나타난다. 'ㅘ'의 오각은 '·란(18a 2)〈·롼〉과 '化·항(51a 7)〈化·황〉에서도 확인된다. '내(43b 1)'는 'ㅐ'가 잘못 새겨진 것이며, '·ㅅ(43b 2)'의 경우는 'ㅡ'가 아예 판각이 되지 않았다. '鬼·광(67a 5)〈鬼:귕〉에서는 모음 'ㅟ'가 'ㅘ'로 나타난다. '千젼(74b 2)〈千쳔〉은 다른 예들에서는 '쳔'이 대부분 '쳔'으로 나타나므로 오각으로 생각된다. 그런데 '千쳔'은 판본 안에서 '쳔, 젼'

이외에도 '干천(78a 3)' 등으로 다양하게 나타나 현실음 표기로의 과정을 반영하는 예로 볼 수도 있다. (1c)는 종성의 오각으로 '信·신(76b 2)〈信·신〉과 '·스(46a 4)〈·슨', '連런(32a 3)'은 'ㄴ'의 세로획이 새겨지지 않았다. '覺·각(40b 7)〈覺·각〉의 경우에는 종성 'ㄱ'이 모음 'ㅏ'와 어울려 'ㅢ'와 같이 새겨져 있어 독특하다. 이를 통해 목판 제작자들이 한글에 대한 이해가 부족했음을 알 수 있다. '劫·건(69a 1)〈劫·겁'의 예에서는 오각된 'ㄴ'에 후대의 독자가 묵서로 'ㅂ'을 적은 흔적이 나타나기도 한다. (1d) '나즛(59b 2)〈·낯'의 경우는 '낯'에 모음 'ㆍ'를 추가로 판각하였는데 매우 독특한 형태이다. 오각이 아닐 수 있다면 '나조(夕)'의 의미가 확대되어 사용된 어형으로 볼 수도 있다. (1e)의 예는 판본 비교를 통하여 원간본의 오각을 확인한 것으로 원간본에서는 각각 '百·빅, 佛·뿛, 化·황' 등으로 나타나고 있다.

이러한 오각의 정보를 통해 당시의 목판 제작자들이 한글을 정확히 알지 못하는 상태에서 간행을 한 것으로 볼 수 있으며 아울러 복장에서 발견된 문헌은 아직까지 한글의 보급이 전면적으로 확대되기 이전 시기에 판각된 것으로 추측할 수 있다. 권7의 경우 판각의 솜씨가 원간본에 비해 수준이 떨어지며 인출본의 상태도 상대적으로 조악하다. 이는 지방 사찰판의 특징으로 볼 수 있다.

권7 40b 7   권7 50a 5   권7 59b 2   권7 64b 5

권 8의 경우 고유어에서 표기의 차이를 보이는 부분은 33개로 권7에 비해서는 다수가 발견된다. 이 중 '샹〈30b 6)'는 '샹네〉상네', ':즁〈98a 3)'은 '즁(僧)〉즁', '·욤〈60a 1)'은 '일훔〉일훔', '·오〈62a 2)'는 '호리니〉오리니' 등의 당시 어형변화를 보여주는 예이다. 특히 '·딣〈36b 1)'은 '발드딀 저긔'에서 '딣'의 종성표기가 'ㄹㆆ'에서 'ㄹ'로 교체된 예로 한자음이 아닌 경우에 확인되는 'ㄹ' 변화의 유일한 예이다.[8]

권8에서도 오각의 예는 다수 발견된다. ':밀〈16a 2)〈:말, ·시〈13b 6)〈·서, ·리〈15b 1)〈·러, 珞·릭〈35b 4)〈珞·락, 各·긱〈38a 5)〈各·각, 百·빅〈26b 6)〈百·빅, 百·복〈71b 5)〈百·빅, 色·식〈31b 6)〈色·식, 化황〈22b 7)〈化황, 緣원〈28b 5)〈緣원, 明뎡〈18b 3)〈明명, 想:상〈6a 1)〈想:샹, 合·햅〈51a 5)〈合·햅' 등은 앞선 다른 글자들과 비교하였을 때 오각으로 보인다.

(2) a. ·맨〈30b 4), 連련〈57b 3)

b. 농〈11a 7)〈논, ·을〈98b 3)〈·을, 慈쭝〈47a 1)〈慈쭝, ·ㅁㄹ〈71b 4)〈·믈, ·은〈58b 7)〈·은, ㅇㅅ〈30a 4)〈잇, ·ㅁ〈8a 3)〈·미

c. 一·릴ㅇ〈10b 4)〈一·릻

d. 삑〈59b 3)〈·삒, 品:블〈71b 7)〈品:픔, 八·밟〈104b 4)〈八·밟, 因핸〈52a 1)〈因힌, ㄹㆆ〈104b 3)〈·밟

e. 五:옹〈53b 1), 臺떵〈39a 7), 삗〈11a 7)

f. 國·웍〈9a 7)

_____

8) 고유어의 관형사형 표기 'ㄹㆆ'은 용비어천가의 경우 뒷음절을 초성이 'ㅁ, ㄴ'의 체언이면 'ㄹ'이 글 밖의 경우에는 'ㄹㆆ'이 선택되었다. 그러나 석보상절에서는 후행음절 체언의 초성이 'ㄴ, ㅁ, ㅇ'이 아닐 경우에 'ㆆ'은 사라지고 뒤에 첫 자음을 각자병서자로 바꾸어 적는 표기법이 나타났다. 월인석보에서는 이 두 가지 표기법이 혼용되어 어떠한 원칙을 찾아보기 어렵다. 대체로 뒤에 오는 체언이 한자어이거나 'ㅈ'으로 시작하는 체언이면 'ㄹㆆ'형이 오고, 'ㄱ, ㄷ, ㅅ'으로 시작하는 고유어가 오면 'ㄹ' 및 각자병서를 사용한 듯하다(김동소, 1997: 149).

권8에는 '·맨(30b 4)'와 '連련(57b 3)'의 경우와 같이 아예 판각을 하지 않아 해당 글자가 없는 예가 발견된다. 그리고 '농(11a 7)〈논'은 '농' 밑에 '·'가 추각 되어 있으며, '·을(98b 3)〈·올', '慈쫑(47a 1)〈慈쫑', '·ㅁㄹ(71b 4)〈·믈', '·ᄋ(58b 7)〈·은' 등에서는 '·'가 판각되어 있지 않아 원간본과 차이를 보이고 있다. 'ㅇ ㅅ(30a 4)〈잇', '·ㅁ(8a 3)〈·미' 등은 'ㅣ'가 판각이 되어 있지 않아 자체가 무너졌다. (2c)의 '一·힐ㅇ(10b 4)〈一·힗'은 종성 'ㄹㆆ'이 'ㄹ'이 아니라 'ㄹㅇ'으로 판각되어 있어 특이하다. (2d)의 경우에는 앞선 권7의 예와 같이 판각 시 자형이 무너져 버렸는데 한글에 대한 인식이 부족하여 생겨난 오각으로 보인다. (2e)의 경우는 권 7에서와 마찬가지로 권8의 표기와 원간본의 비교에 원간본의 오각을 확인한 것으로 '띠(11a 7)〈·띠', '臺띵(39a 7)〈臺띵', '五:옹(53b 1)〈五:오' 등으로 나타나고 있다. 이로서 권7과 함께 현재 유일본으로 소개된 동국대 소장 원간본은 다시 정밀하게 살펴야 할 필요성이 있다고 볼 수 있다. (2f)의 예는 원간본의 '國·귁'에서 초성 'ㄱ'이 'ㅇ'으로 나타난 예인데 한자음표기의 혼란을 반영한 것으로 볼 수 있다.

특히 권8에는 아래 (3a)와 같이 'ㄹㆆ'을 'ㄹ'로 변개하는 과정에서 'ㄹ'의 크기를 작게 하고 'ㆆ' 부분만을 삭제한 예가 보인다. 이와 동일한 예는 권21 광흥사 중간본에서도 다수가 발견되는데 종성표기 변화 과정에서 과도기의 성격을 보이는 중요한 부분이라 생각한다. 아울러 아래 (3b)의 예에서는 한자음 받침 의도적 삭제 형태도 드러난다. 즉 종성이 없는 경우 초성과 중성의 크기를 키워야 함에도 불구하고 상단부에 작게 처리한 경우이다.

(3) a. 利·철(40b 1)〈利·촳, 薩살(89b 1)〈薩·삻

    b. 華롸(54a 3)〈華ᅘᅪㆆ, 善:쎠(57b 5)〈善:쎤, 自·쫑(59b 3)〈自·쭝

또한 한자음에서 원간본의 글자를 비슷한 글자로 판각한 예도 발견된다. '劫·겁ㅎ(71b 6)〈初총'은 원간본의 '初'를 글자모양이 비슷한 '劫'으로 하고 한글음에는 '겁'자의 'ㅂ' 하단에 'ㅎ'을 추각한 매우 독특한 형태를 보인다.

다음으로 방점과 한자음 등에서 표기 차이가 나는 부분을 분석하고자 한다. 먼저 권7에서 고유어의 방점 표기의 변화를 살펴본다.

(4) a. :사ᄅ미〈:사·ᄅ미(46b 5)

　　　·사름〈:사름(35a 7)

　　　·나·ᄅᆞᆯ〈:나·ᄅᆞᆯ(37b 1)

　　　·두生싱死: ᄉᆞ·ᄅᆞᆯ〈:두生싱死: ᄉᆞ·ᄅᆞᆯ(69b 6)

　　　·왼녁〈:왼녁(39a 6)

　　b. 무뤼〈·무뤼(35a 4)

　　　밥머·긇〈·밥머·긇(65b 4)

　　　비·치〈·비·치(42a 6)

　　　·열가지·니〈·열가·지·니(45b 5)

　　　ᄣᅡ·콰〈·ᄣᅡ·콰(54b 6)

　　　그·쁴〈그·쁴(36b 6)

　　　곳비〈곳·비(38b 5)

　　c. ·ᄣᅡ·홀〈ᄣᅡ·홀(64a 5)

　　　이·든:겨·지비·라〈이·든·겨·지비·라(71a 3)

위의 예는 체언에서의 방점변화를 보이는 것들이다. (4a)는 상성이 거성으로 변화한 예이다. '나(吾)', '두(二)', '왼(左)' 등의 체언에서 '두

(二)', '왼(左)'의 경우는 현대에 장음으로 실현되므로 거성으로의 변화는 오각으로 처리하여도 될 것으로 보인다. (4b)는 거성이 평성으로 변화한 예들이다. (4c)의 경우는 평성이 오히려 거성으로 변화하거나 거성이 상성으로 변화한 예인데 '짜(地)', '이든겨집(善女人)' 모두 원래 거성과 상성의 성조였으므로 원간본의 오각으로 볼 수 있다. 결국 체언에서의 방점은 상성〉거성, 거성〉평성의 흐름을 보임을 알 수 있다.

    (5) a. ·모·딘〈:모·딘(48a 5)

          ·내·요미·라〈:내·요미·라(53b 4)

          ·걷나·다혼〈:걷나·다혼(42b 7)

          일씨오〈:일씨오(44a 7)

          업슬·씨〈:업슬·씨(50a 1)

          뷔어·늘〈:뷔어·늘(54a 5)

          ·업슬·씨·라〈:업슬·씨·라(53a 7)

          讚·잔歎·탄·ᄒᆞ·샤〈讚·잔歎·탄·ᄒᆞ·샤(77a 1)

          ·지·ᄉᆞ시·니〈:지·ᄉᆞ시·니(34b 2)

      b. ᄒᆞ시고〈·ᄒᆞ시고(55a 3)

          닐오·딘〈닐·오·딘(50b 4)

          :업시율·씨·라〈:업·시율·씨·라(46a 5)

          보·ᅀᆞᄫᆞ·니〈·보·ᅀᆞᄫᆞ·니(36a 4)

          모ᄅᆞᅀᆞᄫᆞ리〈모·ᄅᆞᅀᆞᄫᆞ리(50a 1)

          아니·며〈·아·니·며(70a 2)

          堀·똟·애·드르시니〈堀·똟·애·드·르시·니(51b 2)

          ᄒᆞᅀᆞ·바〈·ᄒᆞᅀᆞ·바(34b 7)

      c. 니·ᄅᆞ·샤·딘〈니ᄅᆞ·샤·딘(46b 4)

·돌·니는·둧〈돌·니는·둧(45b 5)

:굴·근〈·굴·근(62b 2)

爲·윙:ᄒᆞ·야〈爲·윙·ᄒᆞ·야(77a 6)

다음으로는 용언 어간에서의 방점변화의 예들이다. (5a)는 상성에서 거성으로의 변화를 보이는 예인데 '·모·딘〈:모·딘(48a 5)'과 '·내·요미·라〈:내·요미·라(53b 4)'의 경우는 ':모·딘(49a 2)'과 ':내(53b 4)'가 함께 나타나 오각으로 처리할 수 있으나 방점변화의 혼란으로 추정할 수도 있다. (5b)는 거성에서 평성으로의 변화를 보인 예들이며 (5c)는 평성〉거성, 거성〉상성의 예인데 앞의 세 예들은 원간본의 오각으로 처리할 수 있으며, 마지막 예는 이 판본에서의 오각으로 보인다.

(6) a. 坐〈·坐(69a 5)

　　　法·법·이·다〈法·법·이:다(53a 6)

　　　흔·쁴〈흔·쁴(41a 7)

　　　正·졍·히〈正·졍·히(45b 1)

　　　이·ᄀᆞ·티〈·이·ᄀᆞ·티(69a 5)

　　b. 긔般반若·샹ㅣ·니〈:긔般반若·샹ㅣ·니(69b 6)

(6a)는 부사의 경우이며 (6b)는 관형사의 예이다. 평성〉거성, 거성〉상성,평성〉상성의 변화를 보이고 있다. '正·졍·히〈正·졍·히(45b 1)'의 경우에는 동일한 행에 '·졍·히'가 나타나기도 하여 오각으로도 볼 수 있다.

(7) a. 阿항彌밍陀땅佛·뿛이〈阿항彌밍陀땅佛·뿛·이(68b 7)

　　　龍룡이〈龍룡·이(35a 3)

바·오리〈바·오·리(30a 7)

아·니·호미〈아·니·호·미(53b 7)

모미〈모·미(53b 2)

우히〈우·히(41a 3)

經경·이〈經경이(75a 5)

b. 부텨·를〈부텨를(46a 7)

　:마룰〈:마·룰(45a 7)

　境:경界·갱 룰〈境:경界·갱·룰(70a 2)

　十·씹方방佛·뿛·을〈十·씹方방佛·뿛·을(42b 2)

　世·솅尊존 올〈世·솅尊존·올(35a 1)

　·날주·라〈:날주·라(51a 1)

c. 中듕에〈中듕·에(35b 1)

　·이·트렛〈·이·트·렛(66b 4)

　縵·만中듕·에〈縵·만中듕·에(39a 6)

　그저긔〈그저·긔(51a 6)

　·들 히오〈·들·히·오(53b 6)

　舍·샹利·링弗·붏·아〈舍·샹利·링弗·붏아(65b 6)

d. 欲·욕과〈欲·욕·과(53b 7)

　이·숌과〈이·숌·과(31b 2)

　옷니·붐과〈옷니·붐·과(31b 1)

e. 微밍妙·묳코〈微밍妙·묳·코(64b 7)

f. 孫손陁땅利·링는〈孫손陁땅利·링·는(18b 7)

　여·슷삐니는〈여·슷삐니·는(65a 6)

　阿항는〈阿항·는(40b 6)

　功공德·득은〈功공德·득·은(75a 1)

28

護·녕念·념은〈護·녕念·념·은(75a 3)

   위의 예들은 조사의 경우로 (7a)는 주격조사, (7b)는 목적격조사의 예이다. '·날주·라〈:날주·라(51a 1)'는 체언+목적격조사 결합형의 경우이다. 목적격조사의 예 가운데 '부텨·를〈부텨를(46a 7)'를 제외하면 거성〉평성의 변화를 보이고 있다. (7c)는 부사격조사와 서술격조사, 호격조사의 경우로 역시 대부분 거성〉평성의 변화를 보이고 있다. (7d)는 공동격조사 '-과'의 예인데 거성이 평성으로 변화하고 있다. 그런데 '欲·욕과〈欲·욕·과(53b 7)'과 동일한 행에 거성이 나타나기도 하여 우선은 방점 표기 변화의 과정으로 처리하고자 한다. (7e)의 경우는 '하고'가 축약된 형태 '-코'의 경우로 거성〉평성을, (7f)는 보조사 '-은/-는'의 경우인데 모두 거성〉평성의 변화를 보이고 있다.

    (8) a. 精정勤끈홀 씨니〈精정勤끈홀·씨니(43b 3)

        ·츠믈·씨니 〈·츠믈·씨·니(53b 2)

        :겨·시더니〈:겨·시더·니(54b 7)

        艱간難난ᄒ니〈艱간難난ᄒ·니(31b 3)

        오니〈오·니(38b 2)

        堀·돌·애·드르시니〈堀·돌·애·드·르시·니(51b 2)

      b. 홀 씨라〈홀 씨·라(75a 3)

        :세히라〈:세히·라(65a 6)

        남·기라〈남·기·라(31a 2)

        五:옹條똘ㅣ라〈五:옹條똘ㅣ·라(31b 7)

        :사ᄅ미리〈:사ᄅ미·라(28a 4)

        天텬尊존이라 〈天텬尊존이·라(50b 6)

귓거·시라〈귓거·시·라(27b 4)

智·딩라〈智·딩·라(41a 7)

거시라〈거·시·라(35b 1)

쁘디라〈쁘디·라(42b 7)

帳댱·이라〈帳댱·이·라(37b 5)

브·릴·씨라〈브·릴·씨·라(31a 7)

·짜히라〈·짜히·라(52a 6)

覺·각·이라〈覺·각·이·라(41a 2)

:겨·지비라〈:겨·지비·라(18b 7)

象:샹이·라〈象:샹·이·라(52b 6)

c. 듣즛밧〈듣즛·밧(42a 1)

뫼·호아 〈뫼·호·아(64a 7)

ᄂ라 〈ᄂ·라(34b 6)

·ᄒ아〈·ᄒ·야(46a 3)

머거 〈머·거(71a 7)

:업서〈:업·서(36a 1)

뻐러〈뻐·러(31a 6)

·드러 〈·드·러(69b 4)

d. 블근〈블·근(37a 4)

·됴ᄒ〈:됴ᄒ(44b 7)

e. 나디아·니·케〈나·디아·니·케(44a 1)

·드리디〈·드리·디(45a 4)

f. 나고져 〈나·고·져(70b 3)

쓰·리ᄂᆫ·듯ᄒᆫ·대〈쓰·리ᄂᆫ·듯ᄒᆫ·대(36a 3)

여·훨씨〈여·훨·씨(69b 7)

30

·ᄒᆞ실씨〈·ᄒᆞ실·씨(50a 4)

ᄒᆞᆫ·가·지라〈ᄒᆞᆫ·가·지·라(56a 5)

:몯·보·ᅀᆞ·ᄫᆞ리러·라〈:몯·보·ᅀᆞ·ᄫᆞ·리러·라(55b 1)

밍·글·오 〈밍·글오(64a 7)

거므·니〈·거·므·니(42a 6)

위 예들은 어미의 경우이다. (8a)는 어미 '-니'의 경우이며 (8b)는
어미 '-이라'의 예이다. (8c)는 어미 '-아'의 예인데 '·ᄒᆞ아〈·ᄒᆞ·야(46a
3)'의 경우에는 '-야'가 '-아'로 오각 되어 있다. (8d)는 어미 '-은', '-ᄋᆞᆫ'
의 예이다. (8e)는 어미 '-디'의 경우로 아직까지 구개음화가 실현되지
않고 있는데 모두 거성이 평성으로 변화하고 있다. '지'로의 변화가
성조변화와 관련될 수도 있음을 보여준다. (8f)의 예들은 각각 어미
'-고져', '-ㄴ대', '-ㄹ씨', '-ㄹ씨', '-라', '-리', '-오', '-으니'의 예로
전반적으로 거성〉평성의 변화를 보이고 있다.

　(9) a. 노ᄑᆞ신〈노ᄑᆞ·신(49b 2)

　　　·ᄒᆞ·시·니〈·ᄒᆞ시·니(40a 1)

　　　ᄀᆞᄌᆞ샤〈ᄀᆞᄌᆞ·샤(50a 3)

　　b. ·ᄒᆞ습더·니〈·ᄒᆞ·습더·니(50a 5)

다음으로 선어말어미의 경우에는 먼저 (9a)의 경우에 주체존대 선어
말어미 '시'의 경우이며 (9b)는 겸양선어말어미 '습'의 예이다. '·ᄒᆞ·시·
니〈·ᄒᆞ시·니(40a 1)'를 제외하고는 거성〉평성의 변화를 보이고 있다.

다음으로 권8의 경우를 살펴보면 먼저 체언의 경우에 방점변화를

보이는 예들은 다음과 같다.

(10) a. ·길·왜〈:길·왜(12a 4)

　　　앏·뒤·히이시·리〈앏·뒤·히이시·리(32a 2)

　　　·마리·니〈:마리·니(11a 7)

　　　·마리·라〈:마리·라(43a 3)

　　　·말:업·시〈:말:업·시(43a 3)

　　　부·톄두외·며〈부:톄두외·며(21b 6)

　　　·사ᄅᆞ·ᄆᆞᆫ〈:사ᄅᆞ·ᄆᆞᆫ(46b 2)

　　　·아·리잇·디아·니·타·혼〈·아·리잇·디아·니·타·혼(43b 4)

　　　·이·리〈:이·리(35b 5)

　　　前젼世·솅옛·일·둘〈前젼世·솅옛:일·둘(43a 7)

b. ·눖므·를〈:눖·므·를(97a 1)

　　　구슬:마·다〈구·슬:마·다(20b 4)

　　　녀느나·랏〈녀느·나·랏(68a 3)

　　　·닐·웨예니·를어〈·닐·웨예니·를어(47b 4)

　　　닙〈·닙(10b 3)

　　　샹녜〈샹·녜(30b 4)

　　　샹녜〈샹·녜(31a 6)

　　　어·미이·샤〈·어·미이·샤(83a 6)

　　　홀ᄃᆡ〈홀·ᄃᆡ(32a 3)

　　　아·기·어마:닔·긔슬·봇·ᄃᆡ〈·아·기·어마:닔·긔슬·봇·ᄃᆡ(97b 6)

　　　ᄯᅩᆫ머·리〈ᄯᅩᆫ머·리(34a 1)

　　　·ᄯᅩᆫ머리·니〈ᄯᅩᆫ머·리·니(33b 7)

　　　ᄠᅳ·ᄲᅮ·미다ᄅᆞ니〈ᄠᅳ·ᄲᅮ·미다ᄅᆞ·니(31b 4)

c. :보·빅·즘·게·와〈:보·빅즘·게·와(15a 4)

그·저·긔〈그저·긔(70b 2)

체언의 경우에는 권7에서 보다 다양한 어형들이 방점의 변화를 보이고 있음을 알 수 있는데 위의 예들은 각각 체언 '구슬(珠)', '그저께(昨日)', '길(丈)', '나라(國)', '닐웨(七日)', '뒤ㅎ(後)', '말(言)', '부텨(佛)', '뜯(意)', '쫀머리(髻)', '사름(人)', '아기(幼)', '아릭(下)', '일(事)', '즘게(木)', '닙(葉)', '샹녜(常)', '어미(母)', '듸(處)' 등에서 나타난 변화이다. 먼저 (10a)는 상성〉거성의 변화이며 (10b)는 거성〉평성의 변화이다. 체언 '부텨+-이'의 경우 '부:톄라(21b7)'의 예에서는 상성으로 처리되어 있다. 서술격조사 '-이라'와의 결합에는 상성을 유지하였으나 주격조사와의 결합에서는 거성으로 나타난다. '쫀머리(髻)'는 '부처의 정박이에 상투처럼 돌기한 살의 혹'을 의미하는데 1음절과 3음절에서 각기 다른 변화를 보이는 예들이 나타난다. 이는 오각으로 처리하기보다는 성조변화의 과정으로 보는 것이 타당할 것으로 생각한다. (10c)는 평성〉거성의 변화인데 다른 예들로 미루어보아 모두 원간본의 오각으로 보인다.

(11) a. ·싸·홀·본:사·룸·미〈·싸·홀본:사·룸·미(9a 5)

眞진·은잇·는거·시·뷔·오〈眞진·은잇·는거·시:뷔·오(30a 4)

·열·씨·라〈:열·씨·라(42a 3)

·뵈·는·니〈:뵈·는·니(12b 6)

翻편譯·역·이·업·다〈翻편譯·역·이:업·다(25a 5)

·업·스니·라〈:업·스니·라(10b 3)

罪:쬥·를·덜리·니〈罪:쬥·를:덜리·니(37b 2)

b. 가슨며·로미〈가·슨며·로·미(43b 4)

거느려〈거·느려(91a 3)

드·로미·니〈·드·로미·니(67a 3)

·이런〈·이·런(101a 6)

아니ㅎ·야〈아·니·ㅎ·야(47a 2)

大·땡勢·셍至·징·라ㅎㄴ·니〈大·땡勢·셍至·징·라ㅎㄴ·니(39a 4)

흘리·며〈흘·리·며(97a 1)

므·를ㅂㄹ·니·라〈·므·를ㅂㄹ·니·라(98b 6)

c. 슬·프·실·씨〈슬프·실·씨(81a 1)

거·두자ㅂ·시ㄴ·니〈거두자ㅂ·시ㄴ·니(28b 1)

對·됭答·답ㅎ·ㅿ보·딕〈對·됭答·답ㅎ·ㅿ보·딕(92b 3)

용언 어간의 예는 (11a)는 상성〉거성, (11b)는 거성〉평성, (11c)는 평성〉거성이다. (11c)의 경우는 방점 변화의 일반적 흐름에 어긋나고 있어 원간본의 오류로 추정된다.

(12) a. 일·후·미〈일·후미(69a 6)

空콩이〈空콩·이(31b 6)

가ㅿ며·로미〈가ㅿ며·로·미(43b 4)

梵·뻠王왕宮궁이〈梵·뻠王왕宮궁·이(11a 3)

韋윙提똉希힁夫붕人신·이〈韋윙提똉希힁夫붕人신이(5a 2)

일·후·미〈일·후미(69a 7)

寶·볼像·샹·이〈寶·볼像·썅이(22a 5)

부톄阿항難난·이ᄃ·려〈부:톄阿항難난·이ᄃ·려(9a 1)

b. 罪·쬥를〈罪·쬥·를(75b 2)

解:갱脱·똻知딩見·견을〈解:갱脱·똻知딩見·견·을(73a 2)

34

일·후믈〈일·후·믈(16b 4)

c. 境:경과〈境:경·과(31b 3)

믈·와:새·와〈·믈와:새·와(42a 7)

부텨와〈부텨·와(42a 6)

d. ·열가짓:모·딘:이리〈·열가·짓:모·딘:이리(74a 6)

前쪈世·솅옛·일·둘〈前쪈世·솅·옛·일·둘(43a 7)

우믌·므·를〈우·믌·므·를(91b 1)

e. 소·리로〈소·리·로(16b 1)

淨·쪙寺·쌍애〈淨·쪙寺·쌍·애(91a 2)

쓸·헤·나·샤〈쓸헤·나·샤(92a 7)

願·원力·륵으로〈願·원力·륵·으·로(44b 6)

想:샹·일쩌긔〈想:샹·일쩌·긔(8a 7)

肉·육髻·곙:라〈肉·육髻·곙·라(36b 7)

金금色·식·이오〈金금色·식·이·오(35a 2)

다ᄅ·니:ᄂ〈다ᄅ·니·ᄂ(33a 7)

衆·즁寶·볼ᄂ〈衆·즁寶·볼·ᄂ(10b 5)

闍썅多땅伽꺙ᄂ〈闍썅多땅伽꺙·ᄂ(43b 1)

妙·묠奢샹摩망他탕ᄂ〈妙·묠奢샹摩망他탕·ᄂ(67a 4)

歡환喜:횡地·띵ᄂ〈歡환喜:횡地·띵·ᄂ(54b 5)

中듕輩·빙生싱想·샹·이:니〈中듕輩·빙生싱想·샹·이·니(69a 7)

無뭉邊변光광·이라ᄒ·고〈無뭉邊변光광·이·라ᄒ·고(38b 7)

f. 身신光광은〈身신光광·은(34b 1)

中듕品:픔中듕生싱은〈中듕品:픔中듕生싱·은(56b 5)

思ᄉ念·념은〈思ᄉ念·념·은(15b 6)

迎영은〈迎영·은(48b 3)

쁘디·니〈·쁘디·니(24b 6)

八·밠萬·먼四·숭千쳔相·샹·이시고〈八·밠萬·먼四·숭千쳔相·샹·이시·고(27a 6)

想:샹도지·스·며〈想:샹·도지·스·며(42a 3)

無뭉量·량塵띤數·숭·엣〈無뭉量·량塵띤數·숭·엣(40b 3)

봃저긔〈봃저·긔(41b 5)

위의 예들은 조사의 경우인데 (12a)는 주격조사의 예로서 평성〉거성 과 거성〉평성의 혼란이 나타난다. (12b)는 목적격 조사 '-을', '-를' 의 예로 거성〉평성의 모습을 보인다. (12c)의 공동격조사 '-와', '-과'의 경우에서 '믈·와:새·와〈믈와:새·와(42a 7)'은 오히려 원간본의 오류로 볼 수 있다. (12d)는 속격의 예로 모두 거성〉평성의 변화를 보이고 있다. (12e)는 부사격조사와 서술격조사의 결합형이다. (12f)는 보조사 의 예로 보조사 '-은', '-은', '-는', '-도', '-엣', '-의' 등의 예이다.

(13) a. ·나거든〈·나거·든(56a 5)

·ᄒᆞ·얫거든〈·ᄒᆞ·얫거·든(8a 2)

:아·라시고〈:아·라시·고(101a 2)

安한樂·락國·귁·이·라ᄒᆞ고〈安한樂·락國·귁·이·라ᄒᆞ·고(97a 6)

뜬·뿌·미다ᄅᆞ니〈·뜬·뿌·미다ᄅᆞ·니(31b 4)

도라가니〈도·라가·니(91a 7)

說쉃法·법·ᄒᆞ·시ᄂᆞ니〈說쉃法·법·ᄒᆞ·시ᄂᆞ·니(28b 7)

자·ᄇᆞ면〈자·ᄇᆞ·면(31a 3)

그·테·ᄃᆞ라:몌시·고〈그·테·ᄃᆞ·라:몌시·고(97b 3)

南남無뭉阿항彌밍陀땅佛·뿛·ᄒᆞ야〈南남無뭉阿항彌밍陀땅佛·뿛·

36

ᄒ·야(70a 7)

小:숗劫·겁:디:내야〈小:숗劫·겁:디:내·야(69a 4)

偈·꼥·를외온·대〈偈·꼥·를외·온·대(101a 2)

이시면〈이시·면(44b 7)

벗·고·져ᄒ·리〈벗·고져ᄒ·리(9a 4)

·오·나시든〈·오·나시·든(57b 4)

:겨샤듸〈:겨샤·듸(34b 6)

·조ᄒᆞᆯ씨〈·조ᄒᆞᆯ·씨(19a 2)

·ᄠᅳ·디이실씨〈·ᄠᅳ·디이실·씨(25a 5)

나·리니〈나·리·니(46b 3)

나·샤〈·나·샤(78a 1)

·블근〈·블·근(18b 7)

甚·씸·히기픈〈甚·씸·히기·픈(52a 3)

큰業업·이〈·큰業업·이(31a 4)

구즌길·헤〈구·즌길·헤(74b 2)

자ᄇᆞ샤〈자ᄇᆞ·샤(84a 7)

合·합掌:쟝ᄒᆞ야〈合·합掌:쟝ᄒᆞ·야(56a 3)

ᄂᆞ라·오시·니〈ᄂᆞ·라·오시·니(88b 1)

도·라가니〈도·라가·니(91a 7)

:거·즛:말ᄒᆞ·며〈:거·즛:말ᄒᆞ며(74a 7)

b. 마·줄씨·라〈마·줄·씨·라(48b 3)

섯겨·를씨라〈섯겨·를·씨·라(51a 6)

住·뜡홀씨·라〈住·뜡홀·씨·라(28b 6)

:됴ᄒᆞ실씨라〈:됴ᄒᆞ실·씨·라(21b 6)

沙상彌밍十·씹戒·갱·를受·쓩ᄒᆞᄂᆞ니라〈沙상彌밍十·씹戒·갱·를受·

·솛·ᄒ·ᄂ니·라(57a 1)

다외오〈다외·오(10b 4)

이·든아로리라〈이·든아·로리·라(58b 7)

마·조:보리어·다〈마·조:보리어다(101b 1)

:보·비·라〈:보·비:라(14b 4)

c. 외·오더시·다〈외·오·더시·다(97b 4)

여·희습·고〈여·희·습·고(101b 2)

d. 止·징·호미·라〈止:징호미·라(67b 3)

止·징·호미·오〈止:징호미·오(67a 7)

어미의 예로서 (13a)는 연결어미 '-거든'과 '-고', '-니', '-면', '-아', '-야', '-ㄴ대', '-으면', '-고져', '-든', '-딕', '-ㄹ씨', '-리니', '-샤(-시+-아)', '-은', '-ᄋ샤', '-야', '-아'의 경우로 일관되게 거성〉평성의 변화를 보이고 있다. 다만 ':거·즛:말ᄒ·며〈:거·즛:말ᄒ며(74a 7)'에서는 평성〉거성으로 예외적인 형태가 드러난다. 이와 달리 (13b)는 종결어미인데 '-ㄹ씨라'의 경우 '씨'와 '라'에서 각각 성조의 변화를 보이고 있어 과도기적 혼란을 반영한다고 볼 수 있다. '-ᄂ니라', '-오', '-오리라'는 거성〉평성으로 변화하였다. '-리어다', '-이라'의 경우는 원간본의 오류로 파악된다. (13c)는 선어말어미의 예로 '-더'와 '-습-'이 모두 거성〉평성으로의 변화를 보이고 있다. (13d)는 명사형어미 '-홈'으로 평성〉거성의 변화를 보이고 있어 특이하다.

(14) a. 모든中듕·에〈모·든中듕·에(92a 1)

혼아·ᄃ·를〈혼아·ᄃ·를(101b 6)

b. 다민〈:다민(44b 7)

·이근흔〈·이·근흔(20a 6)

·이제〈이제(98a 7)

一힗定·뗭히〈一힗定·뎡·히(46b 6)

  그 외에도 (14a)의 관형사, (14b)의 부사의 예들도 보이는데 일정한 변화의 규칙을 찾아보기는 어렵다.

  이상으로 권7과 권8에 나타나는 고유어 방점표기의 변화 양상을 정리하면 체언과 용언어간의 경우에는 일반적으로 상성〉거성, 거성〉평성의 변화를 보이고 있으며, 조사와 어미의 경우에는 어형들마다 변화의 양상이 다르게 실현되어 일관된 흐름을 찾아보기는 어렵다.

  다만 권8에서 연결어미의 경우에는 일부 형태를 제외하면 모두 거성〉평성의 변화를 보이고 있으며 전체적인 흐름에 어긋나는 예들은 원간본의 오각으로 볼 수 있어 방점표기가 점진적으로 이러한 방향으로 변개한 사실을 반영하고 있다고 볼 수 있다.

  다음으로 한자음에서의 방점 표기의 변화를 살펴보면 권7과 권8의 경우는 원간본과 비교했을 때 그 차이가 두드러진다. 먼저 권7의 경우로 42부분에서 변화가 확인된다. 이 가운데 '德, 法, 本, 弗, 舍, 足'은 각각 두 번의 예가 나타나며 나머지 한자는 한 번씩만 확인된다. 아래의 예를 보았을 때 '百·빅〈百빅(59a 4)', '佛·뿛〈佛뿛(76a 4)', '猴·뿧〈猴뿧(17a 1)'은 평성이 거성으로 변화한 경우이며 이외에는 모두 상성〉거성, 거성〉평성의 일관된 변화를 보인다.

    (15) a. 各각〈各·각(47b 4), 念념〈念·념(60b 4), 德득〈德·득(75a 1),
        德득〈德·득(69a 7), 度똥〈度·똥(42b 6), 利링〈利·링(65a 4),
        法법〈法·법(45a 6), 法법〈法·법(43a 7), 本본〈本·본(69b 7),

弗붏〈弗·붏(66a 1), 弗붏〈弗·붏(51b 6), 舍샹〈舍·샹(71a 1),

舍샹〈舍·샹(66a 6), 殺삻〈殺·삻(48b 2), 薩삻〈薩·삻(62a 5),

數숭〈數·숭(51a 2), 勝싱〈勝·싱(73a 7), 養양〈養양(50a 2),

意흵〈意·흵(44a 5), 一힗〈一·힗(54b 7), 帳댱〈帳·댱(37b 5),

切쳉〈切·쳉(50a 3), 定뗭〈定·뗭(44b 3), 足쬭〈足·쬭(44a 4),

足쬭〈足·쬭(54b 1), 天텬〈天·텬(62b 4), 護뾯〈護·뾯(75a 5)

b. 女·녕〈女:녕(17b 7), 道뚈〈道:뚈(66b 4), 里·링〈里:링(52b 6),

網망〈網:망(63b 6), 本·본〈本:본(53a 6), 若·샹〈若:샹(69b 6),

忍·신〈忍:신(53b 2), 子·중〈子:중(51b 5), 鳥·됴〈鳥:됴(48a 7),

種·죵〈種:죵(49b 7), 主·쥬〈主:쥬(44b 1), 取·츄〈取:츄(46a 3)

c. 百·빅〈百빅(59a 4), 佛·뿷〈佛뿷(76a 4), 猴·뿷〈猴뿷(17a 1)

다음은 권8의 경우로 한자음에서 방점의 차이는 권7과 동일하게
두드러지게 나타난다. 모두 61개의 경우가 발견되는데 '大, 理, 寶, 薩,
俗, 受, 五, 者, 衆, 八'자의 경우는 2곳에서 확인되며, '想'은 3곳, '寶'는
6곳에서 확인된다. 특이하게 '想'의 경우는 상성〉거성과 거성〉평성의
경우가 각각 확인된다. '日:싏〈日·싏(2a 3)'과 '正·정〈正정(9b 1)'의 경우
는 거성〉상성, 평성〉거성의 예가 확인되며 그 외에는 모두 상성〉거성,
거성〉평성의 변화를 보이고 있다.

(16) a. 閣각〈閣·각(14b 6), 記긍〈記·긍(77a 2), 大땡〈大·땡(48a 1),

大땡〈大·땡(16a 1), 得득〈得·득(31a 5), 法법〈法·법(29a 5),

薩삻〈薩·삻(104a 5), 薩삻〈薩·삻(35a 7), 相샹〈相·샹(36b 7),

上썅〈上·썅(67a 4), 想샹〈想·샹(30a 5), 色싁〈色·싁(31b 7),

釋셕〈釋·셕(88b 7), 說쉃〈說·쉃(28b 7), 俗쏙〈俗·쏙(31b 2),

俗쑉〈俗·쏙(30b 1), 實쎯〈實·쎯(30a 6), 十씹〈十·씹(57a 3),

業업〈業·업(74b 1), 義읭〈義·읭(43b 5), 二싱〈二·싱(86b 1),

一힗〈一·힗(46a 3), 藏짱〈藏·짱(59a 7), 提뗑〈提·뗑(12a 1),

衆즁〈衆·즁(5b 5), 衆즁〈衆·즁(29a 3), 八밣〈八·밣(84b 2),

八밣〈八·밣(89a 7), 平삉〈平·삉(67b 6), 現현〈現·현(5b 1)

b. 境·경〈境:경(16b 6), 女·녕〈女:녕(78b 4), 等·등〈等:등(69b 4),

兩·량〈兩:량(81a 2), 理·링〈理:링(104a 2), 理·링〈理:링(53b 5),

米·몡〈米:몡(92a 4), 寶·볼〈寶:볼(14b 4), 寶·볼〈寶:볼(40a 3),

寶·볼〈寶:볼(19b 4), 寶·볼〈寶:볼(23b 2), 寶·볼〈寶:볼(19a 2),

寶·볼〈寶:볼(10b 5), 本·븐〈本:븐(44b 6), 想·샹〈想:샹(23a 7),

想·샹〈想:샹(2a 5), 像·쌍〈像:쌍(2b 4), 水·쉉〈水:쉉(2a 4),

受·쓩〈受:쓩(56b 7), 受·쓩〈受:쓩(82b 3), 五·옹〈五:옹(91a 3),

五·옹〈五:옹(2a 6), 有·울〈有:울(60b 2), 子·즁〈子:즁(88b 4),

者·즁〈者:즁(91a 7), 者·쟝〈者:쟝(24a 2), 長·댱〈長:댱(97b 4),

止·징〈止:징(67b 3), 請·쳥〈請:쳥(78a 7)

c. 日·싫〈日·싫(2a 3), 正·정〈正정(9b 1)

다음으로 한자음 표기의 특성을 바탕으로 권7에 드러난 한자음 표기의 변화를 살펴보고자 한다. 권7에서는 한자음의 변개가 예상보다 많지 않다. 71개의 변화가 확인되는데 아래 예 (17a)에서 보듯이 종성 'ㆁ〉ㅇ'의 변화가 주를 이룬다. 이외의 변화는 (17b)와 같이 일관된 규칙 없이 나타나고 있다.

(17) a. 方·방(26b 4)〈方·방, 光광(26b 5)〈光광, 王왕(26b 7)〈王왕,

相·샹(29a 2)〈相·샹, 莊장(39b 3)〈莊장, 正·졍(44b 3)〈正·졍,

請:졍(50a 5)〈請:쳥, 養·양(58b 1)〈養·양, 稱칭(60b 2)〈稱칭,
數·숭(70a 6)〈數·숭

b. 王왕(37a 6)〈王왕, 千친(34b 1)〈千쳔, 警:겅(47b 7)〈警:경,
禮:롕(46b 7)〈禮:롕, 堀쿯(26b 7)〈堀콯, 羅링(27b 1)〈羅랑,
羅링(27b 3)〈羅랑, 無뭉(26b 5)〈無뭉, 阿항(34a 2)〈阿항,
數·숭(26b 5)〈數·숭, 空콩(35b 6)〈空콩, 杵:청(36b 2)〈杵:청,
揵긴(32a 2)〈揵건, 摩밍(51b 6)〈摩망, 平뼝(37a 7)〈平뼝,
正·졍(41a 2)〈正·졍, 放·빙(34b 3)〈放·방, 報·몰(42a 5)〈報·볼,
化횡(37a 2)〈化황, 佛·뿛(42b 1)〈佛·뿛, 見·견(45b 6)〈見·견,
諸정(26a 3)〈諸졍, 議·읭(76b 5)〈議·잉, 波빙(53a 5)〈波방,
越·윓(46b 5)〈越·윓, 煩뼌(49b 5)〈煩뼌, 天텬(51a 2)〈天텬,
天텬(51a 4)〈天텬, 獨·뜩(61b 4)〈獨·똑, 石·쎡(51b 7)〈石·쎡,
乾낀(52a 3)〈乾건, 我:잉(53a 4)〈我:앙, 樓륭(64b 1)〈樓룽,
衆충(56b 7)〈衆·즁, 樓륭(57a 7)〈樓룽, 鳥:둏(59a 2)〈鳥:둏,
切체(75b 2)〈切·쳉, 雜·찝(74a 3)〈雜·잡, 行힝(67b 4)〈行힝,
姓·셩(68b 4)〈姓·셩, 方망(73a 2)〈方방, 念·님(42a 7)〈念·념,
養·앙(41b 6)〈養·양, 舍샹(66a 6)〈舍·샹 등

한자음의 변화에서 특히 초성의 변화는 중요한 의미를 지닌다. 권7
에서는 다음 (18a)에 해당하는 6부분의 초성변화가 확인된다. 이들은
각자병서9)로 표기된 동국정운식 한자음 표기가 현실음으로 변화하는

---

9) ≪훈민정음≫ 〈해례〉에 동일한 문자의 병용(竝用)을 각자병서라 하며 초성에만 나타난
다고 규정되어 있다. 'ㄲ, ㄸ, ㅃ, ㅆ, ㅉ, ㅥ' 등이 한자음에 나타나는 전탁(全濁)의 표기에
쓰이다가 ≪원각경언해(圓覺經諺解)≫ 이후인 15세기 후반부터 쓰이지 않았다. 이밖에
'ㆀ'도 간혹 사용되었다. 이 중 'ㅆ'과 'ㅥ'은 고유어의 어두음 표기에 쓰였고 나머지는
형태소가 결합될 때 사용되었다.

과정을 잘 반영하고 있다.

(18) a. 特득(66a 3)〈特뜩, 床상(39b 7)〈床쌍, 奇긩(66a 3)〈奇끵,
土·동(68a 2)〈土·똥, 臺딩(39b 2)〈臺띵, 雜·잡(59a 1)〈雜·짭,
億억(65b 3)〈億·흑 등

b. 千천(78a 3)〈千쳔, 請:청(49a 4)〈請:쳥, 釋·석(77a 2)〈釋·셕,
國·국(77a 4)〈國·귁, 七·칠(59b 1)〈七·칧

권7의 한자음 표기에는 현실음으로의 변화모습이 두드러진 경우도
발견된다. 위 (18b)의 경우는 동국정운식 한자음 표기에서 완전히 벗어
난 형태를 보이고 있다.

권7에서 확인되는 특이한 경우로 '劫·건(69a 1)〈劫·겁'의 예에서는 묵
서로 받침에 'ㅂ'을 적어 수정한 흔적이 보인다. 문헌을 읽은 이가 음의
잘못을 알고 바로잡은 것으로 보인다.

(19) a. 百·빅(34a 6)〈百·뵉, 佛·뿛(41a 1)〈佛·뿛, 化·황(67b 2)〈化·황

한편 위의 예에서 볼 수 있듯 원간본과의 비교에서 오히려 원간본의
표기오류도 몇 확인할 수 있었다. 이는 판각 과정의 오류로 볼 수 있다.

다음으로 권8의 한자음을 살펴보면 우선 다음 (20)에서 알 수 있듯이
종성 'ㅇ'과 'ㅇ'의 합류를 보이는 예들이 다수 발견된다.

(20) 正·정(60b 3)〈正·졍, 韋읭(5a 2)〈韋윙, 希힁(9b 3)〈希힁,
方빙(35b 1)〈方방, 詳썅(104b 4)〈詳썅, 萬·민(25a 2)〈萬·먼,

形ᅘᅧᇰ(45b 2)〈形ᅘᅧᇰ, 大·땡(41a 4)〈大·땡, 光쾅(71a 2)〈光·광,

中듀ᇰ(57b 4)〈中듀ᇰ, 上·쌰ᇰ(37b 6)〈上·쌰ᇰ, 量·랴ᇰ(43b 7)〈量·랴ᇰ,

明며ᇰ(56b 2)〈明며ᇰ, 然션(36a 7)〈然션, 雜·짭(35b 7)〈雜·짭,

化ᅘᅪᇰ(71a 1)〈化·황, 法·법(74b 6)〈法·법, 覺·긱(61b 5)〈覺·각,

界·갱(35b 2)〈界·갱, 罪:쬥(70b 7)〈罪:쬥, 道:뚀ᇢ(59a 6)〈道:뚈,

薩·삻(37a 5)〈薩·삻, 覺·긱(61b 6)〈覺·각, 丘쿻(59a 3)〈丘쿻,

諸정(48a 3)〈諸졍, 願·원(62a 6)〈願·원, 切·졩(35b 5)〈切·쳥,

正·졍(68b 3)〈正·졍, 門몬(77b 5)〈門믄, 變·빈(19b 6)〈變·변,

花ᅘᅪᇰ(75b 5)〈花황, 上·쌰ᇰ(55a 1)〈上·쌰ᇰ, 發·발(46b 5)〈發·벓,

外·외ᇰ(61b 5)〈外·욍, 媒:칭(78b 7)〈媒:칭, 迦깅(18b 7)〈迦강,

明며ᇰ(54b 3)〈明며ᇰ, 現·현(34b 3)〈現·현, 後:ᅘᅮᇢ(54a 6)〈後:ᅘᅮᇢ,

勢·셍(44a 5)〈勢·셍, 諸졍(14a 3)〈諸졍, 萬·민(16b 1)〈萬·먼,

向·햐ᇰ(62b 1)〈向·햐ᇰ, 現·현(33a 4)〈現·현, 華ᅘᅪᇰ(53b 1)〈華ᅘᅪᇰ,

諸지ᇰ(33a 1)〈諸졍, 極·극(53a 4)〈極·끅, 果·광(53a 1)〈果·광,

菩쁘(88b 4)〈菩ᄬᅮ, 光끄ᇰ(10a 4)〈光광, 寶·블(10a 2)〈寶·볼,

月·윓(11b 6)〈月·윓, 濟·솅(41a 2)〈濟·졩, 變·번(45a 6)〈變·변,

國·귁(39b 2)〈國·귁, 六·륙(45b 1)〈六·륙, 上·쓰ᇰ(36b 5)〈上·쌰ᇰ,

經겨ᇰ(47a 4)〈經겨ᇰ, 上·쌰ᇰ(46a 7)〈上·쌰ᇰ, 足·죡(57a 2)〈足·죡,

現·현(52b 6)〈現·현, 利·츻(40a 7)〈利·츻, 成쎠ᇰ(68a 3)〈成쎠ᇰ,

樹·쓩(11b 7)〈樹·쓩, 瓦외ᇰ(40b 1)〈王왕, 擧:깅(57a 4)〈擧:겅,

來닝(44b 6)〈來링, 多당(43a 6)〈多당, 第·똉(20a 5)〈第·똉,

行ᅘᅧᇰ(56a 1)〈行ᅘᅣᇰ, 沙싱(77b 1)〈沙상, 情쎠ᇰ(60a 7)〈情쪙,

體:톙(31b 2)〈體:톙, 劫·깁(9a 6)〈劫·겁, 眞신(31b 2)〈眞신,

浮쀼(22a 4)〈浮ᄬᅮ, 佛·ᄤᅳᆶ(52b 3)〈佛·ᄤᅳᆶ, 常샹(31a 2)〈常샹,

尊존(5a 3)〈尊존, 禮녱(52a 5)〈禮:롕, 想·샹(3a 4)〈想·샹,

44

屬·쓕(55b 4)〈屬·쏙, 世·솅(77a 2)〈世·솅, 尊존(77a 2)〈尊존,

化·황(77a 7)〈化·황, 契·켱(24a 7)〈契·곙, 連련(51b 5)〈連련,

念념(51a 7)〈念·념, 彌밍(5b 3)〈彌망, 着·땩(29a 3)〈着·땩,

成쎵(101a 7)〈成쎵, 便뼌(28b 6)〈便뼌, 行혱(55a 6)〈行혱,

第·뗭(51a 1)〈第·똉, 記·깅(49b 3)〈記·긩, 緣원(28b 4)〈緣원,

觀관(3a 1)〈觀관, 方빙(28a 1)〈方방, 生싱(49a 7)〈生싱,

波삥(79b 4)〈波빵, 顯·현(25b 1)〈顯·현, 世·솅(58a 5)〈世·솅,

勢·솅(48b 4)〈勢·솅, 現·현(25b 7)〈現·현, 罪·쬉(25b 6)〈罪·쬉,

迎영(73b 1)〈迎영, 法·법(25a 2)〈法·법, 六눅(2a 7)〈六·륙,

摩밍(11a 5)〈摩망, 想·샹(6a 5)〈想·샹, 現·현(72a 7)〈現·현,

有:융(77a 5)〈有:욯, 定뗭(24a 4)〈定·뗭, 第졍(104b 3)〈第·뗭,

相·샹(33a 5)〈相·샹, 頂:뎡(37b 6)〈頂:뎡 등

또한 권8의 한자음의 표기에서는 다음 (21a)에서처럼 동국정운식에서 현실음 표기로 변화되어 가는 과정을 보이는 예들도 있다. 그리고 한자음의 변화의 중간단계를 보이는 예들도 몇 발견되는데 (21b)의 경우 다른 한자음들의 예를 통해 '녕'과 '넝', '문'과 '믄', '쌍'과 '샹', '귁'과 '윅' 등에서 혼란이 확인된다.

(21) a. 羅라(89a 3)〈羅랑, 者쟈(89b 4)〈者:쟝, 世·솅(17a 6)〈世·솅,

四·亽(83a 3)〈四·송, 羅라(89a 1)〈羅랑, 大때(89b 1)〈大·땡,

五오(89b 3)〈五:옹, 第뗴(89b 3)〈第·뗭, 情쪙(60b 7)〈情쪙,

千천(60b 7)〈千천, 化하(89b 7)〈化·황, 小쇼(89b 7)〈小:숗,

成쎵(61a 6)〈成쎵, 子즈(89b 4)〈子:중, 下하(76a 5)〈下:행,

相·샹(14a 3)〈相·샹, 姝칭(89a 7)〈姝:칭, 其끵(89a 6)〈其끵,

菩뽀(89a 7)〈菩뽕, 夫부(89a 4)〈夫붕, 彌미(89a 3)〈彌밍,
世세(89a 5)〈世·셍, 世·솅(5a 5)〈世·솅, 界·경(5a 7)〈界·갱 등
b. 女:녕(78a 7)〈女:녕, 門믄(78a 5)〈門몬, 像:샹(22a 5)〈像:썅,
國·워(9a 7)〈國·귁

한자음에 있어 특히 주목되는 것은 종성 'ㅱ'의 변화인데 권8에서는
한군데에서 '毫뿅(26b 1)〈毫뿅' 확인된다.

이상으로 자료에서 나타나는 국어학적 특징을 정리하면 다음과 같
다. 월인석보 권7과 권8의 경우에는 방점의 불규칙적인 변화와 여러
오각들이 존재하지만 전반적으로 16세기 초반의 표기형태를 보여주고
있다. 따라서 현재 비로사 중간본 이외에 간기가 확인되지 않은 판본으
로 볼 수 있다. 첨언하자면 앞서 언급한 바와 같이 권21의 광흥사 중간
본에서 종성의 임의적 변개가 나타나는 점으로 볼 때 아마도 광흥사
중간본이 제작되고 난 후 얼마 지나지 않은 시기에 광흥사에서 판각된
것이 아닌가 추측할 수 있다.

〈참고자료〉

안병희, 「월인석보(月印釋譜)의 편간(編刊)과 이본(異本)」, 『진단학보』 75, 진단학회, 1993.

김기종, 「석보상절 권11과 월인석보 권21의 구성방식 비교연구」, 『한국문학연구』 26, 동국대학교 한국문학연구소, 2003.

강순애, 「월인석보의 저본에 관한 연구」, 『서지학연구』 22, 서지학회, 2001.

강순애, 『월인석보 권25(연구, 영인본)』, 아세아문화사, 2005.

이기문, 『신정판 국어사개설』, 태학사, 1998.

이상규, 「1692년 화원승 신민의 한글편지 분석」, 『고전적』 10, 한국고전적보존협의회, 2014.

이상규 외, 『증보정음발달사』, 역락, 2016.

이호권, 「월인석보」, 『규장각소장어문학자료』, 태학사, 2001.

임기영, 「안동 광흥사 간행 불서의 서지적 연구」, 『서지학연구』 55, 2013.

천명희, 「새로 발견된 광흥사 〈월인석보〉 권21의 서지와 특성」, 『국학연구』 24, 한국국한진흥원, 2014.

천명희, 「광흥사복장유물의 국어학적 고찰」, 경북대학교 박사논문, 2017.

천명희, 「문헌에 수록되지 않은 목판정보: 남간정사 소장 목판을 중심으로」, 『국학연구』 38, 한국국학진흥원, 2019.

목차

광흥사 월인석보 권7

광흥사 월인석보 권7

(한자음, 방점 포함)

月·윓印·힌千천江강之징曲·콕 第·똉七·칧 釋·셕譜:봉詳쌍節·젏
第:똉 七·칧 其끵一·힗百·빅七·칧十·씹七·칧 七·칧年년을 믈·리
져 ·ᄒᆞ야 出·츓家강·ᄅᆞᆯ 거·스·니 跋·빯提똉 :말·이:긔 ·아·니 :웃
·ᄇᆞ·니 七·칧日·ᅀᅵᇙ·ᄋᆞᆯ ·믈리져 ·ᄒᆞ야 出·츓家강· <**月釋**7:1ㄱ>

·ᄅᆞᆯ 일·우·니 阿항那낭律·륧 :말·이:긔 아·니·을ᄒᆞ·니 世·솅尊존·
이 彌밍尼닝授ᅌᅲᇢ國·귁·에 잇·거시ᄂᆞᆯ 釋·셕種:죵·앳 아·ᄒᆡ·ᄃᆞᆯ·히
世·솅尊존·끠 ·가 出·츓家강·ᄒᆞ·려 ·ᄒᆞ더·니 跋·빯提똉라·셔 阿항
那낭律·륧·이ᄃᆞ·려 닐·오·ᄃᆡ 우·리 ·이제 안·ᄌᆞᆨ 出·츓家강 :말·오
지·븨 닐 <**月釋**7:1ㄴ>

·굽·히·를 이·셔 五:옹欲·욕·을 무·슴 ᄀ·장 편 後:ᅘᅮᇢ·에·ᅀᅡ 出·츓家강ᄒ·져 阿항那낭律·ᄛᆔᆯ·이 닐·오·ᄃᆡ 닐·굽·히 너무 오·라·다 :사ᄅ·ᄆᆡ 목:수·미 無뭉常썅ᄒᆞᆫ 거·시·라 跋·ᄈᆞᇙ提똉 ·쏘 닐·오·ᄃᆡ 여·슷·히·를 ᄒ·져 阿항那낭律·ᄛᆔᆯ·이 닐·오·ᄃᆡ 여·슷·히 너무 오·라·다 :사ᄅ·ᄆᆡ 목:수·미 無뭉常썅ᄒᆞᆫ 거·시라 그 양 <**月釋7:2ㄱ**>

·ᄋᆞ로 조·려 닐·웨예 다ᄃᆞᆮ거·늘 阿항那낭律·ᄛᆔᆯ·이 닐·오·ᄃᆡ 닐·웨·ᅀᅡ :머·디 아·니ᄒ·다 그 저·긔 釋·셕種:죵·들·히 닐·윗 ᄉ·싀·예 五:옹欲·욕·을 무·슴 ᄀ·장 펴·고 阿항那낭律·ᄛᆔᆯ·와 跋·ᄈᆞᇙ提똉·와 難난提똉·와 金금毗삥羅랑·와 跋·ᄈᆞᇙ難난陀땅·와 阿항難난陀땅·와 【阿항難난陀땅·ᄂᆞᆫ 阿항難난·이·라】 提똉婆뻥達·딿 <**月釋 7:2ㄴ**>

·왜 沐·목浴·욕ᄒ·고 香향 ᄇᆞᄅ·고 ᄀ·장 빗·어 瓔ᅙᅧᆼ珞·락하고 象·썅 ·타 城쎵 밧·긔 ·나 迦강毗삥羅랑國·귁 :ᄀᅀᅢ ·가 象:썅·이·며 ·오시·며 瓔ᅙᅧᆼ珞·락·이·며 뫼·호·아 優ᅙᅮᇢ波방羅랑·ᄅᆞᆯ :다 주·고 彌밍尼닝授ᅀᅲᇢ國·귁·ᄋᆞ·로 ·니거·늘 優ᅙᅮᇢ波방羅랑 너·교·ᄃᆡ 내 本:본來링 釋·셕子:중·들·흘 브·터 ·사다 <**月釋7:3ㄱ**>

·니 :나·를 ᄇ·리·고 出·츓家강·ᄒᆞᄂ·니 나·도 出·츓家강·호리라 ᄒ·고 ·오시·며 瓔ᅙᅧᆼ珞·락·이·며 남·기·들·오 念·념·호·ᄃᆡ :아뫼·나와 가·지·리 잇거·든 ·주노·라 ᄒ·고 미조·차 ·니거·늘 釋·셕子:

즁·들·히 優흫波방羅링 더·블·오 世·솅尊존·씌 ·가 절·ᄒᆞᅀᆞᆸ·고 ᄉᆞᆯ·보·ᄃᆡ ·우·리 出·츓家강ᄒᆞ·라 :오·니 ·우·리·ᄂᆞᆫ 憍골 <月釋7:3ㄴ>

慢·만ᄒᆞᆫ ᄆᆞᅀᆞᆷ 하·니 優흫波방羅링·ᄅᆞᆯ 몬져 出·츓家강:히쇼·셔 世·솅尊존·이 몬져 優흫波방羅링·ᄅᆞᆯ 出·츓家강:히시·고 버·거 阿항那낭律·륧 버·거 跋·빯提똉 버·거 難난陁땡 버·거 金금毗삥羅랑ㅣ러니 優흫波방羅링上·썅座·쫭ㅣ ᄃᆞ외니라 【우희 ᄂᆞ외야 사ᄅᆞᆷ 업슬시 일·후·미 上·썅座·쫭·라 自·쯩利·링利·링他탕行혱 <月釋7:4ㄱ>

:업스·닌 일·후·미 下:행士:ᄊᆞᆼㅣ오 自·쯩利·링 잇·고 利링他탕 :업스·닌 일·후·미 中듕士:ᄊᆞᆼㅣ·오 二·싱利·링 잇ᄂᆞ·닌 일·후·미 上·썅士:ᄊᆞᆼㅣ·라】 그제 큰 上·썅座·쫭 毗삥羅랑茶땅ㅣ 各·각別·볋·히 阿항難난陁땅·ᄅᆞᆯ 出·츓家강:히·으 버·근 上·썅座·쫭ㅣ 跋·빯難난陁땅·와 提똉婆빵達·�多당·ᄅᆞᆯ 出·츓家강:히니·랑 跋·빯提똉阿항蘭란若:상·애 ·ᄒᆞ오·사 잇다·가 【阿항蘭란若:상·ᄂᆞᆫ 겨·르롭·고 寂·쩍 <月釋7:4ㄴ>

靜·쪙ᄒᆞᆫ 處·쳥所:송ㅣ·라 ᄒᆞᆫ ·ᄠᅳ디·라 ·ᄯᅩ ·입힐 ·훔 :업다ᄒᆞᆫ ·ᄠᅳ디·니 ᄆᆞᅀᆞᆯ·해·셔 다ᄉᆞᆺ 里:링 버·은 ·ᄡᅡ허·라 世·솅間간·과 일·후·디 아·니ᄒᆞᆯ·씨·라】 ·밦中듕·에 ·즐·거블·쎠 소·리 ·ᄒᆞ거·늘 겨·틧

ㄴ·뼁丘쿨·둘·히 듣·고 너·교딕 ·이 跋·빻提똉 지·븨 이싫·젯 五:
옹欲·욕·을 ·싱·각고 그·렁구ᄂᆞ·니 이·틊·날 世·솅尊존ㅅ ·긔 술·
ᄫᅡ늘 世·솅尊존·이 블·러 :무·르신·대 對·됭答·답·ᄒᆞᅀᆞᄫᅩ·딕 〈月
釋7:5ㄱ〉

·내 지·븨 이·셔 샹·녜 環홴刀돌ㅣ·며 막다·히·를 두르·고 이·셔·
도 두·립더·니 ·이제 ᄒᆞ오·ᅀᅡ 무·덦 ·서리·옛 나모 아래 이·셔·도
두리·ᄫᅮ·미 :업소·니 世·솅間간 여·흰 樂·락·을 念·념ᄒᆞ·고 그·리·
타이·다 부:톄 니ᄅᆞ·샤·딕 :됴·타 其끵一·읧百·빅七·칧十·씹八·
밣 〈月釋7:5ㄴ〉

難난陁땅·를 救·굴·호리·라 比·뼁丘쿨 딍·ᄀᆞᄅᆞ시·고 :뷘 房빵·을
딕ᄒᆞ·라 ·ᄒᆞ시·니 가·시 ·그·리·ᄫᅳᆯ·씨 世·솅尊존 ·나신 ᄉᆞ·ᅀᅵ·로
:녯 지·븨 :가·리·라 ᄒᆞ·니 其끵一·읧百·빅七·칧十·씹九:굴 瓶뼁·
읫 ·믈·이 ᄢᅵ·며 다ᄃᆞᆫ·이·피 :열·어·늘 〈月釋7:6ㄱ〉

부러 :뷘 ·길·흘 ·ᄎᆞ·자기더·니 世·솅尊존·을 맞나ᅀᆞᄫᅥ·며 즘·
게 남기 들·여 ·늘구·쳐 :뵈ᅀᆞᆸ·고 조ᄍᆞ·ᄫᅡ오·니 其끵一·읧百·빅
八·밣十·씹 가·시 樣·양 :무·르시·고 ·눈 :먼 납 무·러시·늘 世·솅
尊존ㅅ :말·을 :읎·비 너·기·니 忉돟利·링天텬·을 :뵈시·고 地·띵
獄·옥 〈月釋7:6ㄴ〉

54

·을 :뵈·여시·늘 世·솅尊존ㅅ :말·을 깃·비 너·기·니 其끵一·힗百·빅八·밠十·씹一·힗 닐·웨 ·ᄎ·디 :몯·ᄒ·야 羅랑漢·한果·광·를 得·득ᄒ·야·늘 比·삥丘쿨·들·히 讚·잔歎·탄ᄒ·니 오·ᄂᆞᆶ·날 :샏 아·니·라 迦강尸싱國·귁 <**月釋**7:7ㄱ>

救·굴·ᄒ신·들 比·삥丘쿨·ᄃᆞ·려 니ᄅᆞ·시·니 如셩來·링 迦강毗·삥羅랑國·귁城쎵·의 ·드러 乞·큟食·씩·ᄒᆞ·샤 難난陁땅·이 지·븨 ·가시·니 難난陁땅ㅣ 부:톄 門몬·이 ·와 :겨시·다 듣·고 ·보·ᅀᆞᆸ·려 ·나올쩌·긔 제 가시 期끵約·햑·호·ᄃᆡ 내 니·마·해 ᄇᆞᆯ·론 香향·이 :몯 ᄆᆞᆯ·랫거·든 도로 ·오나·라 難난陁땅ㅣ <**月釋**7:7ㄴ>

부텻·긔 ·절·ᄒᆞᇢ·고 부텻 바리·를 가져 지·븨 ·드러 밥 다마·나가 부텻·긔 받ᄌᆞᆸ·ᄫᅡ·늘 부:톄 아니 받ᄌᆞ·신·대 阿항難난·이·를 ·주어·늘 阿항難난·이·도 아·니 받·고 닐·오·ᄃᆡ :네 바리·를 어·듸 ·가 :어든·다 도로 다·가 ·두어·라 ·ᄒᆞ야·늘 難난陁땅ㅣ 바리 들·오 부텨·믜 졷ᄌᆞᆸ·ᄫᅡ 尼닝拘궁屢·룽 精졍舍·샹 <**月釋**7:8ㄱ>

·애 ·니거·늘 부:톄 劑·톙師ᄉᆞᆼ·를 시·기·샤【劑·톙師ᄉᆞᆼ·는 ᄂᆞ·믜 머·리 갓·ᄂᆞᆫ :사ᄅᆞ미·라】難난陁땅·이 머·리·를 가·ᄉᆡᆨ·라 ·ᄒᆞ·야시·늘 難난陁땅ㅣ 怒:농·ᄒᆞ·야 머·리 갓·ᄂᆞᆫ :사ᄅᆞᆷ·ᄋᆞᆯ 주머·귀·로

디르·고 닐·오·딕 迦강毗삥羅랑國·귁 :사른·믈 :네 ·이제 :다 갓
고·려 ·ᄒᆞ는·다 부"톄 드르·시·고 ·ᄌᆞ개 阿항難난이드·리 <月釋
7:8ㄴ>

·시고 難난陁땅·이 그에 ·가신·대 難난陁땅ㅣ 구·쳐 갓 ᄀᆞ니·라
難난陁땅ㅣ 머·리·를 갓고·도 샹·녜 지·븨 가고·져 ·ᄒᆞ거·늘 부:
톄 샹·녜 더·브·러 ·ᄒᆞ·니실·ᄊᆡ :몯 ·가더·니 ᄒᆞᆯ·른 房빵 딕흫
즈·비·ᄒᆞ·야 오·ᄂᆞᆯ·ᅀᅡ ᄉᆞᆺ·ᅀᅵ :언과라 짓·거·ᄒᆞ더·니 如셩來링·와
:즁·괘 :다 ·나니·거시·늘 瓶삥·의 ·므·를 기·러두·고·ᅀᅡ <月釋7:9
ㄱ>

:가리·라 ·ᄒᆞ·야 ·므·를 기·르·니 ᄒᆞᆫ 瓶삥·의 ᄀᆞ득거·든 ᄒᆞᆫ 瓶삥·이
뼈·곰·ᄒᆞ·야 ᄒᆞᆫ ·ᄢᅢ :계·도·록 :긷다·가 :몯·ᄒᆞ·야 너·교·딕 比·삥
丘쿨·들·히 :제·와 기·르려·니 지·븨 두·고 :가리·라 ·ᄒᆞ·야 지·븨
·드·려두·고 ᄒᆞᆫ 부·체·를 다·ᄃᆞ·니 ᄒᆞᆫ 부체 열·이·곰 ᄒᆞᆯ·ᄊᆡ ·쏘
너·교·딕 :쥬·의 ·오·시 일·허·도 어·루 :물려·니 안·ᄌᆞᆨ더·다·고
:가리 <月釋7:9ㄴ>

·라 ·ᄒᆞ·야 부텨 아니·오실·낄ㅎ·로 ·가더·니 부:톄 ᄇᆞᆯ·쎠 :아ᄅᆞ
시·고 그 ·길ㅎ·로 ·오·거시·늘 부텨·를 ·ᄇᆞ·라ᅀᆞᆸ·고 ·큰 나못 :뒤
헤 ·드·러 ·숨거·늘 그 남·기 虛헝空콩·애 들·이·니 難난陁땅ㅣ
·숨디 :몯ᄒᆞ·니·라 부:톄 더·브·러 精정舍샹·애 도·라오·샤 :무

르샤·딕 :네 :겨집 ·그·려 ·가던·다 對·됭答·답·ᄒ·ᅀᆞ·ᄫᅩ·딕 實·씷
<月釋7:10ㄱ>

·엔 그·리·ᄒ·야 ·가다이·다 부:톄 難난陁땅 더·브·르시·고 阿항
那낭波낭那방山산·애 ·가샤 :무·르샤·딕 네 :겨지·비 :고·ᄫᅵ·니·
여 對·됭答·답·ᄒ·ᅀᆞ·ᄫᅩ·딕 :고·ᄫᅵ·니이·다 그 :뫼·해 늘·근 ·눈:먼
獼밍猴ᅘᅮᇦ ㅣ 잇·더·니 【獼밍猴ᅘᅮᇦ·ᄂᆞᆫ 납·ᄀᆞᄐᆞᆫ 거·시·라】 부:톄
·또 :무·르샤·딕 네 :겨지·븨 양·지 ·이 獼밍猴ᅘᅮᇦ·와 :엇더·뇨
難난陁땅 <月釋7:10ㄴ>

ㅣ 츠기너·기ᅀᆞ·ᄫᅡ 살·ᄫᅩ·딕 내 :겨지·븨 :고ᄫᅵ·미 :사ᄅᆞᆷ 中듕·에·
도 ᄣᆞᆨ :업스·니 부:톄 :엇·뎨 獼밍猴ᅘᅮᇦ·의 그에 ᄀᆞ·줄비·시ᄂᆞ·니
잇·고 부:톄 ·또 難난陁땅ᄃᆞ·려 忉ᄃᆞᇢ利·링天텬上·쌍·애 ·가샤
天텬宮궁:마·다 天텬子:중ㅣ 天텬女:녕·ᄃᆞᆯ ᄃᆞ·리·고 :노·니더·
니 ᄒᆞᆫ 天텬宮궁 <月釋7:11ㄱ>

·엔 五:옹百·빅 天텬女:녕ㅣ 이·쇼·딕 天텬子:중ㅣ :업더·니 難난
陁땅부텻·긔 :묻ᄌᆞᄫᆞᆫ·대 부:톄 니ᄅᆞ·샤·딕 :네 ·가 무·러 보·라
難난陁땅ㅣ 무·로·딕 :엇·뎨 이에:션 天텬子:중ㅣ :업·스시·뇨
天텬女:녕ㅣ 對·됭答:답·호·딕 閻염浮뿧提뗑ㅅ 內·뇡·예 부텻
아ᅀᆞ 難난陁땅ㅣ 出·츓家강·ᄒᆞ욘 因인 <月釋7:11ㄴ>

緣원·으·로 쟝·츠 이에 ·와 ·우·리 天텬子:중 ㅣ 드외·리·라 難난陁
땅 ㅣ 닐·오·딕 ·내 :그·로·니 이에 :살·아지·라 天텬女:녕 ㅣ 닐·오·
딕 ·우·리·는 하·늘·히·오 그·듸·는 當당時씽·로 :사·ᄅᆞ·미어·니 도로
·가 :사·ᄅᆞ·미 목:숨 ᄇᆞ·리·고 다·시 이에 ·와 ·나아·사 :살리·라
難난陁땅 ㅣ 부텻·긔 ·와 술·ᄫᆞᆯ·대 부:톄 니ᄅᆞ <月釋7:12ㄱ>

·샤·딕 네 :겨·지·븨 :고ᄫᆞ·미 天텬女:녕·와 ·엇더·ᄒᆞ더·뇨 難난陁
땅 ㅣ 술·ᄫᆞ·딕 天텬女:녕·를 ·보건·댄 내 :겨·지·비·사 ·눈:먼 獼밍
猴ᅘᅮᇢ ·ᄀᆞ도·소이·다 부:톄 難난陁땅 드·리시·고 閻염浮뿔提똉·
예 도·라 ·오시·니 難난陁땅 ㅣ 하·늘·해 ·가·나고·져 ·ᄒᆞ·야 修슣
行·ᅘᅢᆼ·ᄋᆞᆯ 브즈러니 ·ᄒᆞ더·라 부:톄 ·ᄯᅩ 難난陁땅 <月釋7:12ㄴ>

드·려다·가 地·띵獄·옥·ᄋᆞᆯ :뵈시·니 가·마 둘·해 :사·ᄅᆞᆷ 녀·허
두·고 글·효·딕 ᄒᆞᆫ 가·마·애 :뷘 ·므·를 글·히더·니 難난陁땅 ㅣ
부텻·긔 :묻·ᄌᆞᄫᆞᆯ·대 부:톄 니ᄅᆞ·샤·딕 :네 ·가 무·러 보·라 難난
陁땅 ㅣ 獄·옥卒·졶드·려 무로·딕 녀느 가·마·는 :다 罪:쬥人신·ᄋᆞᆯ
글·효·딕 ·이 가·마·는 :엇·뎨 뷔·옛ᄂᆞ·뇨 對·됭答·답·ᄒᆞ <月釋7:13
ㄱ>

·딕 閻浮提ㅅ 內예 如來ㅅ 아ᅀᆞ 難陁 ㅣ 出·츓家강혼 功德으·로
하·늘·해 가·냇다·가 道理 마·로·려 ᄒᆞ·단 젼·ᄎᆞ·로 하ᄂᆞᇙ 목수·미 다ᄋᆞ·면
이 地獄·애 들릴·씨 므·를 글·혀 기·드·리ᄂᆞ·니·라 難陁 ㅣ 두리·여 자·바

58

녀흘까 ᄒᆞ야 닐오ᄃᆡ 南無뭉 佛陀 <月釋7:13ㄴ>

·하:나ᄅᆞᆯ 閻염浮뿔提똉·예 도로 ᄃᆞ·려 ·가쇼·셔 부:톄 니ᄅᆞ·샤·
ᄃᆡ :네 戒·갱·ᄅᆞᆯ 브즈러니 디·녀 하ᄂᆞᆯ·해 ·가낧 福·복·을 다ᄉᆞᆺ·라
難난陁땅ㅣ 술·ᄫ·ᄃᆡ 하ᄂᆞᆯ·도 :마·오 ·이 地·띵獄·옥·애 아니
·들·아·지이·다 부:톄 그제·ᅀᅡ 爲·윙·ᄒᆞ·야 說·ᄉᆑᆺ法·법·ᄒᆞ시·니 닐·
웻 內·뇡·예 阿항羅랑漢·한·ᄋᆞᆯ 일·워 比·삥丘쿨 <月釋7:14ㄱ>

·들·히 讚·잔歎·탄·ᄒᆞ·야 닐·오·ᄃᆡ 世·솅尊존·이 世·솅間간·애 ·나·
샤 甚·씸·히 奇끵特·뜩·ᄒᆞ·샷·다 부:톄 니ᄅᆞ·샤·ᄃᆡ 오·ᄂᆞᆳ :부·니
아니·라 :녜·도 ·이·러·ᄒᆞ다·라 :디·나건 劫·겁·에 比·삥提똉希힁
國·귁·에 ᄒᆞᆫ 婬음女:녕ㅣ 잇거·늘 【婬음女:녕·는 婬음亂·롼ᄒᆞᆫ
:겨·지비·라】 迦강尸싱國·귁王왕·이 :곱·다 듣·고 惑·ᅙᆡᆨ心심·을
:내·야 <月釋7:14ㄴ>

【惑·ᅙᆡᆨ心심·ᄋᆞᆫ 迷몡惑·ᅙᆡᆨᄒᆞᆫ ᄆᆞᅀᆞ·미·라】 使·ᄉᆞᆼ者:쟝 ·브·려 求
뀸혼·대 그 나라·히 아니 ·주거·늘 다시 使·ᄉᆞᆼ者:쟝 ·브·려 닐·
오·ᄃᆡ :갌간 서르 보·고 다ᄉᆞᆺ 소·ᄉᆡ·예 도로 보·내·요리·라 比·삥
提똉希힁國·귁王왕·이 婬음女:녕·를 ᄀᆞᄅᆞ·쵸·ᄃᆡ 네 :고·ᄫᆞᆯ 양·ᄌᆞ·
며 ·뒷논 지·조·를 :다 ᄀᆞ·초·ᄒᆞ·야 :뵈·야 迦강尸싱王왕·이 네
거긔 惑·ᅙᆡᆨ <月釋7:15ㄱ>

ᄒᆞ·게 ᄒᆞ·라 ᄒᆞ·고 보·내니·라 다쐐 :디나거·늘 도로 ·가 블로·
디 ·큰 祭·졩·를 ·호려 ·ᄒᄂᆞ·니 모·로·매 ·이 각·시로·ᅀᅡ ᄒᆞ·릴·씨
:잠ᄭᅡᆫ 도로 보·내여·든 祭·졩ᄒᆞ·고 도로 보·내·요리·라 迦강尸싱
王왕·이 보·내오야·늘 祭·졩 ᄆᆞ·차·늘 使·승者·쟝 ·브려 보·내오·
라 ·ᄒᆞ야·늘 對·됭答·답·호·디 來링日·ᅀᅵᆯ 보·내·요리·라 <月釋7:15
ㄴ>

이·틄나·래 迦강尸싱王왕·이 ·ᄯᅩ 使·승者·쟝 ·브·려 보·내오·라
·ᄒᆞ야·늘 ·ᄯᅩ 對·됭答·답·호·디 來링日·ᅀᅵᆯ·ᅀᅡ 보·내·요리·라 ᄒᆞ·고
그 :야·ᅌᆞ·로 여·러·날 아니 보·낼·씨 迦강尸싱王왕·이 ·안·닶·쎠
惑·ᅙᅯᆨ甚씸·을 니ᄅᆞ·와·다 :두·ᅀᅥ :사ᄅᆞᆷ 더·블·오 ·뎌 나라·해 :가·
려 ·ᄒᆞ거·늘 臣씬下:행·ᄃᆞᆯ·히 말·이다·가 :몯·ᄒᆞ·얫·더 <月釋7:16
ㄱ>

·니 그 저·긔 仙션人싄 山산中듀ᇰ·에 獮밍猴ᅘᅮᇢ王왕·이 이·쇼·ᄃᆡ
聰총明명ᄒᆞ·고 자·ᄇᆞᆫ :일 :만·히 :아더·니 제 :겨지·비 죽거·늘
다ᄅᆞᆫ ·암·ᄒᆞᆯ 어·른·대 한 獮밍猴ᅘᅮᇢ·ᄃᆞᆯ·히 怒:농·ᄒᆞ·야 닐·오·ᄃᆡ
·이 ·암·ᄒᆞᆫ 모·다 ·뒷논 거·시어·늘 :엇·뎨 ᄒᆞ오·ᅀᅡ 더·브·러 잇ᄂᆞᆫ·
다 獮밍猴ᅘᅮᇢ王왕·이 그 ·암 더·블·오 迦강尸싱王왕 <月釋7:16ㄴ>

·씌 ᄃᆞ·라 ·들어·늘 한 獮밍猴ᅘᅮᇢ·ᄃᆞᆯ·히 조·차·가 獮밍猴ᅘᅮᇢ王왕
자·보리·라 지·비·며 ·다미·며 두루 :허더·니 迦강尸싱王왕·이

獼밍猴ᅘᅮᇰ王왕ᄃᆞ·려 닐·오·ᄃᆡ 네 獼밍猴ᅘᅮᇰ·ᄃᆞᆯ·히 내 나·라·ᄒᆞᆯ :다 ᄒᆞ·야 ᄇᆞ·리ᄂᆞ·니 :네 :엇·더 ·암·ᄒᆞᆯ :내·야주·디 아·니·ᄒᆞᄂᆞᆫ·다 獼밍猴ᅘᅮᇰ王왕·이 닐·오·ᄃᆡ 王왕ㄱ 宮궁中듕·에 <月釋7:17ㄱ>

八·밣萬·먼 四·ᄉᆞᆼ千쳔 夫붕人신·이 이·쇼·ᄃᆡ 글란 ᄉᆞ랑·티 아·니·코 ᄂᆞ·ᄆᆡ 나·라·해 婬음女:녕 디죵·가·시ᄂᆞ·니 ·내 ·이제 :겨집 :업·서 :다 믠 ᄒᆞᆫ ·암·ᄒᆞᆯ :어·뎃거·늘 :내·야주·라 ·ᄒᆞ·시ᄂᆞ·니잇·고 一·ᅙᅵᇙ切·쳉 百·ᄇᆡᆨ姓·셩·이 王왕·ᄋᆞᆯ :울·워ᄉᆞ·바 :살어·늘 :어·쎼 ᄒᆞᆫ 婬음女:녕 爲·윙·ᄒᆞ·야 :다 ᄇᆞ·리·고 ·가·시ᄂᆞ·니잇·가 <月釋7:17ㄴ>

大·땡王왕·하 :아·ᄅᆞ쇼·셔. 婬음欲·욕·앳 :이·ᄅᆞᆫ 【婬음欲·욕·ᄋᆞᆫ 婬음亂·롼ᄒᆞᆫ 欲·욕心심·이·라】 ·즐·거부·믄 :젹·고 受:슣苦:콩ㅣ ·하ᄂᆞ·니 ᄇᆞᄅᆞᆷ 거·스·려 ·홰 자·봄 ·ᄀᆞᆮ·ᄒᆞ·야 노·하 ᄇᆞ·리·디 아·니ᄒᆞ·면 당다이 제 ·모·미 :데·오 :뒷가·ᄂᆡ 난곳 ·ᄀᆞᆮ·ᄒᆞ·야 :고·ᄫᅵ 너·기·면 당다이 제·모·미 :더·러ᄫᅳ·며 ·브·레:옴·ᄋᆞᆯ 글·그·며 渴·캃ᄒᆞᆫ 제 ·ᄧᆞᆫ ·믈먹·덧·ᄒᆞ <月釋7:18ㄱ>

·야 슬·믤·쏠 모·ᄅᆞ·며 【渴·캃·ᄋᆞᆫ 목 ᄆᆞ랄·씨·라】 가·히 ·새·를 너·흘·면 입시·울 ·ᄒᆞ·야디ᄂᆞᆫ ·ᄃᆞᆯ 모·ᄅᆞ·고 고·기 ᄆᆞᆺ·글 貪탐ᄒᆞ·면 제 ·몸 주·글·ᄯᆞᆯ 모·ᄅᆞᄂᆞ·니이·다 ᄒᆞ·니 獼밍猴ᅘᅮᇰ王왕·ᄋᆞᆫ ·이젯 내 ·모미·오 迦강尸싱國·귁王왕·ᄋᆞᆫ ·이젯 難난陁땅ㅣ·오 婬음女:

녕·는 ·이젯 孫손陁땅利·링라 【孫손陁땅利·링·는 難난陁땅·익
:겨·지비·라】 ·내 그저 <月釋7:18ㄴ>

·긔·도 즌 홁 中듕·에 難난陁땅·를 ·쎄·혀:내·오 【즌홀·근 私ᄉᆞᆼ
欲·욕을 가ᄌᆞᆯ·비니·라】 ·이제 ·와 ·ᄯᅩ 生ᄉᆡᆼ死:ᄉᆞᆼ 受:쓔ᇢ苦:콩·애
·쎄·혀 :내·와·라 其끵一·힔百·빅八·밣十·씹二·ᅀᅵᆼ 那낭乾껀訶항
羅랑國·귁·이 毒·똑龍룡羅랑利·찷·올 계·워 方방攘ᅀᅣᆼ·앳 術·쓣·
이 ·속·졀 :업더·니 <月釋7:19ㄱ>

弗·붏波방浮뿔提똉王왕·이 梵·뻠志·징 空콩神씬·이 :말·로 精졍
誠쎵·엣 香향·이 金금蓋·갱ᄃᆞ외·니 其끵一·힔百·빅八·밣十·씹三
삼 琉륳璃링山산 우·흿 모·새 七칧寶:봄行ᅘᅢᆼ 樹·쓩間간·애 銀은
堀·콣ㅅ 가온·ᄃᆡ 金금床쌍·이 이·렛더·니 【間간·은 ᄉᆞ·ᅀᅵ·라】
<月釋7:19ㄴ>

金금床쌍·애 迦강葉·셥·이 앗·고 五:옹百·빅 弟:똉子:중·ᄃᆞᆯ·히
十·씹二·ᅀᅵᆼ頭뚱陁땅行·ᅘᆡᆼ·올 ·ᄯᅩ 닷·ㄱ더·니 其끵一·힔百·빅八·
밣十·씹四·ᄉᆞᆼ 百·빅千쳔龍룡·이 서·리·여 안ᄌᆞᆾ·거·시 ᄃᆞ외·야 이·
뻿 ·블·이 七칧寶:봄床쌍·이러·니 <月釋7:20ㄱ>

寶:봄帳·댱蓋·갱幢똥幡펀 아래 大·땡目·목揵껀連련·이 안자 琉
륳璃링 ·ᄀᆞᆮ·ᄒᆞ·야 ·안팟·기 비·취·니 其끵一·힔百·빅八·밣十·씹

62

五:옹 雪·쉃山산 白·삑玉·옥堀·콣·애 舍·샹利·링佛·뿛·이 앉·고
五:옹百·빅 沙상彌밍 七·칧寶:봏堀·콣·애 안ᄌᆞ·니 ‹月釋7:20ㄴ›

舍·샹利·링弗·뿛金금色·ᄉᆡᆨ身신·이金금色·ᄉᆡᆨ放·방光광ᄒᆞ·고法·
법·을닐·어沙상彌밍·를들·이·니 其끵一·힗百·빅八·밣十·씹六·륙
連련人ᅀᅵᆫ고·지黃勢金금臺띵·오우·희金금盖·갱러·니五:옹百·빅
比·삥丘쿻·를迦강旃젼延연·이두·리·니 ‹月釋7:21ㄱ›

臺띵上·쌍·애모·다안·자몸·애·믈·이·나·딕花황間간·애흘·러·싸
히아·니저·즈·니 其끵一·힗百·빅八·밣十·씹七·칧·이·네弟:똉子:
중·들·히五:옹百·빅比·삥丘쿻·옴두·려·이·리안·자ᄂᆞ·라가·니千
천二·ᅀᅵᆼ百·빅五:옹十·씹弟:똉子:중 ‹月釋7:21ㄴ›

ㅣ·쏘紳씬力·륵·을:내··여應·안王왕·ᄀᆞ티ᄂᆞ·라가·니 其끵一·힗
百·빅八·밣十·씹八·밣弟:똉子:중·들 보·내시·고衣ᇰ鉢·밣·을 디
·니·샤阿항難난·이·를더·브러·가시·니諸졍天텬·들 조:쫍거·늘光
광明명·을 ‹月釋7:22ㄱ›

너·피·샤諸졍佛·뿛·이흔·쁴·가시·니 其끵一·힗百·빅八·밣十·씹
九:굽·열여·슷毒·똑龍룡·이:모딘性·셩·을펴·아몸·애·블나·고·
무뤼·를비ᄒᆞ·니다·숫羅랑利·챯女:녕ㅣ골:업슨:즁·을지·ᅀᅡ눈

에·블·나·아 ·번게 곧·ᄒᆞ·니 其끵一·잃百·빅九·굴十·씹 <**月釋**7:22
ㄴ>

金금剛강神씬金금削강杆:쳥·에·블·이·나·거·늘毒·똑龍룡·이두·
리·여터·니世·솅尊존ㅅ그·르·메·예甘감露·롱·ᄅᆞᆯ쓰·리어·늘毒·똑
龍룡·이사·라ᅀᆞ·ᄫᆞ·니 其끵一·잃百·빅九·굴十·씹一·잃滿:만虛
헝空콩金금剛강神씬·이各 <**月釋**7:23ㄱ>

각金금剛강杆:쳥ㅣ어·니:모딘·들아·니저쓰ᄫᆞ·리【滿:만虛헝
空콩·은虛헝空콩·애ᄀᆞ·득ᄒᆞᆯ·씨·라】滿:만虛헝空콩世·솅尊존·
이各각各·각放·방光광·이·어시·니:모딘·들아·니깃ㅅ·ᄫᆞ·리
其끵一·잃百·빅九·굴十·씹二·싱 <**月釋**7:23ㄴ>

龍룡王왕·이두·리ᅀᆞ·방七·칧寶:봉平뼝床쌍座·쫭노:숍·고부터·
하救·굴·ᄒᆞ쇼·셔ᄒᆞ·니國·귁王왕·이恭공敬·경·ᄒᆞᅀᆞ·바白·삐氎·
똅眞진柱듕綱:망·펴습·고부텨·하드·르쇼·셔ᄒᆞ·니
其끵一·잃百·빅九·굴十·씹三삼 <**月釋**7:24ㄱ>

·발·ᄋᆞᆯ드르·시·니五:옹色·ᄉᆡᆨ光광明명·이·나·샤고·지·프·고菩뽕
薩삻·이·나시·니블ᄒᆞᆯ드르·시·니:보 빅·옛고·지드·라金금翅·싱
드외·야龍룡·을저·킈ᄒᆞ·니
其끵一·잃百·빅九·굴十·씹四·숭七·칧寶:봉블金금臺띵·예七·칧賓:

봏蓮 <月釋7:24ㄴ>

련花황ㅣ :일어·늘 ·현·맛부:톄加갱趺붕坐쫭ㅣ·어시·뇨
溜률璃링堀콿ㅅ가·온·딕溜률璃링座쫭ㅣ·나거·늘 ·현·맛比·뼝
丘쿨ㅣ火:황光광三삼昧·밍어·뇨
其끵一·힗百·빅九·굴十·씹五:옹國·귁王왕·이變·변化·황·보ᅀᆞ·
·바:됴훈 <月釋7:25ㄱ>

ᄆᆞᇫ :내·니臣씬下:행·도·쏘:내·니이·다龍룡王왕·이金금剛강
杵:청저·허:모딘ᄆᆞᇫ고·티·니羅랑利·찷 ·도·쏘고·티·니이·다
其끵一·힗百·빅九·굴十·씹六·륙:뷘바리供공養·양·이러·니부:
톄神씬力·륵:내·샤無뭉量·랑衆·즁·을ᄌᆞ·래겼 <月釋7:25ㄴ>

·그·니天텬食·씩·을먹ᄉᆞᆸ·ᄫᅵ·니念·념佛·뿛三삼昧·밍·예·드·라諸
졍佛·뿛ㅅ:말·을:다듣ᄌᆞ·ᄫᅵ·니
其끵一·힗百·빅九·굴十·씹七·칧國·귁王왕·은·오쇼·셔龍룡王왕·
·은:겨쇼·셔·이:두말·을어·늘從쭁·ᄒᆞ·시려·뇨 <月釋7:26ㄱ>

龍룡·이그엔이·쇼리·라王왕ㅅ그엔:가리·라·이:두고·대어·듸:
·겨·시려·뇨
其끵一·힗百·빅九 ·굴十·씹八·밣諸졍天텬·의:말:우ᄉᆞ·샤이·베
放·방光광·ᄒᆞ시·니無뭉數·숭諸졍佛·뿛·이菩뽕薩·삻ᄃᆞ·리시·니

龍룡·이堀·콣·애안ᄌ·샤王왕城쎵·에 <月釋7:26ㄴ>

·드·르시·니無뭉數·숭諸졍國·귁·에如셩來ᄅᆡᆼ說·쉃法·법·더시·니
其끵一·ᅙᅵᇙ百·빅九·굴十·씹八·밦變·변·뵈시·고그르·멜비·취·샤:
모딘·ᄠ·들고·티라·ᄒ시·니諸졍天텬·이모·다·와그르·멜供공養
양·ᄒᆞᄫ·바:됴ᄒᆞᆫ法·법·을·쏘들ᄌᆞ·ᄫᅵ·니 <月釋7:27ㄱ>

那낭乾건詞ᄉᆞ羅랑國·귁古:공仙션山산毒·똑龍룡池띵ㅅ:ᄀᆞ·새
【毒·똑龍룡池띵·ᄂᆞᆫ:모·딘龍룡잇ᄂᆞᆫ·모시·라】羅랑刹·챯穴·ᄡᅪᇙ
ㅅ가·온·ᄃᆡ【羅랑刹·챯·ᄋᆞᆫ샏ᄅᆞᆫ귓거·시·라·ᄒᆞ논:마리·라穴·ᄡᅪᇙ·
ᄋᆞᆫ굼·기라】다·ᄉᆞᆺ羅랑刹·챯·이이·셔·암龍룡·이드외·야毒·똑龍
룡·을:얼더·니龍룡·도·무뤼오·게ᄒᆞ·며羅랑刹·챯·도·어·즈러·비
든·닐·ᄊᆡᆼ:네·히·ᄅᆞᆯ艱간難 <月釋7:27ㄴ>

난ᄒᆞ·고쟝·셕혼·ᄒᆞ거·늘그나·랏王왕·이두·리·여神씬靈령·ᄭᅴ:
비다·가:몬·ᄒᆞ·야呪·즁師ᄉᆞᆼ블·러呪·즁ᄒᆞ·라ᄒᆞ·니【呪·즁師ᄉᆞᆼ·
ᄂᆞᆫ呪·즁ᄒᆞ·ᄂᆞᆫ:사ᄅᆞ미·라】毒·똑龍룡羅랑刹·챯·이氣·킝韻·운·
이盛·쎵·ᄒᆞ·야呪·즁師ᄉᆞᆼㅣ術·쓡·을·믇ᄒᆞᆯ·ᄊᆡ王왕·이너·교·딕ᄒᆞᆫ
神씬奇끵혼:사ᄅᆞ·ᄆᆞᆯ:어·더·이羅랑刹·챯·을:내좃·고毒·똑 <月釋
7:28ㄱ>

龍룡·ᄋᆞᆯ降ᅘᅡᇰ服·뽁:히·면내·몸外·욍·예·ᄉᆞᄆᆞ·스·글앗·기·료그저·

긔흔梵·뼘志·징슬·보·딩大·땡王왕·하迦강毗뼁羅랑國·귁淨·쪙
飯·뻔王왕아·ᄃᆞ:니·미·이제부:톄ᄃᆞ외·샤號·흫·ᄂᆞᆫ釋·셕迦강文
문·이시·니·크신丈:땽六·륙身신·에三삼十·씹二·ᅀᅵᆼ相·샹八·밣
十·씹種:죵好:홀ㅣㄱᄌᆞ·샤바·래 **《月釋7:28ㄴ》**

蓮련花황·를:블볏시·고모·기힗光광·을가·지·샤싁싁·ᄒᆞᆫ신相·ᄉᆞ
양·이眞진金금山산·이·ㄱᆞᆮ·ᄐᆞ시·니이·다【眞진金금·은·딧金금·이
·라】王왕·이긋·거부텨·나신·싸ᄒᆞᆯ向·향·ᄒᆞ·야禮:롕數·숭·ᄒᆞ숩
·고닐·오딩내相·샹法·법·에·이後:흫·아홉劫·겁·에·ᅀᅡ부:톄:겨
·샤·딩일·후·미釋·셕迦강文문·이시·다·ᄒᆞ·얫더·니 **《月釋7:29ㄱ》**

【相·샹法·법·은相·샹·보ᄂᆞᆫ法·법·이·라】오·ᄂᆞᆳ·날부:톄·ᄒᆞ·마니
·러·나샤·딩:엇·뎨·이나·라홀:어여·쎄너·겨오·디아·니·커시·뇨
·ᄒᆞ더·니虛헝空콩·애·셔:마·ᄅᆞᆯ닐·오·딩大·땡王왕·하疑읭心심:
마·ᄅᆞ쇼·셔釋·셕迦강牟뭏尼닝精정進·진·을勇:용猛:밍·히·ᄒᆞ·샤
·아홉劫·겁·을즐·어·나시·니이·다王왕·이·이:말듣·고다·시 **《月
釋7:29ㄴ》**

·ᄮᅮ·러合·합掌:쟝·ᄒᆞᅀᆞᆸ·바讚·잔歎·탄·호·딩부텻물·ᄅᆞᆫ智·딩慧·휑
내ᄆᆞᆷᅀᆞ·믈:아·ᄅᆞ시·리·니慈쫑悲빙·를구·펴·샤·이나·라해·오쇼·
셔그·삑香향·닉부텻精정舍·샹·애가·니·힌瑠륳璃링·구루·미·ᄀᆞᆮ·
ᄒᆞ·야부텻긔·닐·굽·블버·ᄆᆞ·러金금盖·갱ᄃᆞ외·오그盖·갱·예바·

오·리이·셔이·든소·리:내·야부텨 <月釋7:30ㄱ>

·와比·삥丘쿨僧승·을請:쳥·ᄒᆞ·ᅀᆞᇦ더·니그·쁴如셩來링比·삥丘쿨
ᄃᆞ·려니ᄅᆞ·샤·딕六·륙通통ᄀᆞ·ᄌᆞ니·는부텨조·차那낭乾껀柯항
羅랑王왕弗·붏巴방浮뿔提똉·이請:쳥·을바·ᄃᆞ·라·ᄒᆞ·야시·늘摩
망柯항迦강葉·녑·의·물五:옹百·빅·이瑠률璃링山산·ᄋᆞᆯ지·ᅀᆞ·니
山산우:마·다흐르는:십 <月釋7:30ㄴ>

·과못·과七·칧寶:봉行ᅘᅢᆼ樹·쓩ㅣ잇·고【行ᅘᅢᆼ樹·쓩·는느러니션
즘·게남·기·라】나모아·래:마·다金금牀쌍·애銀은光광·이이·셔
그光광明명·이堀·콣·이ᄃᆞ외어·늘迦강葉·녑·이그堀·콣·애앉·고
弟:똉子·중·ᄃᆞᆯ·ᄒᆞᆯ·열:두頭뚷陀땅行·ᅘᆼ·을:히더·니【頭뚷陀땅·
ᄂᆞᆫ떠·러ᄇᆞ·리·다혼·ᄠᅳ디·니煩뻔惱:놀·ᄅᆞᆯ떠·러ᄇᆞ·릴·씨·라열:
두:힝·뎌·근阿항蘭란若:샹·애이·숌·과샹·네:빌머·굼·과누·비
<月釋7:31ㄱ>

옷니·붐·과ᄒᆞᄅᆞ흔번·밥머·굼·과바·ᇦ머·굻·대·로:혜·여머·굼·
과·낫:계어·든믈아·니머·굼·과寂·쪅靜·쪙흔무·덤·ᄢᅥ리·예이·
숌·과나모아·래이·숌·과:한·딕예이·숌·과샹·녜눕·디아·니홈·
과가·ᄉᆞ며·니艱간難난ᄒᆞ·니글·히·디아·니·ᄒᆞ·야次·충第·똉로:
빌머·굼·과:세가짓·옷:쭌가·져ᄒᆞ놈·괘·라:세가짓오·ᄉᆞᆫ:세
가짓袈강裝상ㅣ니大·땡衣ᅙᅱᆼ·ᄂᆞᆫ九:굴條뚷十·씹一·ᅙᅵᆶ條뚷十·씹

68

三삼條똘十·씹五:옹條똘十·씹七·칧條똘十·씹九:굴條똘三삼條
똘二·싱十·씹五:옹條똘 ㅣ·오中듕衣ᅙᅵᆼ·ᄂᆞᆫ七·칧條똘 ㅣ·오下:행
衣ᅙᅵᆼ·ᄂᆞᆫ五:옹條똘 ㅣ·라】그:되 <月釋7:31ㄴ>

·히·구룸·ᄀᆞᆮ·ᄒᆞ·야ᄇᆞᄅᆞ·ᄆᆞ라·와셜·리古:공仙션山산·애가·니·라
大·땡目·목鍵껀連련·의·믈五:옹百·빅·은百·빅千쳔龍룡·올지·
서·모·믈서·리·여座·쫭 ㅣ ᄃᆞ외·오·이브·로·브·를吐:통·ᄒᆞ·야金금
臺띵·예七·칧寶:볼床쌍座·쫭 ㅣ ᄃᆞ외·니寶:볼帳·댱·과寶:볼盖·
갱·와幢떵幡펀·이:다ᄀᆞᆽ거·늘目·목 <月釋7:32ㄱ>

連련·이가·온·ᄃᆡ안ᄌᆞ·니瑠률璃링:사름·ᄀᆞᆮ·ᄒᆞ·야·안팟·기ᄉᆞ뭇
ᄆᆞᆰ·더·니那낭乾껀詞ᄼᆞᆼ國·귁·에가·니·라숨·샹利·링弗·붏·은雪·
쉂山산·을:짓·고白·빅玉·옥·ᄋᆞ·로堀·콣밍·굴·오五:옹百·빅沙상
彌밍七·칧寶:볼堀·콣·애안·자雪·쉂山산·을圍윙繞·ᅀᅣᇢ·ᄒᆞ·고舍·샹
利·링弗·붏·이白·빅玉·옥堀·콣·애 <月釋7:32ㄴ>

안ᄌᆞ·니金금:사름·ᄀᆞᆮ·ᄒᆞ·야金금色·식放·방光광·ᄒᆞ·고·큰法·법·
을니르거·든沙상彌밍들·더·니·뎌나·라해가·니·라摩망訶항迦
강栴젼延연·은眷·권屬·쑉五:옹百·빅比·뼁丘쿨더·브·러蓮련花
황·ᄅᆞᆯ지·ᅀᅳ·니金금臺띵·ᄀᆞᆯ더·니比·뼁丘쿨 ㅣ 그우·희이시·니·몸
아·래·셔므·리·나·아곳ᄉᆞ·ᅀᅵ <月釋7:33ㄱ>

·흘·로·딕싸·해·쳐디·디아·니·코우·희金금盖·갱比·삥丘쿨·를
두·펴잇·더·니·쏘·뎌나·라·해가·니·라·이·러·틋흔一·힗千쳔二·
싱百·빅·쉰·굴·근弟·똉子·중塞·듥·히各·각·各각五·옹百·빅比·
삥丘쿨 ·ᄃᆞ·려여·러가·짓神씬通통·올 지·어虛헝空콩·애소·사올·
아鴈·안王왕·ᄀᆞ·티ᄂᆞ·라【鴈·안王왕·은 그려·기·라】·뎌 〈月釋
7:33ㄴ〉

나·라·해가·니·라그·쁴世·솅尊존·이·옷니브·시·고바리가·지시·
고阿항難난·이尼닝師ᄉᆞ植만들·이시 고虛헝空콩·올 :블·붕 시·
니四·ᄉᆞ天텬王왕·과帝·뎽釋·셕·과梵·뺨王왕·과無뭉數·숭흔天
텬子·중·와百·빅千쳔天텬女:녕ㅣ侍·씽衛·윙·ᄒᆞᅀᆞ·ᄫᅵ니·라그·쁴
世·솅尊존·이·뎡·바 :깃金금 〈月釋7:34ㄱ〉

色·ᄉᆡᆨ光광·올·펴·샤一·힗萬·먼八·밠千쳔化·황佛·뿛·을·지ᄉᆞ시·
니化·황佛·뿛·마·다마·리·예放·방光광·ᄒᆞ·샤쏘一·힗萬·먼八·밠
千쳔化·황佛·뿛·을·지ᄉᆞ·샤부텨·들·히次·층第·똉·로虛헝空콩·
애·고득·ᄒᆞ·샤鴈·안王왕·ᄀᆞ·티ᄂᆞ·라뎌나·라·해·가시·니그王왕·
이迎영逢뿡·ᄒᆞᅀᆞ·바禮:롕數·숭·ᄒᆞ 〈月釋7:34ㄴ〉

·습더·라그·쁴龍룡王왕·이世·솅尊존·을 보습·고어·비아·들 제·
물·열여·숭大·땡龍룡·이·큰·구룸·과驛 펵靈·령니르·와·다우르·
고·무뤼비·코 ·누느·로·블 :내·오·이브·로·블吐:통ᄒᆞ·니비·늘·와

70

터럭:마·다·블·와·니·왜·퓌·며닷·숫羅랑利·찷女:녕ㅣ골·업·슨
양·ᄌ·를지·서【羅랑利·찷女:녕·는:겨집羅랑利·찷·이·니:사름
주·기는 <月釋7:35ㄱ>

中듕·에·믓:모·딘궛거·시·라】·누·니·번·게·근더·니부텻알·픠·
와셔·니·라그·쁴金금剛강神씬·이·큰金금剛강杆:쳥잡·고無뭉
數·숭흔·모·미ᄃ외·야金금剛강杆:쳥ㅅ머·리:마·다··브·리슬·위
써두르·듯·ᄒ·야次·충第·똉·로虛헝空콩·ᄋ·로ᄂ·려오·니·브·리
하盛·쎵·ᄒ·야龍룡·이·모·믈·슬·씨龍룡·이두·리·여수 <月釋7:35
ㄴ>

물·띠:업·서부텻그르·메·예ᄃ·라ᄃ·니부텻그르·메서·ᄂ러·버
甘감露롱·를쓰·리난·듯흔·대龍룡·이더·위·를여·희오:울워·러·
보·ᅀᄫ·니虛헝空콩·애無뭉數·숭흔부:톄各·각各·각無뭉數·숭
흔放·방光광·ᄒ시·고放·방光광:마·다그·지:업·슨化·황佛뿛·이
쏘各·각各·각無뭉數·숭흔放·방 <月釋7:36ㄱ>

光광·ᄒ시·고光광明명中듕·에고른執·집金금剛강神씬·이金금
剛강許:쳥·를머·옛더·니龍룡·이부텨·보습·고ᄀ·장깃·그·며金
금剛강神씬보·고ᄀ·장두·리·여부텨·씌禮롕數·숭·ᄒ·ᅀᄫ·며
다·ᄉ羅랑利·찷女:녕·두禮롕數·숭·ᄒ·습더·라그·쁴諸졍天텬·
이曼만陀땅羅랑花황·와摩 <月釋7:36ㄴ>

망詞항曼만陀땅羅랑花황·와曼만殊쓩沙상花황·와摩망詞항曼
만殊쓩沙상花황·를비·허供공養·양·ᄒᆞ·ᅀᆞᆸ·고【曼만殊쓩沙상·ᄂᆞᆫ
블·근고·지·라혼:마리·라】하·ᄂᆞᆳ·부·피절·로·울·며諸졍天텬
·이손고초숩·고空콩中듕·에侍씽衛·윙·ᄒᆞ·ᅀᆞᆸ·바·셋더·니그龍룡
王왕·이모·새七·칧賓·빙平뼝床쌍·ᄋᆞᆯ:내·야소·ᄂᆞ <月釋7:37ㄱ>

·로바·다노:숩·고슬·보·딩世·솅尊존·하:나·ᄅᆞᆯ救·귤·ᄒᆞ·샤力·륵
士·ᄊᆞᆼㅣ내·몸·ᄒᆞ·야ᄇᆞ·리·디아·니케·ᄒᆞ쇼·셔·ᄒᆞ더·라그·ᄢᅴ王
왕·이픈床쌍노:숩·고白·삑氎·뗩縵·만·ᄋᆞᆯ두르·고【縵·만·ᄋᆞᆫ帳
·댱·이·라】眞진柱듕·그·므·를우·희둡:숩·고부텨·를請·청·ᄒᆞ·ᅀᆞᆸ
·바縵·만中듕·에·드·르쇼·셔·ᄒᆞ야·늘부:톄·바·ᄅᆞᆯ드르 <月釋7:37
ㄴ>

·시·니허·튓·비·예五:옹色·ᄉᆡᆨ光광·이나·샤부텻·긔닐·굽·블버
므·ᅀᆞ·바하·ᄂᆞᆳ:고·블고·지·ᄀᆞ·ᄅᆞ·ᄒᆞ·야곳帳·댱·이드외·니곳·닙ᄉᆞ·
ᄉᆡ·예無뭉數·숭흔菩·뽕薩·삻·이드외·야合·합掌·쟝·ᄒᆞ·야讚·잔
歎·탄·ᄒᆞ·ᅀᆞᆸ거·든空콩中듕·엣化·황佛·뿛·이:다흔가·지·로放방
光광·ᄒᆞ·더시·니열여·슷혀·근龍룡·이소 <月釋7:38ㄱ>

·내:뫼·과::콰잡·고霹·픽靂·력·블니르와·다부텨·ᄭᅴ오·니모·ᄃᆞᆫ
한:사·ᄅᆞ미두·리·여·ᄒᆞ거·늘世·솅尊존·이金금色·ᄉᆡᆨ·블·흘:내·샤
소·놀·펴시·니손까락ᄉᆞ·ᄉᆡ예·셔:굴·근:보·빅·옛곳비·오더·니

72

大·땡衆·즁·둘 ㅎ그고·쥴 :보·디:·디化·황佛·뿛·이 ᄃ외·시·고 龍룡·
둘 ㅎ그고·쥴 :보·디:·다 金금翅·싱鳥:둏·둘 <月釋7:38ㄴ>

ㅣ ᄃ외·야 龍룡·을 자·바 머·구·려홀·씨 龍룡·이 두·리·여 부텻
그르·메·예 ᄃ·라드·러 머·리 :좃ᄉᆞ·바 救·궇·ᄒᆞ쇼·셔 ·ᄒᆞ더·라
부:톄 緣·만 알·ᄑᆡ·가샤 阿항難난·이 ᄃ·려 尼닝師ᄉᆞ植띤 ·실·라
·ᄒᆞ·야시·늘 阿항難난·이 緣·만中듕에 ·드·러 ·올ᄒᆞᆫ ·소ᄂᆞ·로 :왼
녀·엇·게·옛 尼닝師ᄉᆞ檀딴·을 드·니 尼닝師ᄉᆞ <月釋7:39ㄱ>

檀딴·이 ·즉자·히 七·칧寶:볼·로 ·ᄭᅮ몬 五:옹百·빅億·흑金금臺띵
ᄃ외어·늘 ·싱로려 ·ᄒᆞ·니 ·즉자·히 ·ᄯᅩ 七·칧寶:볼莊장嚴엄·혼
五:옹百·빅億·흑蓮련花황ㅣ ᄃ외·야 行ᅘᆡᆼ列·렳 지·어 次·ᄎᆞ次·ᄎᆞ
第·똉·로 緣·만 안해 ·차 ᄀᆞ득·ᄒᆞ·니·라 그 ·ᄢᅴ 世·셍尊·존이 七·칧
寶:볼床쌍·애 ·드르·샤 結·겷加강趺붕坐·쫭·ᄒᆞ <月釋7:39ㄴ>

시·니 녀느 蓮련花황ㅅ 우·희 :다 부:톄 안ᄌᆞ·시니·라 그 ·ᄢᅴ
比·뼁丘쿨·둘·토 부텨·끠 禮:롕數·숭 ·ᄒᆞ습·고 各·각各·각 座·쫭
·를 ·싱·니 比·뼁丘쿨·의 座·쫭·도 :다 瑠륳璃링座·쫭ㅣ ᄃ외어·늘
比·뼁丘쿨·둘·히 ·드·러 안ᄌᆞ·니 瑠륳璃링座·쫭ㅣ 瑠륳璃링光광·
을 ·펴·아 瑠륳璃링堀·콣·을 :짓·고 比·뼁丘 <月釋7:40ㄱ>

쿨·둘·히 火·황光광三삼昧·밍·예 ·드·니 ·모·미 金금ㅅ·비·치러·

라 그 ·쁴 國·귁王왕·이 부텻 神씬奇끵·ᄒ신 變·변化·황·ᄅᆯ ·보ᅀᆞᆸ·
고 ·즉자·히 阿항縛·녹多당羅랑三삼藐·막三삼菩뽕提똉心심·을
發·벓·ᄒ·야【阿항·ᄂᆞᆫ :업·다 ·혼 :마리·오 縛·녹多당羅랑·ᄂᆞᆫ 우
히·오 三삼·ᄋᆞᆫ 正·졍·이·오 藐·막·ᄋᆞᆫ 等:등·이·오 菩뽕提똉·ᄂᆞᆫ 覺·
각·이·니 우:업·슨 正·졍·히 等:등ᄒᆞᆫ 正·졍覺·각·이·라 ·혼 :마리·
니 眞 <月釋7:40ㄴ>

진實·씷ㅅ 性·셩·을 니르니 眞진實·씷ㅅ 性·셩·이 :긔 佛·뿛·이시·
니 佛·뿛·은 覺·각·이·라 ·혼 :마리·니 조려 니르·면 覺·각·이·라
ᄒᆞ·고 子:중細·솅·히 니르·면 無뭉上·썅 正·졍等:등 正·졍覺·각·
이·라 眞진實·씷ㅅ 性·셩·에 더 우·히 :업슬·씨 無뭉上·썅·이·오
諸정佛·뿛·이·며 衆·즁生싱·이·며 ·이 性·셩·이 正·졍·히 平뼝等:
등홀·씨 正·졍等:등·이·오 覺·각·이 두·려·비 ᄇᆞᆯ·가 너·비 :다 비·
취실·씨 正·졍覺·각·이·라. 至·징極·끅ᄒᆞᆫ 果:광ㅣ 因ᅙᅵᆫ·을 :걷:내
ᄠᅱ·실·씨 無뭉上·썅·이·오 正·졍·은 中듕道:똘·ᄅᆯ 正·졍·히 ·보실·
씨·오 等:등·은 :두 :ᄀᆞ·슬 ᄒᆞᆫ ·쁴 비·취실·씨·니 果:광 우·흿
:셰 智·딩·라】臣씬下:행·ᄅᆯ <月釋7:41ㄱ>

:다 發·벓心심ᄒᆞ·라 ᄒᆞ·며 龍룡王왕·ᄋᆞᆫ 金금剛강·大·땡·力륵士:
씅·ᄅᆯ 두·리·여 阿항耨·녹多당羅랑三삼藐·막三삼菩뽕提똉心심
을 發·벓ᄒᆞ며 羅랑利·링女:녕도 菩뽕提똉心심·을 發·벓ᄒᆞ·니·라
그 ·쁴 王왕·이 부텨·와 :즁·님 ·내 ·씌 供공養·양·ᄒᆞ·ᅀᆞᆸ보·려 ·ᄒ

74

더·니 부:톄 니르·샤· 녀느 거·스 <月**釋**7:41ㄴ>

·란 :마오 그·릇:분 장·망호·라 王**왕**·이 듣**ᄌᆞᆸ**·바 :보·비·옛 그·르·
슬 準:**쥰**備·**삥**·호·야·늘 부텻 神**씬**力·**륵**·으·로 하ᄂᆞᆳ 須**슝**陁**땅**味·
밍 自·**쫑**然**션**·히 그·르·세 ᄀᆞ둑·호·거·늘 【須**슝**陁**땅**·ᄂᆞᆫ ·히·다
·호·논 ·ᄠᅳ디·오 味·밍·ᄂᆞᆫ ·마시·라 果:**광**報·**봉**中**듀ᇰ**間간호·ᄂᆞ·ᄂᆞᆫ
·비·치 :져·기 붉·고 福·**복** 늣가·ᄫᆞ니·ᄂᆞᆫ ·비·치 :져·기 거·므·니
이·베·들면 노·가디·ᄂᆞ니라】 大·**땡**衆·**즁**·들·히 그 ·밥 먹·고 自·
쫑然**션**·히 念·념 <月**釋**7:42ㄱ>

佛·**뿛**三삼昧·**밍**·예 ·드·러 十·**씹**方**방**佛·**뿛**·을 ·보·ᅀᆞᄫᆞ·니 ·모·미
:ᄌᆞ :업·스시·며 ·ᄯᅩ 說·**쉃**法·**법**·을 듣·**ᄌᆞᆸ**·ᄫᆞ·니 그 音**흠**聲**성**·이
:다 부텨 念·념호·며 法·**법**念·념호·며 比·**뼁**丘**쿨**僧**스ᇰ**念·념·호·ᄆᆞᆯ
讚·**잔**歎·**탄**·호시·며 ·ᄯᅩ 六·**륙**波**방**羅**랑**密·**밇**·와 【六·**륙**波**방**羅**랑**
密·**밇**·ᄋᆞᆫ 六·**륙**度·**똥**ㅣ·니 뎌·녁:ᄀᆞᆺ·애 :건나·다 ·혼 ·ᄠᅳ디·라】
三삼十·**씹**七·**칧**品·**픔**助·**쫑** <月**釋**7:42ㄴ>

菩**뽕**提**똉**法·**법**·을 너·비 니르·더시·니 【三삼十·**씹**七·**칧**品·**픔**助·
쫑 菩**뽕**提**똉**法·**법**·은 셜·흔 닐·굽 가·짓 菩**뽕**提**똉** :돕·ᄂᆞᆫ 法·**법**·이·
니 四·ᄉᆞᆼ念:념處·**청**·와 四·ᄉᆞᆼ正·**졍**勤**끈**·과 四·ᄉᆞᆼ如**셩**意·**ᅙᅵᆼ**足·**죡**·
과 五:**옹**根**근**·과 五**옹**·力·**륵**·과 七·**칧**覺·**각**支**징**·와 八·**밣**正·**졍**道:
똘·왜·라 四·ᄉᆞᆼ念·념處·**청**·ᄂᆞᆫ :네가·짓 念·념·호·ᄂᆞᆫ ·고디·니 ·모·

미 ·조티 :몯·호·믈 보·며 受:쓩·ㅎ·논 :이·리 :다 受:쓩苦:콩ㄹ
빙·요·믈 보·며 모슨·미 無뭉常쌍·호·믈 보·며 法·법·에 나 :업수
·믈 볼·씨·라 ·즐거·볼 受:쓩도 잇건마ᄅᆞᆫ ·즐·거부·미 :업·슳 저
·기 :셜볼·씨 :다 受:쓩苦:콩ㄹ 빙·니·라 :됴ᄒᆞᆫ 法·법·과 구 **<月釋
7:43ㄱ>**

·즌 法·법·과·를 ·내 行ᅙᆡᆼ·ᄒᆞ노·라 ·ᄒᆞ·건마ᄅᆞᆫ 내·라 ·혼 거·시
實·씷·엔 :거츨·씨 ·내 :업·스니·라 四·승正·졍勤끈·은 :네가·짓
正·졍ᄒᆞᆫ 道:똘理:링·예 브즈러니 行ᅙᆡᆼ홀·씨·니 ᄒᆞ나ᄒᆞᆫ ᄒᆞ·마
·냇·ᄂᆞᆫ 구·즌 法·법·을 그·처 ᄇᆞ·료리·라 ·ᄒᆞ·야 一·힗心심·ᄋᆞ·로
精졍勤끈홀·씨·니 四·승念·념處·쳥 봃저·긔 게으른 모슨·ᄆᆞ·로
다·ᄉᆞᆺ가·짓 둪는 煩뻔惱:놓ㅣ 모슨·믈 두퍼 다·ᄉᆞᆺ 가·짓 :됴ᄒᆞᆫ
根근·을 여·희·여 ·이·런 구·즌 法·법·이 ·냇거·든 그·추리·라 ·ᄒᆞ·
야 精졍進·진홀·씨·니 아래 ᄒᆞᆫ가지·라 다·ᄉᆞᆺ 가·짓 두·푸몬 貪
탐欲·욕과 嗔친心심·과 昏혼昧·밍·ᄒᆞ·야 ᄌᆞ오롬·과 뮈·여 ·어·즈
러·봄·과 疑읭心심·괘·라 다·ᄉᆞᆺ 가·짓 :됴ᄒᆞᆫ **<月釋7:43ㄴ>**

根근·은 아래 닐·온 五:옹根근·이·라 :둘·ᄒᆞᆫ 아니 ·냇·ᄂᆞᆫ 구·즌
法·법·을 나·디 아·니·케 호리·라 ·ᄒᆞ·야 正졍眞진·호미·오 :세·
ᄒᆞᆫ 아니 ·냇·ᄂᆞᆫ :됴ᄒᆞᆫ 法·법·을 :내·요리·라 ·하야 精졍進·진·호
미·오 :네·ᄒᆞᆫ ᄒᆞ·마 ·냇·ᄂᆞᆫ :됴ᄒᆞᆫ 法·법·을 길·우리·라 ·ᄒᆞ·야 精졍
進·진·호미·라 四·승如ᅀᅧ意·힁足·죡·은 :네가·짓 ·ᄠᅳᆮ ·ᄀᆞᆮᄒᆞᆫ 神씬

76

足·쪽·이·니 ᄒ나ᄒᆞᆫ 欲·욕如ᅀᅧᆼ意·ᅙᅴᆼ足·쪽·이·니 欲·욕·이 主:즁
人ᅀᅵᆫ·이 ᄃ외야 定·뗭·을 得·득ᄒᆞ·야 굿·논 :ᅙᅴᆼ·뎌·기 이·러 如ᅀᅧᆼ
意·ᅙᅴᆼ足·쪽·을 닷·ᄀᆞᆯ·씨·오 :둘·혼 精졍進·진如ᅀᅧᆼ意·ᅙᅴᆼ足·쪽·이·
니 精졍進·진·이 主:즁人ᅀᅵᆫ·이 ᄃ외·야 定·뗭·을 得·득ᄒᆞ·야 굿·
논 :ᅙᅴᆼ·뎌·기 :일·씨·오 :세·혼 心심如ᅀᅧᆼ意·ᅙᅴᆼ足·쪽 <**月釋7:44ㄱ**>

·이·니 ᄆᆞᅀᆞ·미 主:즁人ᅀᅵᆫ·이 ᄃ욀·씨오 :네·혼 思ᄉᆞᆼ惟윙如ᅀᅧᆼ意·
ᅙᅴᆼ足·쪽·이·니 ᄉᆞ랑·호·미 主:즁人ᅀᅵᆫ·이 ᄃ욀·씨라 四·ᄉᆞᆼ念·념處·
쳥·엣 實·씷혼 智·딩慧·휑·와 四·ᄉᆞᆼ正·졍勤끈·엣 正·졍혼 精졍進·
진·이 :두가지·ᄂᆞᆫ 하고 定·뗭力·륵·이 :젹더·니 ·이제 :네가짓
定·뗭·을 得·득ᄒᆞ·야 智·딩·와 定·뗭·괘 ·ᄀᆞᆮᄒᆞ·야 願·원ᄒᆞ·논 :이·
ᄅᆞᆯ :다 得·득ᄒᆞᆯ·씨 四·ᄉᆞᆼ如ᅀᅧᆼ意·ᅙᅴᆼ足·쪽·이·라 ᄒᆞ·니·라 智·딩·와
定·뗭·괘 ·ᄀᆞᆮᄒᆞ·면 結·겷使·ᄉᆞᆼ·ᄅᆞᆯ 그·츨·씨 굿·ᄂᆞᆫ :ᅙᅴᆼ·뎌·기 :이
·다ᄒᆞ·니·라 五:옹根근 五:옹力·륵·은 信·신과 精졍進·진·과 念·
념·과 定·뗭·과 慧·휑·왜·니 :됴ᄒᆞᆫ 法·법·을 잘 :내요·ᄆᆞᆫ 根근·이·
오 구·즌 法·법·을 잘 허·로·ᄆᆞᆫ 力·륵·이 <**月釋7:44ㄴ**>

·라 信·신根근·이 力·륵·을 得·득ᄒᆞ·면 一·ᅵᆳ定·뗭·히 디·녀 疑ᅙᅴᆼ
心심 아니ᄒᆞ·고 精졍進·진力·륵·은 비·록 法·법·을 :몯·보아도
혼 ᄆᆞᅀᆞ·ᄆᆞ·로 道:똘理:링·ᄅᆞᆯ 求꿀ᄒᆞ·야 목:숨 앗·기·디 아니·
ᄒᆞ·야 머·므·디 아니홀·씨·오 念·념力·륵·은 샹·녜 스ᇰ·의 ᄀᆞᄅᆞ·
쵸·ᄆᆞᆯ ·ᄉᆡᆼ·각ᄒᆞ·야 :됴ᄒᆞᆫ 法·법·이 ·오나ᄃᆞᆫ ·드리·고 구·즌 法·법·

이 ·오나· 든 ·드·리·디 아니·호·미 門몬 자·분 :사·룸 ·ᄀᆞ·ᇀ·ᄒᆞᆯ·씨·오
定·떵力·륵·은 므·슴·ᄆᆞᆯ ᄒᆞᆫ 고·대 자·바 뮈·우·디 아니·ᄒᆞ·야 智·딩
慧·ᄒᆵ·를 도·ᄫᆞᆯ·씨·오 智·딩慧·ᄒᆵ力·륵·은 諸정法·법 實·ᄊᆞᆶ相·샹·
ᄋᆞᆯ 實·ᄊᆞᆶ 다·비 잘 볼·씨·라 八·밣正·졍道:뚈·ᄂᆞᆫ :보·ᄆᆞᆯ 正·졍·히·ᄒᆞ
·며 ᄉᆞ·랑·ᄋᆞᆯ 正·졍·히·ᄒᆞ·며 :마·ᄅᆞᆯ 正·졍·히·ᄒᆞ <月釋7:45ㄱ>

·며 業·업·을 正·졍·히·ᄒᆞ·며 命·명·을 正·졍·히·ᄒᆞ·며 精졍進·진·을
正·졍·히·ᄒᆞ·며 念·념·을 正·졍·히·ᄒᆞ·며 定·떵·을 正·졍·히 홀·씨·라
結·겶·은 ᄆᆡᆯ·씨·니 煩뻔惱:놀ㅅ 受·쓩苦:콩·애 ᄆᆡ·일·씨·라 使·ᄉᆞᆼ·
ᄂᆞᆫ ·브·릴·씨·니 凡뻠夫붕ㅣ 갓·ᄀᆞᆫ 惑·ᄒᆞᆨ心심·ᄋᆞ·로 妄·망量량·앳
:혜·ᄆᆞᆯ 그·치·디 :몯·ᄒᆞ·야 三삼界·갱·예 나·디 :몯·호·미 그 윗
使·ᄉᆞᆼ者:쟝ㅣ 罪:쬥人신ᄌᆞ·차 ᄃᆞᆮ·니·ᄂᆞᆫ ·ᄃᆞᆺ홀·씨 使·ᄉᆞᆼㅣ·라 ᄒᆞ·니
使·ᄉᆞᆼㅣ ·열가·지·니 ᄒᆞ나·ᄒᆞᆫ 身신見·견·이·니 身신見·견·은 ·모·
ᄆᆞᆯ 볼·씨·니 ·내·라 ·ᄂᆞ·미·라 ·ᄒᆞ·야 볼·씨·라 :둘·흔 邊변見·견·이·
니 邊변見·견·은 ᄒᆞ녁 :ᄀᆞ·ᄉᆞᆯ 볼·씨·니 ·모·미 時씽常쌍 잇·ᄂᆞ·니·
라 ·홈·과 本:본來링 :업·슨 거·시·라 ·홈 <月釋7:45ㄴ>

·괘·라 :세·흔 邪썅見·견·이·니 因힌果:광ㅣ :업·다·ᄒᆞ·야 邪썅曲·
콕·히 볼·씨·라 :네·흔 戒·갱取:츙ㅣ·니 警:경戒·갱·를 가·질·씨·
니 ᄒᆞᆫ갓 警:경戒·갱 디·뉴·므·로 道:뚈理:링 사·마 가·질·씨·라
다·ᄉᆞᆺ·슨 見·견取:츙ㅣ·니 사·오나·ᄫᆞᆫ 法·법·을 자·바 ·ᄆᆞᆺ 노·ᄑᆞ·니·
라 ·ᄒᆞ·야 제 :보·ᄆᆞᆯ ·올·호·라 ·ᄒᆞ·야 가·질·씨·라 여·스·슨 貪탐·

이·오 닐·구·븐 嗔친·이·오 여·들·븐 癡팅·오 아호·븐 慢만·이·니

·눔 :업·시울·씨·라 ·열·흔 疑읭·니 疑읭心심·이·라】·이 :말 들:

줍·고 더·욱 기쓰·바 부텨·를 ·즈·믄 디·위 값:도스·봉니·라 그

·쁴 王왕·이 부텨를 請 <月釋7:46ㄱ>

:청 ·ᄒᆞ·ᅀᆞ·바 城쎵·의 ·드·르쇼·셔 ·ᄒᆞ야·늘 龍룡王왕·이 怒:농·

ᄒᆞ·야 닐·오·ᄃᆡ :네 내 利·링益·혁·을 :앗·ᄂᆞ·니 내 네 나·라·ᄒᆞᆯ

배·요리·라 부:톄 王왕·ᄃᆞ·려 니·ᄅᆞ·샤·ᄃᆡ 檀딴越·웛·이 몬져 가·라

【檀딴·ᄋᆞᆫ 布·봉施싱·ᄒᆞ·ᄂᆞᆫ 사:ᄅᆞ·미라 ·혼 ·쁘디·오 越·웛·은

녀·녁 :ᄀᆞ·새 :건나·다 ·혼 ·쁘디·니 檀딴波방羅랑密밇·이·라 ·혼

:마리·라】·내 時씽節·젏 아·라 :가리·라 ·ᄒᆞ시·니 王왕·이 禮:롕

<月釋7:46ㄴ>

數·숭·ᄒᆞ·ᅀᆞᆸ·고 믈·러·나거·늘 龍룡王왕·과 羅랑利·찷女:녕·왜 부

텨·씌 戒·갱 듣ᄌᆞ·바 ·지이·다 ·ᄒᆞ야·늘 三삼歸귕 五:옹戒·갱法·

법·을 니·ᄅᆞ·시·니 ·ᄀᆞ·장 기쓰·바·ᄒᆞ·며 眷·권屬·쑉 百·빅千천龍룡·

이 ·모·ᄉᆞ로·셔 ·나·아 禮:롕數·숭·ᄒᆞ·ᅀᆞᆸ더·니 부:톄 龍룡·이 목

소·리·ᄅᆞᆯ 조ᄎᆞ·샤 說·쉃法·법·ᄒᆞ시·니 :다 기쓰 <月釋7:47ㄱ>

·ᄇᆞ터·니 目·목連련·이 시·기·샤 警:경戒·갱ᄒᆞ·라 ·ᄒᆞ·야시·늘 目·

목連련·이 如셩意·힁 定·뗭·에 ·드·러 ·즉자·히 百·빅千천億·흑

金금翅·싱鳥·됼ㅣ ᄃᆞ외·야 各·각各·각 다ᄉᆞᆺ 龍룡·곰 즈르 드·듸·

여 虛헝空콩·애 잇거·늘 龍룡·들·히 닐·오·ᄃᆡ 부:톄 和鬙尙·썅·올
시·기·샤 우리·ᄅᆞᆯ 警:경戒·갱ᄒᆞ·라 ·ᄒᆞ·야·시 <月釋7:47ㄴ>

·늘 :엇·뎨 므·싀여·볼 양·ᄌᆞ·ᄅᆞᆯ :지스·시·ᄂᆞ·니잇·고 目·목連련·
이 닐·오·ᄃᆡ :네 여·러 劫·겁·에 저프·디 아니ᄒᆞᆫ 거·긔 저픈 ᄆᆞ·ᅀᆞ·
ᄆᆞᆯ :내·며 嗔친心심 :업·슨 거·긔 嗔친心심·을 :내·며 :모디·롬
:업·슨 거·긔 :모·딘 ᄆᆞ·ᅀᆞ·ᄆᆞᆯ :내ᄂᆞ·니 ·내 實·씷·엔 :사ᄅᆞ·미어·늘
네 ᄆᆞ·ᅀᆞ·미 :모딜·ᄊᆡ :나·ᄅᆞᆯ 金금翅·싱鳥:듈·애 ·보·ᄂᆞ니·라 <月
釋7:48ㄱ>

그저·긔 龍룡王왕·이 두리·욘 젼·ᄎᆞ·로 殺·삻生싱 아니ᄒᆞ·며
【殺·삻生싱·은 :산 것 주·길·씨·라】 衆·즁生싱 보·차·디 아니·
호리·라 盟명誓·쎙·ᄒᆞ·야 善:쎤心심·을 니르와·다·늘 目·목連련·
이 도로 本:본來링ㅅ ·모·미 ᄃᆞ외·야 五:옹戒·갱·ᄅᆞᆯ 니르·니·라
그 ·ᄢᅴ 龍룡王왕·이 ·ᄭᅮ·러 合·햅掌:쟝·ᄒᆞ·야 世·솅尊존·끠 請:쳥·
ᄒᆞ <月釋7:48ㄴ>

·ᅀᆞᄫᅩ·ᄃᆡ 如셩來링 長땽常썅 이어·긔 :겨쇼·셔 如셩來링·옷 아
니 :겨시·면 ·내 :모·딘 ᄆᆞ·ᅀᆞ·ᄆᆞᆯ :내·야 菩뽕提똉·ᄅᆞᆯ :몯 일·우·리
로·소이·다 ·ᄒᆞ·야 :세번 請:쳥·ᄒᆞ·ᅀᆞᄫᅡ·늘 그저·긔 梵·뺌天텬王
왕·이 ·와 合·햅長:쟝·ᄒᆞ·야 請:쳥·ᄒᆞ·ᅀᆞᄫᅩ·ᄃᆡ 願·원호·ᄃᆞᆫ 薄·빡伽
꺙梵·뺌이 未·밍來링世·솅·옛 衆·즁生·싱·들·흘 <月釋7:49ㄱ>

80

爲·윙·ᄒ시·고 흔 :죠고·맛 龍룡 ·샨 爲·윙·티 :마ᄅᆞ쇼·셔【薄·빡
伽꺙梵·뺌·은 德·득 ·이·ᄒᆞ·샤 至·징極·끅 노ᄑᆞ·신 일·후·미시·니
여·슷 가·짓 ·ᄠᅳ·디 잇ᄂᆞ·니 하ᄂᆞ·한 自·쫑在·찡·ᄒᆞ·샤미·오 :둘·
흔 ·빗·나 盛·쎵·ᄒᆞ·샤미·오 :세·흔 端돤正·졍·코 싁싁·ᄒᆞ·샤미·오
:네·흔 일·훔 숫·이·샤미·오 다·ᄉᆞ·슨 吉·긿祥쌍·ᄒᆞ·샤미·오 여·
스·슨 尊존貴·귕·ᄒᆞ·샤미·라 如셩來링 ᄂᆞ외·야 煩뻔惱:놀·애 미
이·디 아니·ᄒᆞ실·ᄊᆡ 自·쫑在·찡·ᄒᆞ시·고 미볼 智·딩慧·휑ㅅ ·블·
로 불·이실·ᄊᆡ ·빗·나 盛·쎵·ᄒᆞ·샤미·오 三삼十·씹二·ᅀᅵᆼ相·샹 八·
밣十·씹種:죵好:홀·로 ·ᄭᅮ·며 :겨실·ᄊᆡ 端돤正·졍 〈月釋7:49ㄴ〉

·코 싁싁·ᄒᆞ·샤미·오 功공德·득·이 ᄀᆞᄌᆞ·샤 모·로ᅀᅩ·ᄫᅵᆯ·리 :업슬·
ᄊᆡ 일·훔 숫·이·샤미·오 一·ᅙᅵᆶ切·쳉 世·셍間간·이 갓가·비 ·드·러
供공養·양·ᄒᆞᅀᆞ·ᄫᅡ :다 讚·잔嘆·탄·ᄒᆞ·ᅀᆞ·ᄫᆞᆯ·ᄊᆡ 吉·긿祥쌍·ᄒᆞ·샤
미·오 一·ᅙᅵᆶ切·쳉 德·득·이 ᄀᆞᄌᆞ·샤 샹·녜 方방便·뼌·으·로 一·ᅙᅵᆶ
切·쳉 衆·즁生ᄉᆡᆼ·을 利·링·ᄒᆞ·며 ·즐겁·게 ·ᄒᆞ실·ᄊᆡ 尊존貴·귕·ᄒᆞ·
샤미·라】百·빅千쳔 梵·뺌王왕·이 흔 소·리·로 請:쳥·ᄒᆞ·ᅀᆞᆸ더·니
부:톄 우·션·ᄒᆞ시·고 이·베·셔 그·지 :업·슨 百·빅千쳔 光광明명·
을 :내시·니 그 光광 〈月釋7:50ㄱ〉

明명:마·다 그·지 :업·슨 化·황佛·뿛·이 :다 萬·먼億·흑 菩뽕薩·
삻·을 ᄃᆞ·려 :겨·시더·라 龍룡王왕·이 ·못 가온·ᄃᆡ 七·칧寶:봉臺
띵·를 :내·야 받·ᄌᆞᆸ·고 닐·오·ᄃᆡ 願·원흔·든 天텬尊존이 ·이 臺띵·

를 바드·쇼·셔【天텬尊존은 如셩來링·를 :솝노·라 天텬尊존이·라 ㅎ·니·라】世솅·尊존이 니른·샤·딕 :네 ·이 臺떵·란 :마오 羅랑利·찷石·쎡堀·콣 <月釋7:50ㄴ>

·을 :날 주라【石·쎡堀·콣·은 :돌 堀·콣·이·라】그저·긔 梵·뻠天텬王왕·과 無뭉數·숭흔 天텬子:중ㅣ 그 堀·콣·애 몬져 ·들·며 龍룡王왕·이 여·러가짓 :보·빅·로 그 堀·콣·을 ·쑤미·고 諸졍天텬·이 各·각各·각 寶:볼衣힁·를 바·사 난 겻·기·로 그 堀·콣·을 ·쁘더·라 그저·긔 世·솅尊존·이 모·맷 光광明명·과 化·황佛·뿛·을 ᄀ·츠 <月釋7:51ㄱ>

·샤 ·뎡·바리·로 ·들에 ·ㅎ시·고 ㅎ오·ᅀ· 그 堀·콣·애 ·드·르시·니 그 石·쎡堀·콣·이 七·칧寶:볼ㅣ 드외·니·라 그저·긔 羅랑利·찷女:녕·와 龍룡王왕·괘 四·숭大·땡弟:똉子:중·와 阿항難난·이 爲·윙·ᄒ·야【四·숭大·땡 弟:똉子:중·는 :네 ·큰 弟:똉子:중ㅣ·니 摩망訶항 迦강葉·셥·과 大·땡目·목犍건連련·과 舍·샹利·링弗·붏·와 摩망訶항 迦강梅뎐延연·괘·라】·또 다숫 石·쎡堀·콣·을 밍 <月釋7:51ㄴ>

·ᄀ니·라 그 ·삑 世·솅尊존·이 龍룡王왕堀·콣·애 안·존자·히 :겨샤·딕 王왕·이 請:쳥·을 드르·샤 那낭乾건訶항城쎵·의 ·드·르시·며 耆낑闍썅堀·콣山산·과 舍·샹衛·윙國·귁·과 迦강毗삥羅랑城쎵

82

셩·과 ·녀나ᄆᆞᆫ 住·뜡處·쳥·에 【住·뜡處·쳥·는 머·므·러 :겨신 ·싸히·라】 :다 부:톄 :겨시·며 虛헝空콩 蓮련花황座·쫭·애 無뭉

<月釋7:52ㄱ>

量·량化·황佛·뿛·이 世·솅界·갱·예 ᄀᆞ득거시·ᄂᆞᆯ 龍룡王왕·이 깃ㅅ·바 ·큰 願·원·을 發·벓ᄒᆞ·니·라 王왕·이 부텨·를 닐·웨 供공養·양·ᄒᆞᅀᆞᆸ·고 :사름·브·려 八·밣千쳔里:링象:썅·ᄋᆞᆯ 틱·와 供공養·양홇 거·슬 가져 【八·밣千쳔里:링象:썅·ᄋᆞᆫ ᄒᆞᄅᆞ 八·밣千쳔里:링 ·옴·녀는 象:썅·이·라】 一·힔切·촁 녀느 나라해 ·가 比·삥丘쿨·돌·ᄒᆞᆯ 供공養·양

<月釋7:52ㄴ>

ᄒᆞ·라 ᄒᆞ·니 그 :사ᄅᆞ·미 :간딕:마·다 如셩來링·를 ·보ᅀᆞᆸ·고 도·라와 슬·ᄫᅩ·ᄃᆡ 如셩來링·이 나·라:쎤 아니·라 녀느 나라해·도 :다 :겨·샤 苦:콩空콩無뭉常쌍 無뭉我:앙·와 六·륙波방羅랑密·밓·을 니르·더·시이·다 【苦:콩·는 世·솅間간ㅅ 法·법·이 :다 受:쓩苦:콩ᄅᆞ·빌·씨·오 空콩·ᄋᆞᆫ 受:쓩苦:콩ㅣ 本:본來링 :뷜·씨·오 無뭉我:앙·ᄂᆞᆫ ·내·라 ·혼 것 :업슬·씨·라】 王왕·이 듣·고 ᄆᆞᅀᆞ

<月釋7:53ㄱ>

·미 훤·ᄒᆞ·야 無뭉生싱忍:신·을 得·득ᄒᆞ·니·라 【無뭉生싱忍:신·은 :나·미 :업·서 ·ᄎᆞ물·씨·니 ·ᄎᆞᄆᆞ·미 :두가·지·니 生싱忍:신·과 法·법忍:신·과·라 生싱忍:신·이 ·ᄯᅩ :두가·지·니 ᄒᆞ나ᄒᆞᆫ 恭공敬·

경 供공養·양커·든 驕굠慢·만흔 ᄆᆞ슴 아니 :내·요미·오 :둘·흔
구·지즈·며 ·티거·든 怒·농·ᄒᆞᆯᄫᆞᆯ ᄆᆞ슴 아니 :내·요미·라 法·법忍:
신·이 ·쏘 :두가지·니 ᄒᆞ나ᄒᆞᆫ ·치ᄫᅮᆷ·과 더·ᄫᅮᆷ·과 ᄇᆞ름·과 ·비·와
·빈골·폼·과 목ᄆᆞᆯ·롬·과 老:롤病·뼝死:ᄉᆞᆼ·들·히·오 :둘·흔 怒·농·
홈·과 시·름·과 疑읭心심·과 婬음欲·욕·과 憍굠慢·만·과 邪썅曲·
콕흔 ·봄·들히·니 ·이 :두 法·법·에 ·ᄎᆞ마 :뮈·디 아니·호·미 法
<月釋7:53ㄴ>

·법忍:신·이·라 〇黑·흑氏·씽 梵·뻠志·징 神씬力·륵·으·로 :두 소·
내 合·ᄒᆞᆸ歡환梧옹桐똥花황 자·바 〔梧옹桐똥·ᄋᆞᆫ 머·귀·니 合·ᄒᆞᆸ
歡환樹·쑹ㅣ 梧옹桐똥 ·ᄀᆞ튼·니·라〕 부텻·긔 供공養·양·ᄒᆞᅀᆞᆸ
더·니 부:톄 노·하 ᄇᆞ·리·라 ·ᄒᆞ신·대 :왼소·내 고·ᄌᆞᆯ 노·하·늘
부:톄 ·쏘 노·하 ᄇᆞ·리·라 ·ᄒᆞ신·대 ·올흔 소·냇 고·ᄌᆞᆯ 노·하·늘
부:톄 ·쏘 노·하 ᄇᆞ·리·라 ·ᄒᆞ신·대 梵·뻠志·징 술·ᄫᅩ·ᄃᆡ 世·셍尊
존하 :두 ·소·니 :다 :뷔어·늘 므·스·글 노ᄒᆞ·라 ·ᄒᆞ시ᄂᆞ·니잇·고
부:톄 니른·샤·ᄃᆡ 고·ᄌᆞᆯ 노ᄒᆞ·라 ·ᄒᆞ논·디 아니·라 밧 六·륙塵띤·
과 ·안 六·륙根ᄀᆞᆫ·과 가온·딧 六·륙識·식·을 노·하 ᄇᆞ·리·라 一·ᅙᅵᇙ
時씽·예 ᄇᆞ려ᄇᆞ·룛 것 :업슨 ·ᄯᅡ히 ·이 네 生ᄉᆡᆼ死:ᄉᆞᆼ 免:면홇
·고디·라 梵·뻠志·징 ·즉재 無뭉生ᄉᆡᆼ忍 <月釋7:54-1ㄱ>

:신·을 :아니·라】 그 ·ᄢᅴ 부:톄 神씬足·쪽 가ᄃᆞ·시·고 堀·콣·로·
셔 ·나·샤 比·뼁丘쿨·들 ᄃᆞ·리·샤 :아랫 :뉘·예 菩뽕薩·삻 ᄃᆞ외·

84

야 :겨·싫 ·제 :두 ·아기 布·봉施성·ᄒ신 ·싸콰 주·으린 :버·믜·게 ·몸 ᄇ·리신 ·싸콰 머·리·로 布·봉施성·ᄒ신 ·싸콰 모·매 千쳔燈둥 ·혀신 ·싸콰【:녜 閻염浮뿔提똉王왕 일·후·미 虔껀闍썅尼닝 婆빵梨링·러시·니 八·밣萬·먼 四·ᄉ千쳔 ᄆ·ᅀᆞᆯ·흘 가·져 :겨·시더·니 一·ᅵᆶ切·쳉·를 慈 <月釋7:54-1ㄴ>

쯩悲빙·ᄒ·샤 ·ᄡ리 가ᅀᆞ며·러 各·각各·각 安한樂·락·ᄒ·되 ᄆ·ᅀᆞ·매 낟·비 너·기·샤 妙·묭法·법·을 求꿀·ᄒ·야 利·링益·혁·게 ·ᄒ리·라 ·ᄒ·샤 出·츙令·령·ᄒ·샤디 ·뉘 妙·묭法·법·으·로 내게 니ᄅ·려·뇨 제 가·지고·져 ᄒᆞᆯ :양·ᅀᆞ·로 :주리라 ᄒᆞᆫ 婆빵羅랑門몬·이 닐오·디 내 法·법·을 ·뒷노이·다 王왕·이 마자 禮·롕數·숭·ᄒ시·고 니ᄅ·샤디 願·원ᄒᆞᆫ·든 大·땡師ᄉᆞ ㅣ 法·법·을 ᄇᆞᆯ·겨 들·이쇼·셔 婆빵羅랑門몬·이 ·ᄉᆞᆯ·ᄫᅩ·디 모·매 千쳔燈둥·을 :혀 供공養·양·ᄒ·샤ᅀᅡ ·ᄉᆞᆯ·ᄫᅩ·리·이·다 王왕·이 閻염浮뿔提똉內뇡·예 出·츙令·령·ᄒ·샤디 ·이 後·ᅘᆞᆯ 닐·웨·예 모·매 千쳔燈둥 :혀리·라 百·빅姓·셩·들·히 시·름·ᄒ·야 王왕·ᄭᅴ ·와 ·ᄉᆞᆯ·ᄫᅩ·디 王왕·곳 :업스시·면 ·누·를 믿 <月釋7:54-2ㄱ>

ᄌᆞ·ᄫᅵ·리잇·고 :엇·뎨 ᄒᆞᆫ 婆빵羅랑門몬 爲·윙·ᄒ·샤 一·ᅵᆶ切·쳉·를 ᄇᆞ리·시·ᄂᆞ니잇·고 王·왕·이 니ᄅ·샤·디 너:희 :잢간·도 내 無뭉上·썅道:똏心심·을 믈·리왇·디 :말·라 ·내 ·이 :일·ᄒ·야 盟뎡誓·쎙·ᄒ·야 부텨 두외·요·ᄆᆞᆯ 求·꿀·ᄒ노·니 後·ᅘᆞᆯ·에 成·쎵佛·뿛ᄒᆞᆫ

저긔 반ᄃᆞ·기 너희·를 몬져 濟·졩度·똥·호리·라 ᄒᆞᆫ :사ᄅᆞ·미 ᄡᅡ·해 ·디여 :우더·니 ·모·ᄆᆞᆯ :외·파시·메 기·름 무·텨 :버·리시·고 니ᄅᆞ·샤ᄃᆡ :어엿·비 너·겨 說·셣法·법·ᄒᆞ신 後:ᅘᅮᇢ·에·ᅀᅡ ·블 :ᅘᅧ·리이·다 나·옷 ·ᄒᆞ다·가 목:수·미 그·츠·면 :몸 미·처 듣ᄌᆞ·ᄫᆞ·리이·다 婆빵羅랑門몬·이 ᄉᆞᆯ·ᄫᅩ·ᄃᆡ 샹녯 거·시 :다 :업스·며 노·ᄑᆞᆫ 것·도 ᄢᅥ·러디며 모·ᄃᆞᆫ 거·시 여·희·며 :산 거·시 죽ᄂᆞ·니이·다 王왕·이 ᄀᆞ·장 깃그·샤 燈 <**月釋7:54-2ㄴ**>

둥 ᅘᅧ·라 ·ᄒᆞ시·니 求끃·ᄒᆞ시·논 法·법·은 佛·뿛道:ᄯᅩᇢ 일·우·믈 爲·윙·ᄒᆞ·샤 慧·ᅘᅰᆼ明명·으·로 ᄒᆞᆫ :사ᄅᆞ·ᄆᆞᆯ 비·취·여 알·외:요리·라 ·이 盟명誓·솅 發·벓·ᄒᆞ·싫 저·긔 天텬地·띵 ᄀᆞ·장 뮈·여 우·흐·로 淨·쪙居겅·에 니·르·리 ·ᄯᅩ :다 드·러·치더·니 ·이 大·땡士:ᄊᆞᆼㅣ 목:숨 도·라보·디 아니·ᄒᆞ샤ᄆᆞᆯ 보·고 모·다 :다 ᄂᆞ·려·와 虛헝空콩·애 ᄀᆞ득ᄒᆞ·야 이·셔 :우·니 ·ᄂᆞᆫ·므·리 ·한·비 ·ᄀᆞᆮ더·니 天텬帝·뎽 닐·오·ᄃᆡ :셜부·미 ·이러ᄒᆞ·니 아·니 ·뉘·읏브·녀 對·됭答·답·ᄒᆞ샤·ᄃᆡ :뉘·읏브·디 아·니ᄒᆞ이·다 ·ᄒᆞ시·고 盟명誓·솅·ᄒᆞ·야 니ᄅᆞ·샤·ᄃᆡ 나·옷 ·처ᅀᅥᆷ 乃:냉終즁·에 :뉘·읏븐 ᄆᆞᅀᆞᆷ :업손·딘·댄 願·원·ᄒᆞᆫ·ᄃᆞᆫ :다 平뼝復·복ᄒᆞ·고·라 ·ᄒᆞ시니 ·즉재 平뼝復·복ᄒᆞ·니 그젯 王왕·은 부텻 ·모 <**月釋7:54-3ㄱ**>

·미시·니·라】·눈 布·봉施싱 ·ᄒᆞ신 ·ᄡᅡ·콰 고·기 ·ᄇᆞ·리 비두·릐 ᄀᆞ롬·ᄒᆞ신 ᄡᅡ·해 :노니·거시·늘 龍룡이 :다 졷ᄌᆞ·바 ·ᄒᆞ·니더·니

부:톄 나라해 도·라오려·커시·늘 龍룡王왕·이 듣·즙·고 ·울:며 슬·븡·딕 부텨·하 :엇·뎌 :나·를 브·리·고 ·가시는·고 ·내 부텨·를 :몯 ·보·슨·부·면 당다이 :모·딘 罪:쬥·를 지·수·려이·다 世·솅尊존·이 <月釋7:54-3ㄴ>

龍룡王왕·을 깃·그·호리·라 ·호·샤 니르·샤·딕 ·내 너 爲·윙·호·야 ·이 堀·콣·애 안자 一·힔千쳔 五:옹百·빅·히·룰 이·쇼리·라 ·호시·고 그 堀·콣·애 ·드·러 안·주·샤 十·씹八·밣變·변·호·야 :뵈시·고 ·모·미 솟·도·라 :돌·해 ·드르·시·니 믈·곤 거·우루 ·곧·호·야 :소·개 :겨신 그르·메 스못 :뵈더·니 머·리 이·션 ·보슙·고 가까 <月釋7:55ㄱ>

·빛·완 :몯 ·보·슨·부·리러·라 百·빅千쳔 諸졍天텬·이 佛·뿛影:형·을 供공養·양·호·슙·거·든 佛·뿛影:형·도 說·쉃法·법·호·더시·다 【佛·뿛影:형·은 그 堀·콣·애 스못 ·보·슙는 부텻 그르·메·라】 其끵二·싱百·빅 極·끅樂·락 世·솅界·갱·예 阿항彌밍陁땅 功공德·득·을 世·솅尊존·이 니르·시 <月釋7:55ㄴ>

·니祇낑桓홛精졍舍·샹·애 大·땡衆·즁·이 모·댓거·늘 舍·샹利·링弗·붏·이 듣·즈·붕·니 【祇낑·는 祇낑陁땅ㅣ·오 桓홛·은 수프리·니 祇낑陁땅樹·쓩ㅣ·라 ·호·미 흔가·지·라】 其끵二·싱百·빅一·힔十·씹萬·먼億·흑土:통 :다·나·아 흔 世·솅 <月釋7:56ㄱ>

界·갱 잇ᄂᆞ·니 일·훔·이 極·끅樂·락·이·니 十·씹劫·겁·을 ᄂᆞ·려·오신 ᄒᆞᆫ 부:톄 :겨시·니 일·훔·이 阿항彌밍陁땅ㅣ시·니 其끵二·ᅀᅵᆼ百·ᄇᆡᆨ二·ᅀᅵᆼ 부텻 光광明명·이 十·씹方방·애 비·취시·며 壽:쓩命·명·이 그·슴 :업·스시·니 衆·즁生ᄉᆡᆼ 快·쾡樂·락·이 衆·즁苦:콩·ᄅᆞᆯ <月釋7:56ㄴ>

모·ᄅᆞ·며 목:숨·이 :ᄀᆞ·ᅀᅵ :업스·니 【衆·즁苦:콩·ᄂᆞᆫ 한 受:쓯苦:콩ㅣ·라】 其끵二·ᅀᅵᆼ百·ᄇᆡᆨ三삼 欄란楯:쓘·이 七·칧重뜡·이·며 羅랑網:망·이 七·칧重뜡·이·며 七·칧重뜡行ᅘᆡᆼ樹·쓩·에 四·ᄉᆞᆼ寶:봏ㅣ ᄀᆞ·ᄌᆞ·니 蓮련·모·시 七·칧寶:봏ㅣ·며 樓릏閣·각 <月釋7:57ㄱ>

·이 七·칧寶:봏ㅣ·며 四·ᄉᆞᆼ邊변階갱道:똫·애 四·ᄉᆞᆼ寶:봏ㅣ ᄀᆞ·ᄌᆞ·니 【階갱道:똫·ᄂᆞᆫ 버·텅·길히·라】 其끵二·ᅀᅵᆼ百·ᄇᆡᆨ四·ᄉᆞᆼ 八·밣功공德·득水:슁·예 蓮련ㅅ고·지 ·프·디 술·위·ᄢᅴ ·ᄀᆞᆮᄒᆞ·니이·다 青청黃ᅘᅪᆼ赤·쳑白·ᄈᆡᆨ色·ᄉᆡᆨ·애 青청黃 <月釋7:57ㄴ>

ᅘᅪᆼ赤·쳑白·ᄈᆡᆨ光광·이 微밍妙·묳ᄒᆞ·고 香향潔·곓ᄒᆞ·니이·다 其끵二·ᅀᅵᆼ百·ᄇᆡᆨ五:옹 晝·듛夜·양 六·륙時씽·예 曼만陁땅羅랑花황ㅣ :듣거·든 하·ᄂᆞᆶ 風봉流륳ㅣ 그·츬·슷 :업스·니 每:ᄆᆡᆼ日·ᅀᅵᇙ 淸청旦·단·애 曼만陁땅羅 <月釋7:58ㄱ>

랑花황·ᄅᆞᆯ 담·아 諸졍佛·뿛 供공養·양·이 그·츬 ·슷 :업스·니 【淸

청旦·단·은 몰·ᄀ 아·ᄎ미·라】 其끵二·싱百·빅六·륙 衆·즁生싱·

이 阿항鞞빙跋·빯致·딩·ᄆᆞ며 一·ᅙᅵᆳ生싱 補:봉處·청ㅣ ·하·거시·니

惡·학道:ᄯᅩㅅ 일·훔·이 이시·리잇·가 阿항彌밍陁땅佛·뿛ㅅ 變·

변化·황·로 <月釋7:58ㄴ>

法·법音흠·을 너·피실·씨 雜·짭色·ᄉᆡᆨ 衆·즁鳥:됴·ᄃᆞᆯ·ᄅᆞᆯ :내시·ᄂᆞ니이·

다 【雜·짭色·ᄉᆡᆨ衆·즁鳥:됴·ᄃᆞᆯ·ᄂᆞᆫ 雜·짭비·쳇 여·러 :새·라】 其끵

二·싱百·빅七·칧白·삑鶴·ᅘᅡᆨ·과 孔:콩雀·쟉·과 鸚ᅙᅵᆼ鵡:뭉·와 舍·

샹利·링·와 迦강陵릉頻삔伽꺙共·꽁命·명之·징鳥:됴ㅣ 이·샤 <月

釋7:59ㄱ>

五:옹根ᄀᆞᆫ·과 五:옹力·륵·과 七·칧菩뽕提똉 八·밣聖·셩道:똏分·

뿐·을 ·밤·과 ·낫·과 演:연暢:탕·ᄒᆞᄂᆞ니이·다 其끵二·싱百·빅八·

밣 微밍風봉·이 :디나·니 羅랑網:망行ᅘᆡᆼ樹·쓩·에 微밍妙·묲聲

성·이 뮈·여·나ᄂᆞ니 <月釋7:59ㄴ>

·온 가·지 ·즈믄 가·지 種:죵種:죵風봉流륳ㅅ 소·리 一·ᅙᅵᆳ時씽·예

:니ᄂᆞᆫ·ᄃᆞᆺ·ᄒᆞ·니 其끵二·싱百·빅九:굴 行ᅘᆡᆼ樹·쓩ㅅ 소·리·와 羅랑

網:망ㅅ 소·리·와 :새소·리·를 드·러 이·샤 念·념佛·뿛 ᄆᆞᅀᆞᆷ·과

念·념法·법 ᄆᆞᅀᆞᆷ과 念·념僧승ᄆᆞᅀᆞᆷ·을 :내ᄂᆞ·니이·다 <月釋7:60

ㄱ>

其끵 二·싱百·빅十·씹 阿항彌밍陁땅ㅅ 일·훔·을 稱칭念·념·이 至·징誠쎵·이·면 功공德·득·이 :금 :업스·리이·다 【稱칭念·념·은 일ᄏ·라 念·념홀·씨·라】 若·샥 一·ᅙᅵᇙ日·싏 若·샥 二·싱日·싏 三삼 四·ᄉᆞᆼ五:옹六·륙七·칧日·싏·에 功공德·득·이 어·루:일·리이·다 【若·샥 一·ᅙᅵᇙ日·싏·은 ᄒᆞᆯ·리어·나 ·ᄒᆞ <月釋7:60ㄴ>

·논 :마·리·라】 其끵 二·싱百·빅十·씹一·ᅙᅵᇙ ·이 목:숨 ᄆᆞ·출 ·날·애 阿항彌밍陁땅ㅣ 聖·셩衆·즁 ᄃᆞ·리·샤 :갏 ·길·흘 알·외시·리 【:갏 ·길 알·외샤·ᄆᆞᆫ 아·랫 卷·권·에 닐·어 :겨·시니·라】 七·칧寶:볼 池띵蓮련ㅅ 곶 우·희 轉:둰女:녕爲윙男남·ᄒᆞ·야 죽사·릴 모·ᄅᆞ 리 <月釋7: 61ㄱ>

·니 【轉:둰女:녕爲윙男남·은 :겨지·븨 ·모·미 올·마 남지·니 ᄃᆞ·욀·씨·라 ·이 世·솅界·갱ㅅ :겨지·비 뎨 ·가 낧 :사ᄅᆞ·ᄆᆞᆫ 蓮련모·새 ᄀᆞᆽ 다ᄃᆞ·ᄅᆞ·면 男남子:중ㅣ ᄃᆞ외·ᄂᆞ·니·라】 부:톄 祇낑樹·쓩給·급 孤공獨·똑圓원·에 :겨·샤 :굴·근 比·삥丘쿨 :즁 一·ᅙᅵᇙ千쳔二·싱 百·빅 :쉰 :사ᄅᆞᆷ·과 ᄒᆞᆫ·ᄃᆡ 잇·더시·니:다 大·땡阿항羅랑漢·한·앳 모·다:아 ·논 舍·샹利·링 <月釋7:61ㄴ>

弗·붏 目·목揵껀連련 摩망訶항迦강葉·셥 摩망訶항栴젼延연等·등 :굴·근 弟:똉子:중·들·콰 菩뽕薩·삻 摩망訶항薩·삻 文문 殊쓩舍·슝利·링法·법王왕子:중 【摩망訶항·ᄂᆞᆫ ·클·씨·니 菩뽕薩·

삻 摩망訶항薩·삻·은 菩뽕薩·삻ㅅ 中듕·에 ·큰 菩뽕薩·삻·이·라
文문殊즁師승利·링·는 妙·묳德·득·이·라 ·ᄒ·논 :마리·라 法·법王
왕子:즈·는 佛·뿛子:즈ㅣ·라 ·호·미 ·ᄀᆞᆮ·ᄒᆞ·니·라】阿항逸·잃多당
菩뽕 <月釋7:62ㄱ>

薩·삻 乾껀陁땅訶항提똉 菩뽕薩·삻 常썅精졍進·진菩뽕薩·삻 ·이
·라·틋ᄒᆞᆫ ·굴·근 菩뽕薩·삻·들·콰 釋·셕提똉桓彎因힌 等:등 無뭉
量·량 諸졍天·텬 大·땡衆·즁·과 ᄒᆞᆫ·ᄃᆡ 잇·더시·니 부:톄 舍·샹利·
링弗·붏ᄃᆞ·려 니ᄅᆞ·샤·ᄃᆡ ·일·롯 西솅方방·ᄋᆞ·로 十·씹萬·먼億·흑
부텻 ·ᄯᅡ·ᄒᆞᆯ :디·나·가 世·솅界·갱 이 <月釋7:62ㄴ>

·쇼·ᄃᆡ 일·후·미 極·끅樂·락·이·라【極·끅樂·락·ᄋᆞᆫ ᄀᆞ·장 ·즐·거
·ᄫᆞᆯ·씨·라】그 ·ᄯᅡ·해 부:톄 :겨샤·ᄃᆡ 일·후·미 阿항彌밍陁땅ㅣ
시·니 ·이제 現·현·ᄒᆞ·야 ·겨·샤 說·쉃法·법 ·ᄒᆞ·시ᄂᆞ·니·라【阿항
彌밍陁땅·ᄂᆞᆫ 無뭉量·량壽:쓩ㅣ·라 ᄒᆞᆫ :마리·니 無뭉量·량壽:쓩·
ᄂᆞᆫ 그·지 :업·슨 목:수미·라】舍·샹利·링弗·붏·아 ·뎌 ·ᄯᅡ·ᄒᆞᆯ :엇
던 젼·ᄎᆞ·로 일·후·믈 極·끅樂·락·이·라 ·ᄒᆞ거·뇨 그 나·랏 衆·즁生
싱 <月釋7:63ㄱ>

·이 한 受:쓩苦:콩ㅣ :업·고 오·직 여·러가·짓 快·쾡諾·락·ᄋᆞᆯ 누
릴·ᄊᆡ 일·후·믈 極·끅樂·락·이·라 ·ᄒᆞ·ᄂᆞ·니·라 쏘 舍·샹利·링弗·붏·
아 極·끅樂·락國·귁土:통·애 七·칧重뜡 欄란楯:쓘·과【七·칧重

·뚜·은 닐·굽 ·브리·오 欄·은 欄란干간·이·오 楯:쓘은 欄란干간·
앳 :너리·라】 七·칧重뜡 羅랑網:망과 【羅랑網:망·은 ·그므리·
라】 七·칧重뜡行행樹·쓩·왜 :다 :네가·짓 :보 <月釋7:63ㄴ>

·빈·니 두루 둘·어 범·그·러 이실·씬 일·후·믈 極·끅樂·락·이·라
·ᄒ·ᄂ·니·라 ·ᄯᅩ 舍·샹利·링弗·붏·아 極·끅樂·락 國·귁土:통·애 七·
칧寶:볼 ·모·시 잇·ᄂ·니 八·밣功공德·득水:쉉 ᄀ·득ᄒ·고 ·못 미·
틔 고른 金금 몰·애·로 싸흘 ·실·오 :네 :ᄀᆞᆺ 버·텄 길·헤 金금銀은
琉륳璃링 玻팡璨렝·로 뫼·호·아 밍·ᄀᆞᆯ·오 우희 樓 <月釋7:64ㄱ>

룽閣·각·이 이·쇼·ᄃᆡ 【閣·각·은 :굴·근 지·비·라】 ·ᄯᅩ 金금銀은
琉륳璃링 玻팡璨렝 硨챵磲껑赤·쳑珠즁瑪:망瑙:뇰·로 싁싀기 ·
ᄭᅮ·멧ᄂ·니 모·샛 蓮련花황ㅣ ·킈 술·윗 바회·만 ·호·ᄃᆡ 靑쳥色·식
靑쳥光광·이·며 黃勢色·식黃勢光광·이·며 赤·쳑色·식赤·쳑光광·
이·며 白·삑色·식白·삑光광·이·라 微밍妙·묳·코 香 <月釋7:64ㄴ>

향潔·겷ᄒ·니 【香향潔·겷·은 옷 곳ᄒ·고 ·조ᄒᆞᆯ·씨·라】 舍·샹利·
링弗·붏·아 極·끅樂·락 國·귁土:통ㅣ ·이러·히 功공德·득 莊장嚴
엄·이 이·러 잇·ᄂ·니·라 ·ᄯᅩ 舍·샹利·링弗·붏·아 ·뎌 나·라해 샹·녜
하ᄂᆞᆳ 풍류ᄒ·고 黃勢金금·이 ·싸·히 ᄃᆞ외·오 ·밤·낫 여·슷·ᄢᅴ·로
【여·슷 ·ᄢᅵ니·ᄂ ·낫 :세 ·밤 :세히·라】 하ᄂᆞᆳ 曼만陁땅羅랑花
황ㅣ :듣거·든 그 ·싯 衆 <月釋7:65ㄱ>

92

·즁生싱·이 샹·녜 아춤:마다 各·각各·각 衣힁裓·큭에【衣힁裓·

큭·은 곳 :담·는 거·시·니 오즈·락 ·ㄱ툰 거·시·라】한 :고·봀

고·즐 다마다가 다른 나·랏 十·씹萬·먼億·흑佛·뿛·을 供공養·양·

ᄒᆞ습·고 ·즉자·히 ·밥 머·긂 ·삐·로 믿 나·라해 도·라·와 ·밥 먹·고

두루 둗니·ᄂᆞ·니 舍·샹利·링弗·붏아 極·끅樂·락 國·귁土:통ㅣ ·이

러·히 功공德·득 莊장嚴 <月釋7:65ㄴ>

엄·이 이·러 잇·ᄂᆞ·니·라 ·또 舍·샹利·링弗·붏아 ·뎌 나·라해 샹·

녜 갓갓 奇끵妙·묳흔 雜·짭色·식鳥:둏ㅣ【奇끵妙·묳·ᄂᆞᆫ 奇끵特·

뜩고 微밍妙·묳홀·씨·오 雜·짭色·식·은 여·러 ·비치·라】白·삑

鶴·ᄒᆞᆨ·과【白·삑鶴·ᄒᆞᆨ·은 ·힌 ·두·루미·라】孔:콩雀·쟉과 鸚ᅙᅵᆼ

鵡:뭉·와 舍·샹利·링와【舍·샹利·링·ᄂᆞᆫ ·봀 곳고·리·라 ·혼 :마리·

라】迦강陵릉頻삔伽꺙·와 共·꽁命·명鳥:둏ㅣ ·이런 여·러 :새·

둘·히 <月釋7:66ㄱ>

·밤·낫 여·슷 ·삐·로 和ᅘᅪᆼ雅:앙흔 소·리·를 :내·ᄂᆞ·니【和ᅘᅪᆼ·ᄂᆞᆫ

溫혼和ᅘᅪᆼ홀·씨·오 雅:앙·ᄂᆞᆫ 正·졍홀·씨·라】그 소·리 五:옹根ᄀᆞᆫ

五:옹力·륵·과 七·칧菩뽕提똉分·뿐·과 八·밣聖·셩道:똏分·뿐·과

·이·트·렛 法·법·을 演:연暢·탕ᄒᆞ거·든【演:연·은 너·필·씨·오

暢·탕·은 기·러나·며 ᄉᆞᄆᆞ·출·씨·라】그 ·짯 衆·즁生싱·이 ·이

소·리 듣·고 :다 念·념佛·뿛ᄒᆞ·며 念·념法·법ᄒᆞ·며 念 <月釋7:66

ㄴ>

·념僧승·호·느니·라 舍·샹利·링弗·붏·아 :네 ·이 :새·를 罪:쬥 지·순 果:광報·봉·로 나·다 너·기·디 :말·라 :엇·뎨어·뇨 ᄒᆞ·란·디 ·뎌 나·라·해 三삼惡·학道:똫ㅣ :업스·니 【三삼惡·학道:똫·ᄂᆞᆫ :세 구·즌 ·길히·니 地·띵獄·옥 餓·앙鬼:귕 畜·흏生·ᄉᆡᆼ·이·라】 舍·샹利·링弗·붏·아 ·뎌 나·라·해 惡·학道:똫ㅅ 일·훔·도 :업거·니 ·ᄒᆞ·ᄆᆞᆯ·며 眞진實·씷ㅅ :새 이시·리·여 이 <月釋7:67ㄱ>

:새·들ㅎ :다 阿항彌밍陁땅佛·붏·이 法·법音흠·을 :펴리·라 ·ᄒᆞ·샤 變·변化·황·로 :지·ᅀᆞ·시·니·라 【法·법音흠·은 法·법 소·리·라】 舍·샹利·링弗붏·아 ·뎌 나·라·해 ᄀᆞᄆᆞᆫ 혼 ᄇᆞᄅᆞ·미 行ᅘᆡᆼ樹·쓩 羅랑網:망·ᄋᆞᆯ :불·면 微밍妙·묳호 소·리 :나·디 百·빅千쳔가·짓 풍:륫 혼 ·삣 ·ᄒᆞ·ᄂᆞᆫ ·ᄃᆞᆺ·ᄒᆞ·니 ·이 소·리 드르·면 自·쫑然쎤·히 念·념佛·붏 <月釋7:67ㄴ>

念·념法·법 念·념僧승·홀 ᄆᆞᅀᆞ·ᄆᆞᆯ :내ᄂᆞ·니 舍·샹利·링弗·붏·아 그 부텻 國·귁土:통ㅣ ·이러·히 功공德·득 莊장嚴엄·이 이·러 잇ᄂᆞ·니·라 舍·샹利·링弗·붏·아 :네 ᄠ·덴 :엇더·뇨 ·뎌 부·톄 :엇·던 젼·ᄎᆞ·로 號·쫗·를 阿항彌밍陁땅ㅣ시·다 ·ᄒᆞ거·뇨 舍·샹利·링弗·붏·아 ·뎌 부텻 光광明명·이 그·지 :업·서 十·씹 <月釋7:68ㄱ>

方방 나라·ᄒᆞᆯ 비·취샤·ᄃᆡ ᄀᆞ·린·ᄃᆡ :업·스실·씨 號·쫗·를 阿항彌밍陁땅ㅣ시·다 ·ᄒᆞ·ᄂᆞ니·라 ·ᄯᅩ 舍·샹利·링弗·붏·아 ·뎌 부텻 목:

94

숨·과 그엣 百·빅姓·셩·이 無뭉量·량 無뭉邊변 阿항僧승祇낑劫·
겁·일·씨 일·후·를 阿항彌밍陁땅ㅣ시·다 ·ᄒᆞᄂᆞ·니 舍·샹利·링弗·
붏·아 阿항彌밍陁땅佛·뿛·이 成쎵佛 <月釋7:68ㄴ>

·뿛·ᄒᆞ·거신·디 ·이제 ·열 劫·겁·이·라 ·ᄯᅩ 舍·샹利·링弗·붏·아 ·뎌
부:톄 無뭉量·량 無뭉邊변 聲셩聞문 弟:똉子:ᄌᆞᆼ·를 ·두·겨시·니
:다 阿항羅랑漢·한·이·니 算·솬·ᄋᆞ·로 :몯·내 :혜·여 :알리·며 菩
뽕薩·삻衆·즁·도 ·ᄯᅩ ·이 ·ᄀᆞ·티 하니 舍·샹利·링弗·붏·아 ·뎌 부텻
國·귁土:통ㅣ ·이러·히 功공德·득 莊장嚴엄·이 이 <月釋7:69ㄱ>

·러 잇ᄂᆞ·니·라 ·ᄯᅩ 舍·샹利·링弗·붏·아 極·끅樂·락 國·귁土:통·애
난 衆·즁生ᄉᆞᆼ·은 :다 阿항鞞빙跋·뻟致·딩·니 【阿항鞞빙跋·뻟致·
딩는 믈·리 그우·디 아·니타 ·혼 :마리·니 므르·디 아니·호·미
:세 ·쁘·디 잇ᄂᆞ·니 空콩位·윙·예 ·드·러 므르·디 아니·홈과 假
강行·ᅘᅧᆼ·애 ·드·러 므르·디 아니·홈과 中듕念·념·에 ·드·러 므르·
디 아니·홈·괘·라 흔 念·념·도 相·샹 :업수·미 空콩·이·니 :긔
般반若:ᅀᅣ·ㅣ·니 :두 生ᄉᆞᆼ死:ᄉᆞᆼ·를 여·흴·씨니·라 :몯 ᄀᆞ·존 法·법
:업수·미 假·강·ㅣ·니 假·강·ᄂᆞᆫ :빌·씨·니 本·본來링 :업·슨 거·긔
<月釋7:69ㄴ>

法·법 이슈·미 비·룸 ·ᄀᆞᆮᄒᆞ·니·라 :그 解:갱脫·퇋·이·니 :힝·뎌·기
ᄀᆞ·즐·씨니·라 ᄒᆞ나·토 아·니·며 다ᄅᆞ·도 아·니·호·미 中듕·이·니

<月釋7:69ㄴ>

광흥사 월인석보 권7   95

:긔 法·법身신·이·니 眞진實·씷ㅅ 境:경界·갱·룰 證:징홀·씨니·라
:두 生싱死:숭·는 分뿐段똰生싱死:숭·와 變·변易·역 生싱死:숭
ㅣ·니 分뿐·은 제여·곰 ·가니·니 목:수·믜 그·지·라 段똰·은 ·그
티·니 ·모·미 얼구·리·라 變·변易·역·은 고·텨 두욀·씨·니 因힌·이
올·ᄆᆞ·며 果:광ㅣ 밧·골·씨·라】 그 中듕·에 一·힔生싱 補:봉處
청ㅣ :해 이·셔 그 數·숭ㅣ 筭·솬·ᄋᆞ·로 :몯·내 :알리·오 오·직
無뭉量 <**月釋7:70ㄱ**>

·량無뭉邊변 阿항僧승祇낑·로 닐·옳·디·니 舍·샹利·링弗·붏·아
衆·즁生싱·이 드·러·든 ·뎌 나라·해 나고·져 發·벓願·원·ᄒᆞ야·ᅀᅡ
ᄒᆞ·리·니 :엇·뎨어·뇨 ᄒᆞ·란·듸 ·이·러ᄒᆞᆫ ·맛 ·어딘 :사름·들·콰
ᄒᆞᆫ·듸 이시·릴·씨니·라 舍·샹利·링弗·붏·아 :죠고·맛 善:썬根근
福·복德·득 因힌緣원·으·로 ·뎌 나라·해 나디 :몯ᄒᆞ <**月釋7:70
ㄴ**>

ᄂᆞ·니 舍·샹利·링弗·붏·아 ·ᄒᆞ다·가 善:썬男남子:중ㅣ어·나 善:
썬女:녕人신·이어·나【善:썬男남子:중·는 이·든 남지·니·오 善:
썬女:녕人신·은 이·든 ·겨·지비·라】 阿항彌밍陁땅佛·뿛ㅅ 일·
후·믈 디·니·ᅀᆞᆸ·바 홀·리어·나 이·트·리어·나 사·ᄋᆞ·리어·나 나·ᄋᆞ·
리어·나 다·쐐어·나 여·쐐어·나 닐·웨어·나 ᄆᆞᅀᆞᆷ·믈 ·고즈·기 머·
거 섯·디 아·니ᄒᆞ·면 그 <**月釋7:71ㄱ**>

96

:사ᄅ·미 命·명終즁ᄒᆞᆯ 쩌·긔 阿항彌밍陁땅佛·뿛·이 聖·셩衆·즁
드·리시·고 알·ᄑᆡ ·와 :뵈·시리·니 ·이 :사름 命·명終즁·ᄒᆞᆯ 저·긔
ᄆᆞᅀᆞ·미 ·어즐·티 아니·ᄒᆞ·야 ·즉자·히 極·끅樂·락 國·귁土·통·애
·가아 나리·니 舍·샹利·링弗·뿛·아 ·내 ·이런 利·링·를 볼·씨 ·이
런 :마·를 ·ᄒᆞ노·니 ·이 :말 드른 衆·즁生ᄉᆡᆼ·ᄋᆞᆫ ·뎌 나·라 <月釋
7:71ㄴ>

·해 나고·져 發·벓願·원·ᄒᆞ야·ᅀᅡ ᄒᆞ·리·라 舍·샹利·링弗·뿛·아 ·내
·이제 阿항彌밍陁땅佛·뿛ㅅ 不·붏可·캉思ᄉᆞ議·읭 功공德·득利·
링·를 【不·붏可·캉思ᄉᆞ議·읭·는 어·루 ᄉᆞ랑·ᄒᆞ·야 議·읭論론 :몯
ᄒᆞᆯ·씨·니 ᄀᆞ·장 :하·믈 니르·니·라】 讚·잔歎·탄 ᄒᆞᅀᆞ·봄 ·ᄀᆞ·티
東동方방·애·도 阿항閦·츅鞞빙佛·뿛 須슝彌밍相·샹佛·뿛 大·땡
須슝彌밍佛·뿛 須슝 <月釋7:72ㄱ>

彌밍光광佛·뿛 妙·묠音흠佛·뿛 等:등 恒ᅘᅥᆼ河행沙상數·숭 諸정
佛·뿛·와 【恒ᅘᅥᆼ河행沙상·ᄂᆞᆫ 恒ᅘᅥᆼ河행·앳 몰·애·니 부:톄 ᄌᆞ·조
·이 ·믈:ᄀᆞᅀᅢ ·와 說·쉃法·법·ᄒᆞ실·씨 :만ᄒᆞᆫ 數·숭·를 ·이 몰·애·로
가줄·벼 니르·시·ᄂᆞ니·라】 南남方방 世·솅界·갱·예 日·ᅀᅵᆯ月·웛
燈등佛·뿛 名명聞문光광佛·뿛 大·땡焰·염肩견佛·뿛 須슝彌밍燈
등佛·뿛 無뭉量·량精정進·진佛·뿛 等:등 <月釋7:72ㄴ>

恒ᅘᅥᆼ河행沙상數·숭諸정佛·뿛·와 西솅方방世·솅界·갱·예 無뭉

量·량壽·쓩佛·뿛 無뭉量·량相·샹佛·뿛 無뭉量·량幢땽佛·뿛 大·땡
光광佛·뿛 大·땡明명佛·뿛 寶·볼홍·샹佛·뿛 淨·쪙光광佛·뿛 等·
등 恒홍河행沙상數·숭 諸경佛·뿛·와 北·븍方방 世·솅界·갱·예 焰·
염肩견佛·뿛 最·죙勝·싱音 <月釋7:73ㄱ>

音佛·뿛 難난沮·쪙佛·뿛 日·싏生싱佛·뿛 網·망明명佛·뿛 等·등
恒홍河행沙상數·숭 諸경佛·뿛·와 下·행方방 世·솅界·갱·예 師승
子·중佛·뿛 名명聞문佛·뿛 名명光광佛·뿛 達·딿磨망佛·뿛 法·법
幢땽佛·뿛 持띵法·법佛·뿛 等·등 恒홍河행沙상數·숭 諸경佛·뿛·
와 上·쌍方방 世·솅界·갱·예 <月釋7:73ㄴ>

梵·뻠音음佛·뿛 宿·슉王왕佛·뿛 香향上·쌍佛·뿛 香향光광佛·뿛
大·땡焰·염肩견佛·뿛 雜·짭色·식寶·볼華勢嚴엄身신佛·뿛 娑상
羅랑樹·쓩王왕佛·뿛 寶·볼華勢德·득佛뿛 見·견一·싏切·쳉義·읭
佛·뿛 如셩須슝彌밍山산佛·뿛 等·등 恒홍河행沙상數·숭 諸경佛·
뿛이 各·각各·각 ·ᄌ걋 <月釋7:74ㄱ>

나·라해 廣·광長땽舌·쎯相·샹·을 :내·샤 【廣·광長땽舌·쎯相·
샹·은 넙·고 :긴 ·혓 양·ᄌ·라】 三삼千쳔 大·땡千쳔 世·솅界·갱·
를 :다 두프·샤 誠쎵實·씷흔 :마·를 ·ᄒ·시ᄂ·니 【誠쎵實·씷·은
:거츠·디 아니·ᄒ·야 實·씷홀·씨·니 誠쎵實·씷흔 :마·ᄅ 阿항彌
밍陁땅佛·뿛 기·리·ᅀᆞᆸ·ᄂ :마리·라】 너희 衆·즁生싱·들·히 ·이

不·붏可:캉思ᄉᆞ議·읭 功공德·득 일ᄏᆞᆯᄌᆞ·바 讚·잔歎·탄·ᄒᆞ샤·ᄆᆞᆯ
信·신ᄒᆞ <**月釋**7:74ㄴ>

·라【不·붏可:캉思ᄉᆞ議·읭 功공德·득·은 阿ᅙᅡᆼ彌밍陁땅佛·뿛ㅅ
功공德·득·이시·니·라】一·ᅙᅵᇙ切·촁 諸졍佛·뿛 護·ᅘᅩᆼ念·념·ᄒᆞ·싫
經경·이라【護·ᅘᅩᆼ念·념·은 護·ᅘᅩᆼ持띵·ᄒᆞ·야 닛·디 아·니홀·씨·
라】舍·샹利·링弗·붏·아 네 ᄠᅳ·데 :엇더·뇨 :엇·뎨 一·ᅙᅵᇙ切·촁 諸
졍佛·뿛 護·ᅘᅩᆼ念·념·ᄒᆞ·싫 經경이·라 ·ᄒᆞᄂᆞ·뇨 舍·샹利·링弗·붏·
아 善:쎤男남子:중ㅣ어·나 善:쎤女:녕人신이어·나 ·이 <**月釋**
7:75ㄱ>

經·경 듣·고 바·다 디·니ᄂᆞᆫ :사ᄅᆞᆷ·과 諸졍佛·뿛ㅅ 일·훔 듣ᄌᆞ·ᄫᆞᆫ
:사ᄅᆞ·ᄆᆞᆫ :다 一·ᅙᅵᇙ切·촁 諸졍佛·뿛·이 護·ᅘᅩᆼ持띵·ᄒᆞ·야 닛·디 아·
니·ᄒᆞ·샤 :다 阿ᅙᅡᆼ耨·ᄂᆞᆨ多당羅랑三삼藐·막 三삼菩뽕提뗴·예 므
르·디 아니ᄒᆞ·리·라 ·이럴·씨 舍·샹利·링弗·붏·아 너희·ᄃᆞᆯ·히 내
:말·와 諸졍佛·뿛ㅅ :마·ᄅᆞᆯ 信·신·ᄒᆞ야·ᅀᅡ ᄒᆞ <**月釋**7:75ㄴ>

·리·라 舍·샹利·링弗·붏·아 :아·ᄆᆡ어·나 ᄇᆞᆯ·쎠 發·벓願·원커·나 ·
이제 發·벓願·원커·나 쟝·ᄎᆞ 發·벓願·원커·나 ·ᄒᆞ·야 阿ᅙᅡᆼ彌밍陁
땅佛뿛國·귁·에 나·고·져 ᄒᆞᇙ :사ᄅᆞ·ᄆᆞᆫ :다 阿ᅙᅡᆼ耨·ᄂᆞᆨ多당羅랑三
삼藐·막 三삼菩뽕提뗴·예 므르·디 아·니·ᄒᆞ·야 ·뎌 나·라·해 ᄇᆞᆯ·
쎠 ·나거·나 ·이제 ·나거·나 쟝·ᄎᆞ ·나거·나 ᄒᆞ·리 <**月釋**7:76ㄱ>

·라 ·이럴·씨 舍·샹利·링弗·붏·아 善:쎤男남子:중 善:쎤女:녕人신·이 信·신ᄒᆞ·리 잇거·든 ·뎌 나라해 나고·져 發·벓願·원ᄒᆞ·야·ᅀᅡ ᄒᆞ·리·라 舍·샹利·링弗·붏·아 ·내 ·이제 諸졍佛·뿛ㅅ 不·붏可:캉思ᄉᆞ議·읭 功공德·득 일ᄏᆞᆮ·ᄌᆞᆺ·바 讚·잔歎·탄홈ᄀᆞᆮ·티 ᄒᆞ·야 諸졍佛·뿛·도 내 ·이 不·붏可:캉思ᄉᆞ議·읭 功공德 〈月釋7:76ㄴ〉

·득·을 일ᄏᆞ·라 讚·잔歎·탄ᄒᆞ·샤 니르·샤·ᄃᆡ 釋·셕迦강牟뭏尼닝佛·뿛·이 甚·씸·히 :쎨·본 :쉽·디 :몯훈 :이·를 잘ᄒᆞ·야 娑상婆빵國·귁土:통 五:옹濁·똭惡·ᅙᅡᆨ世·솅·예 阿항耨·녹多당羅랑三삼藐·막 三삼菩뽕提똉·를 得·득ᄒᆞ·야 衆·즁生싱 爲·윙ᄒᆞ·야 一·힔切·촁 世·솅間간·애 信·신ᄒᆞ·미 어·려ᄫᅳᆯ 法 〈月釋7:77ㄱ〉

·법·을 니르ᄂᆞ·다 ·ᄒᆞ·시ᄂᆞ·니·라 舍·샹利·링弗·붏·아 :알·라 ·내 五:옹濁·똭惡·ᅙᅡᆨ世·솅·예 ·이런 어·려ᄫᆞᆫ :이·를 行·ᅘᅥᆼᄒᆞ·야 阿항耨·녹多당羅랑三삼藐·막 三삼菩뽕提똉·를 得·득ᄒᆞ·야 一·힔切·촁世·솅間간 爲·윙ᄒᆞ·야 信·신ᄒᆞ·미 어·려ᄫᆞᆫ 法·법 닐·우·미 ·이 甚·씸·히 어·려ᄫᆞᆫ ·고디·라 〈月釋7:77ㄴ〉

月·윓印·ᅙᅵᆫ千쳔江강之징曲·콕 第·똉七·칧 釋·셕譜:봉詳쌍節·졇 第·똉七·칧 〈月釋7:78ㄱ〉

광흥사 월인석보 권8

광흥사 월인석보 권8

(한자음, 방점 포함)

月·윓印·힌千천江강之징曲·콕 第·똉八·밣 釋·셕譜:봉詳쌍節·졇
第·똉八·밣 其끵二·싱百·빅十·씹二·싱 韋윙提똉希킝 請쳉·ᄒᆞᆫ ᅀᆞ·
바 淨·쪙土:통·애 ·니거·지이다 十·씹方방提졍國·귁·을 보·긔 ·ᄒᆞ
시·니 韋윙提똉希킝願원ᄒᆞᅀᆞ바 西셩 <月釋8:1ㄱ>

方·애 ·니거·지이·다 十·씹六·륙觀관經경·을 듣:즙·긔 ·ᄒᆞ시·니
其끵二·싱百·빅十·씹三삼 ·보샤·미 :멀·리잇·가 善:쎤心심·이 오·
ᄋᆞᆯ·면 안·존 고·대·셔 ·말가·히 보·리·니 ·가샤·미 :멀·리잇·가
善:쎤根근·이 기·프·면 彈딴指:징ㅅ·ᄉᆞ·ᅀᅴ·예 반·드·기 가리 <月
釋8:1ㄴ>

·니 其끵二·싱百·빅十·씹四·승 初총觀관·과 二·싱觀관·은 日·싏
想:샹 水:쉉想·샹 ·이시·며 三삼觀관·은 地·띵想·샹·이시·니 四·
승觀관·과 五:옹觀관·은 樹·쓩想·샹 八·밣功공德·득水:쉉想·샹
六·륙觀관 <月釋8:2ㄱ>

·은 總:종觀관想·샹·이시·니 其끵二·싱百·빅十·씹五:옹 七·칧觀
관·은 花황坐·쫭想·샹 八·밣觀관·은 像:쌍想상·이시·며 九:굴觀
관·은 色·싁身신相·샹·이시·니 觀관世·솅音흠大·땡勢·솅至·징
十·씹觀관 十·씹一·잃觀관·이시·며 普:퐁 <月釋8:2ㄴ>

관觀:샹想·이 十·씹二·싱觀관·이시·니 其끵二·싱百·빅十·씹六·
륙 雜·짭想·샹·이 十·씹三삼觀관·이·며 上·썅中듕下:행 三삼輩·
빙想·샹·이 遲띵速·쇽間간·애 快·쾡樂·락·이 ·큰ᄒᆞ·리 功공德·득·
이 기·프니·는 上·썅品·픔 三삼生싱·애 :나·디 一·잃 日·싏後:흫·
에 <月釋8:3ㄱ>

蓮련ㅅ고·지 ·프리·니 其끵二·싱百·빅十·씹七·칧 功공德·득·이
버·그니·는 中듕品·픔 三삼生싱·애 :나·디 七·칧日·싏 後:흫·에
蓮련ㅅ고·지 ·프리·니 功공德·득·이 ·쏘 버·그니·는 下·행品·픔
三삼生싱·애 :나·디 七·칧七·칧日·싏 後 <月釋8:3ㄴ>

:흫·에 蓮련ㅅ고·지 ·프리·니 其끵二·싱百·빅十·씹八·밣 世·솅尊

존 神씬通통力·륵에 ·이 :말 니르·싫 ·제 無뭉量·량壽쓩:佛·뿛이
虛헝空콩·애 :뵈시·니 韋윙提똉希힁 恭공敬경心심·에 ·이 :말
듣즈·봃 ·제 西솅方방 世솅界갱를 <月釋8:4ㄱ>

ᄉ·뭇 보·니 其끵二·싱百·빅十·씹九:구 莊장嚴엄·이 ·뎌러·ᄒ실·
쎠 快·쾡樂·락이 ·뎌러·ᄒ실·쎠 極·끅樂·락世·솅界·갱·를 ·ᄇ라:
습·노이·다 輪륜廻ᅘᆀ·도 ·이·러ᄒᆞᆯ·쎠 受:쓩苦:콩·도 ·이·러ᄒᆞᆯ·쎠
娑상婆빵世·솅界·갱·를 여 <月釋8:4ㄴ>

·희야·지이·다 韋윙提똉希힁夫붕人신이 【摩망竭·꺓陁땅國·귁
瓶삥沙상王왕ㄱ 夫붕人신·이·라】 世·솅尊존·끠 슬·ᄫᅩ·ᄃᆡ 淨·쪙
土:통·애 ·가아 나고·져 ·ᄒ·노이·다 【淨·쪙土:통·ᄂᆞᆫ ·조ᄒᆞᆫ 나
라히·라】 世·솅尊존·이 ·즉자·히 眉밍間간 金금色·ᄉᆡᆨ光광·ᄋᆞᆯ ·
펴·샤 十·씹方방無뭉量·량世·솅界·갱·를 ·차 비·취시·니 諸 <月釋
8:5ㄱ>

졍佛·뿛淨·쪙土:통ㅣ :다 그어·긔 現·현커·늘 :제 골·히·라 ·ᄒ신·
대 韋윙提똉希힁 夫붕人신·이 阿항彌밍陁땅佛·뿛國·귁·에 ·나가
지이·다 ·ᄒ야·늘 부:톄 韋윙提똉希힁 ᄃᆞ·려 니르·샤·ᄃᆡ :네·며
衆·즁生ᄉᆡᆼ·ᄃᆞᆯ·히 ᄆᆞᅀᆞᆷ·ᄆᆞᆯ 오·올·와 ᄒᆞᆫ 고:대 ·고즈·기 머·거 西솅
方방·ᄋᆞᆯ 想:샹ᄒ·라 【想:샹·ᄋᆞᆫ ᄆᆞᅀᆞ·매 ·스·쳐 머·글·씨·라】 :엇
<月釋8:5ㄴ>

·뎨·호·몰 想:샹이·라 ·ᄒ거·뇨 想:샹·을 ·홇·딘·댄 一·힔切·촁 衆
즁生싱·이 想:샹念념·을 니르와·다 西솅ㅅ녁 向:향·ᄒ·야 正·졍·
히 안자 ·다·ᄂᆞᆫ ·ᄒᆡ·를 수·외 ·보·아 ᄆᆞ슨·몰 구·디 머·거 想:샹·을
오·올·와 옮기·디 아·니·ᄒ·야 ·ᄒᆡ ·디논 :야·이 ·ᄃᆞ론 ·붑 ·ᄀᆞ거·
든 ·눈 ᄀᆞᄆᆞ·며 ·ᄠᅳ·메 :다 붉·게 ·호·미 ·이 日·싏想:샹·이·니
일 <**月釋8:6ㄱ**>

·후·미 初총觀관·이·라 【初총觀관·은 ·첫 :보·미·라】 버·거 水:
슁想:샹·을 ·ᄒ·야 ·ᄆᆞ릐 믈·ᄀᆞᆫ ·주·를 ·보·아 ·ᄯᅩ 붉·게 ·ᄒ·야
흐·튼 ·ᄠᅳᆮ :업·게 ᄒ·고 冰빙想:샹·을 ·ᄒ·야 【冰빙·은 어·르·미·
라】 어·르·믜 ᄉᆞ못 비·취논 ·고·ᄃᆞᆯ 보·고 瑠륳璃링想:샹·을 ·ᄒ·
야 ·이 想:샹·이 :일·면 瑠륳璃링 ·ᄯᅡ·히 ·안팟·기 ᄉᆞ못 ·비·취어·
든 그 아·래 金금剛강七·칧寶 <**月釋8:6ㄴ**>

:붏金금幢똥·이 琉륳璃링 ·ᄯᅡ·ᄒᆞᆯ 바·다 이시·니 그 幢똥 여·듧
모·해 百·빅寶:봄·로 일·우·고 【百·빅寶:봄·ᄂᆞᆫ ·온 가·짓 :보·비·
라】 寶:봄珠즁:마·다 【寶:봄珠즁·ᄂᆞᆫ :보·비·옛 구·스리·라】 一·
힔千쳔 光광明명·이·오 光광明명:마·다 八·밣萬·먼四:ᄉᆞᆼ千쳔 ·
비·치·니 瑠륳璃링 ·ᄯᅡ·ᄒᆞᆯ 비·취요·ᄃᆡ 億·흑千쳔日·싏·이 ·ᄀᆞᆮ·ᄒ·
야 ᄀᆞ초 :보·물 :몯ᄒ·리·며 <**月釋8:7ㄱ**>

瑠륳璃링 ·ᄯᅡ 우·희 黃ᅘᅪᆼ金금 노·ᄒᆞ·로 섯·느리·고 七·칧寶:봄

106

·글·비 分분明명ᄒ·고 흔 :보·비:마다 五:옹百·빅 :빅 비·쳇 光광·이·
니 그 光광·이 곳 ·ᄀᆞᆮ·ᄒᆞ·며 :벼·ᄃᆞ·리 虛헝空콩·애 둘·인 ·ᄃᆞᆺ·ᄒᆞ·야
光광明명臺띵 ᄃᆞ외·오 樓륳閣·각千쳔萬·먼·이 百·빅寶:ᄫᅩᆯ ㅣ 모·
다 이·렛·고 臺띵ㅅ :두 겨·틔 各·각各·각 百 <月釋8:7ㄴ>

·빅億·흑華ᅘᅪ幢땅·과 그·지:업·슨 풍륫 가ᄉᆞ·로 莊장嚴엄·ᄒᆞ·얏·
거·든 여·듧 가짓 淸쳥風봉·이【淸쳥風봉·은 ᄆᆞᆰ·고 ᄀᆞᆺᄀᆞᆺᄒᆞᆫ ᄇᆞ
ᄅᆞ·미·라】光광明명·으로·셔 ·나아 풍륫 가ᄉᆞᆯ 부러 苦:콩空콩
無뭉常쌍 無뭉我:앙ㅅ 소리·를 너·펴 니르ᄂᆞ·니 ·이 水:쉉想:샹
·이·니 일·후·미 第·똉二·ᅀᅵᆼ觀관·이·라 ·이 想:샹 :일쩌·긔 낫:나
치 <月釋8:8ㄱ>

:보·믈 ᄀᆞ·장 ᄆᆞᆯᄀᆞᆯᄆᆞ·시 ·ᄒᆞ·야 누·늘 ·ᄯᅳ거·나 ·ᄀᆞᆷ거·나 ·ᄒᆞ야
도 일·틀 마라 ·밥 머·긇 ·덛:만뎡 長땅常쌍 ·이 :이·를 ·ᅀᅵᆼ·각ᄒᆞ·
라 ·이·리 想:샹ᄒᆞ·미 極·끅樂·락國·귁 ·ᄯᅡᄒᆞᆯ ·어·둘 ·보논·디·니
·ᄒᆞ다·가 三삼昧·밍·옷 得·득ᄒᆞ·면 ·뎌 나·랏 ·ᄯᅡᄒᆞᆯ ᄆᆞᆯᄀᆞᆯᄆᆞ·시
分분明명·히 ·보·아 :몯:내 니르·리·니 ·이 地·띵想:샹·이·니 <月
釋8:8ㄴ>

일·후·미 第·똉三삼觀관·이·라 부:톄 阿항難난·이ᄃᆞ·려 니ᄅᆞ·샤·
ᄃᆡ :네 부텻 :마·ᄅᆞᆯ 디·녀 未·밍來ᄅᆡᆼ世·솅ㅅ옛 一·ᅙᅵᆯ切·촁 大·땡衆·
즁이 受:쓩苦:콩 벗·고져 ᄒᆞ·리 爲·윙·ᄒᆞ·야 ·이 ·ᄯᅡ ·보논 法·법·을

니르·라 ·이 ·짜흘 본 :사른·문 八·밣十·씹億·흑劫·겁 生싱死:숭

ㅅ 罪:쬥·를 免:면·히·야 다른 :뉘·예 淨·쪙國·귁 <月釋8:9ㄱ>

·에 一·힗定·뗭·히 나리·니 ·이 :보·미 正·졍觀·관·이·오 다른 :보·

문 邪·쌍觀·관·이·라 부:톄 阿항難난·이·와 韋윙提똉希힁드·려 니

른·샤디 地·띵想:샹·이 :일·어·든 버·거 寶:봄樹·슝·를 :봄 ·디·니

【寶:봄樹·슝·는 :보·빅·옛 즘·게 남·기·라】 낫:나·치 ·보·아 七

·칧重·뜡行·행樹·슝·앳想:샹·을 ·ᄒᆞ·야 즘·게:마·다 노·픽 八·밣千쳔由

율旬쓘 <月釋8:9ㄴ>

·이·오 七·칧寶:봄花황葉·엽·이 ᄀᆞ자 【花황·ᄂᆞᆫ 고·지·오 葉·엽·은

·니피·라】 花황葉·엽:마·다 다른 寶:봄色·식·이 지·서 【寶:봄

色·식·은 :보·빅·옛 ·비치·라】 瑠륳璃링 色·식中·듕·에 金금色·

식光광·이 나·며 玻광璨렝色·식 中·듕·에 紅홍色·식光광·이 나·며

瑪:망瑙:놀色·식 中·듕·에 硨챵磲껑光광·이 나·며 硨챵磲껑色·식

中·듕·에 綠·록 <月釋8:10ㄱ>

眞진珠즁光광·이 나·며 【綠·록·은 프·를·씨·라】 珊산瑚뽕琥:

홍珀·픽 一·힗切·쳉 衆·즁寶:봄로【珊산瑚뽕·ᄂᆞᆫ 바·릸 미·틔 ·나

·ᄂᆞᆫ 남·기·니 ·가지 기·리고 ·닙 :업·스니·라】 琥:홍珀·픽·은 ·솛

:지·니 싸·해 ·드·러 一·힗千쳔 年년·이·면 茯·뽁苓령·이 도외·오

·또 一·힗千쳔 年년·이·면琥:홍珀·픽·이 도외ᄂᆞ니·라 衆·즁寶:봄

는 한 :보·빅·라】 ㅂ슷·와미·에 ·수미·고 眞진珠즁 ·그믈·리 즘
게 우:마다 닐·굽 ·볼 두프·니 ·그믌 스·시:마다 五:옹百 <月釋
8:10ㄴ>

·빅億·흑妙·묳華勞宮궁殿·떤·이 【妙·묳華勞·는 :곱·고 ·빗날·씨·
라】 梵·뻠王왕宮궁·이 ·フ·호·야 하ᄂᆞᆰ 童똥子:중ㅣ 自·쫑然션·
히 그 :소·배 이·셔 【童똥子:중·는 아·히·라】 童똥子:중:마다
五:옹百·빅億·흑 釋·셕迦강毗뼝楞릉伽꺙摩망尼닝·로 瓔영珞·
락·을 ᄒᆞ·니 【釋·셕迦강毗뼝楞릉伽꺙·는 잘 이·긔·다 ·ᄒᆞ논 :마
리·니 :됴ᄒᆞᆫ :보·빛 일·후미·라 摩망尼·는 ·ᄯᅴ·를 여·희·다 ·ᄒᆞ논
:마리·니 ·긔 <月釋8:11ㄱ>

如셩意·힁珠즁ㅣ·라 ·이 구·스·리 光광明명·이 ·조ᄒᆞ·야 :더·러
ᄫᅳᆫ ·ᄯᅴ 묻·디 아니·ᄒᆞᄂᆞ·니 ·이 구·스·리 龍룡王왕ㄱ 頭뚱腦:놀
ㅅ:소·배·셔 ·나ᄂᆞ·니 ·이 :보·빅·옷 가·져 이시·면 有:ᅌᅮᆲ毒·똑ᄒᆞᆫ
거·시 害·행ᄒᆞ·디 :몯ᄒᆞ·며 브·레 ·드러·도 아니 술·이·ᄂᆞ니·라
頭뚱腦:놀·ᄂᆞᆫ 머·리·옛 骨·곯髓:쉉·라】 그 摩망尼닝ㅅ 光광·이
百·빅由ᅀᅲᆸ旬쓘·을 비·취·여 百·빅億·흑 日·싏月·윓 모·둔 ·ᄃᆞᆺ·ᄒᆞ·
야 :몯:내 니르·리·라 ·이 寶:봏樹·쓩·들·히 行행列·럻行행列·럻·
히 서 <月釋8:11ㄴ>

르 마초 셔·며 ·닙·니·피 서로 次·ᄎᆞ第·똉·로 나고 ·닙 스·시·예

:고·볼 곳·돌·히 ·프·고 곳 우·희 七·칧寶:볼 여·르·미 :여느·니
·닙:마·다 너·븨·와 :길·왜 :다 ·스·믈다·숫 由율旬쓘·이·오 그
·니·피 ·즈·믄 ·비치·오 ·온 가·짓 ·그·리·미 이·쇼·딕 하·늜 瓔형珞
락·이 ·근·고 한 :고·볼 고·지 閻염浮뿔檀딴金금ㅅ ·비치·오 여르

<月釋8:12ㄱ>

·미 소·사:나·딕 帝·뎽釋·셕甁뼝·이 ·근·ᄒᆞ·야 ·큰 光광明명·이
幢똥幡펀·과 無뭉量·량寶:볼蓋·갱 ᄃᆞ외·오 三삼千쳔大·땡千쳔
世·솅界·갱옛 一·힗切·촁 佛·뿛事·쏭·와【佛·뿛事·쏭·ᄂᆞᆫ 부텻 ·이
리·라】十·씹方방佛·뿛國·귁·이 :다 寶:볼蓋·갱 中듕·에 비·취·
여 :뵈ᄂᆞ·니 ·이 즘·게 보·고 ·ᄯᅩ 次·층第·똉·로 즘·겟 줄·기·와
·가지 <月釋8:12ㄴ>

·와 ·닙·과 곳·과 果:광實·씷·와 낫:나·치 ·보·아 :다 分분明명·케
·홀·디·니 이 樹·쓩想:샹·이·니 일·후·미 第·똉四·숭觀관·이·라 버·
거 ·ᄆᆞ·를 想:샹·호리·니 極·끅樂·락國·귁土·통·애 여·듧 ·모·시
이·쇼·딕 ·못 ·믈:마·다 七·칧寶:볼·로 일·워 잇ᄂᆞ·니 그 :보·비
ᄆᆞᆯ·어 보·ᄃᆞ랍·바 如셩意·힁珠즁王왕·ᄋᆞᆯ 브·터·셔 갈·아 :나 <月
釋8:13ㄱ>

·딕 ·열:네 가·ᄅᆞ리·니 가·ᄅᆞ:마·다 七·칧寶:볼 ·비치·오 黃ᅘᅪᆼ金금
·돌히·니 ·돐 미·틱 :다 雜·짭色·식金금剛강·ᄋᆞ·로 ᄆᆞᆯ·애 ᄃᆞ외·오

110

·믈:마·다 六·륙十·씹億·흑 七·칦寶:볼蓮련花황ㅣ 잇·ᄂ·니 蓮련

花황:마·다 둘·에 ·열·두 由율旬쓔·이·오 그 摩망尼닝水:쉉 곳

·서리·예 흘·러 즘·게·를 조·차 오ᄅ·ᄂ·리·니 그 <月釋8:13ㄴ>

소·리 微밍妙·ᄝᅲᇢ·ᄒ·야 苦콩空콩 無뭉常썅 無뭉我:앙와 여·러

波방羅랑蜜·밇·을 너·펴 니르며 ·ᄯᅩ 諸졍佛·ᄢᆞᆲㅅ 相·썅好:ᅙᅩᇦ·ᄅᆞᆯ

讚·잔嘆·탄·ᄒ·ᅀᆞᄫ·며 如셩意·ᅙᅵᆼ珠즁王왕·이 金금色·ᄉᆞᆨ 微밍妙·

ᄝᅲᇢ光광明명·을 :내·니 그 光광·이 百·빅寶:ᄫᅳᆯ色·ᄉᆞᆨ鳥:둏ㅣ ᄃ외·

야 이·든 우·루·믈 우·러 念·념佛·ᄢᅮᇙ <月釋8:14ㄱ>

念·념法·법 念·념僧승·을 샹·녜 讚·잔嘆·탄 ·ᄒ·ᄂ·니 ·이 八·밠功

공德·득水:쉉想:샹·이·니 일·후·미 第·똉五:ᅌᅩᆼ觀관·이·라 衆·즁

寶:볼國·귁土:통·애 【衆·즁寶:볼·ᄂᆞᆫ 여·러 :보·빈·라】 나·라:

마·다 五:ᅌᅩᆼ百·빅億·흑 寶:볼樓륳閣·각·애 그·

지:업·슨 諸졍天텬·이 하ᄂᆞᆳ 풍류 ᄒ·고 ·ᄯᅩ 풍륫가·시 虛헝空콩·

애 들 <月釋8:14ㄴ>

·여 이·셔 절·로 :우·니 ·이 소·릿 中듕·에·셔 :다 念·념佛·ᄢᅮᇙ 念·념

法·법 念·념僧승·을 니르ᄂ·니 ·이 想:샹·이 :일·면 極·끅樂·락世

셍界·갱·옛 :보·빈 즘·게·와 :보·빈 ·짜·콰 :보·빈 ·모·슬 ·어·둘

·보논·디·니 ·이 總:종觀관想:샹·이·니 일·후·미 第·똉六·륙觀관·

이·라 【總:종觀관想:샹·ᄋᆞᆫ 모·도 ·보·ᄂᆞᆫ 想:샹·이·라】 ·이:ᄅᆞᆯ

보·면 無뭉量·량億·흑劫 <**月釋8:15ㄱ**>

·겁 ·엣 ᄀ·장 重:뜡흔 惡·학業·업·을 더·러 주·근 後:흏·에 ·뎌
나·라해 一·힗定·뗭·ᄒ·야 나·리·니 ·이 正·졍觀관·이·오 다ᄅ·니·
ᄂ 邪썅觀관·이·라 부:톄 阿항難난·이·와 韋윙提똉希힁ᄃ·려 니
ᄅ·샤ᄃᆡ 슬·펴 드·러 이·대 思ᄉ念·념ᄒ·라【思ᄉ念·념·은 ᄆᆞᅀ·
매 ·ᄉ랑·ᄒ·야 念·념흫·씨·라】내 너희 爲·윙·ᄒ·야 受:씁苦:콩
더·룷 法·법 <**月釋8:15ㄴ**>

·을 굴·히·야 닐·오리·니 너:희 大·땡衆·즁ᄃ·려 굴·히·야 니르·라
·이 :말 니르·싫 저·긔 無뭉量·량壽:씁佛·뿛·이 虛헝空콩·애 ·셔
시·고 觀관世·솅音흠大·땡勢·솅至·징 :두 大·땡士:쏭ㅣ :두녀·긔
:뫼ᅀᆞ·바 ·셔시·니【觀관·은 볼·씨·오 世·솅音흠·은 世·솅間간ㅅ
소·리라 能능·과 所:송 왜 흔 ·ᄃᆡ 노·ᄀᆞ·며 有:율·와 無뭉 왜 :다
ᄉᆞᆷ·차 正·졍흔 性·셩을 ᄀᆞ·장 비·취·여 믿·과 ·귿·과ᄅ 솔·피실
·씨 觀관·이·라 <**月釋8:16ㄱ**>

ᄒ·니·라 萬·먼象:썅이 뮈여·나 各·각各·각 ᄀᆞᆮ·디 아·니·ᄒ야·셔
제여·곲 소·리·로 브르ᅀᆞ·바·도 :다 受:씁苦:콩·ᄅ 여·희ᄂᆞ·니
菩뽕薩·삻·이 ·큰 慈쭝悲빙·로 흔·ᄢᅴ 너·비 救·귷·ᄒ·샤 :다 버·서
나·게 ·ᄒ실·씨 觀관世·솅音흠·이·라 ᄒ·니·라 有:율·ᄅ ·보샤·도
有:율·에 住뜡·티 아·니·ᄒ시·며 空콩·을 ·보샤·도 空콩·애 住뜡·

112

티 아니·ᄒ시·며 일·후·믈 드르·샤·도 일·후·메 惑·횈·디 아니·
ᄒ시·며 相·샹·ᄋ·을 ·보샤·도 相·샹·애 ·ᄢ디·디 아니·ᄒ·샤 ᄆᅀᆞ·미
뮈·우·디 :몯·ᄒ·며 境:경·이 좃·디 :몯·ᄒ·야 뮈·움·과 조·촘·괘
眞진實·씷·을 ·어·즈리·디 :몯ᄒ·니 마ᄀ 것 :업·슨 智·딩慧·혱·
라 닐·엃·디로·다 能능·은 ·내 ·ᄒ요미·오 所:송·ᄂᆞᆫ 〈**月釋8:16ㄴ**〉

:날 對·됭ᄒᆞᆫ 境:경界·갱·라 勢·셩·ᄂᆞᆫ 威읭嚴엄 ·히미·라】 光광明
명·이 ·하 盛·쎵·ᄒ·야 :몯:다 ·보ᅀᆞᆼ·리러·니 百·빅千쳔 閻염浮
뿔檀딴 金금ㅅ·비·치 :몯 가즐·비ᅀᆞᆼ·리러·라 그 ·ᄢ 韋윙提똉
希힁 無뭉量·량壽:쓩佛·뿛·을 ·보ᅀᆞᆸ·고 禮:롕數·숭ᄒᆞ·ᅀᆞᆸ·고 부텨·
끠 슬·ᄫ·ᅗᆞ·ᄃᆡ 世·솅尊존·하 ·나·ᄂᆞᆫ 부텻 ·히ᄆ·로 無뭉量·량壽:쓩
佛·뿛 〈**月釋8:17ㄱ**〉

·와 :두 菩뽕薩·삻·을 ·보ᅀᆞ·ᄫᅡ니·와 未·밍來링 ·옛 衆·즁生싱·이
【未·밍來링·ᄂᆞᆫ 아니 ·왯ᄂᆞᆫ :뉘·라】 :엇·뎨 ·ᄒ·야ᅀᅡ 無뭉量·량
壽:쓩佛·뿛·와 :두 菩뽕薩·삻·을 ·보ᅀᆞ·ᄫ려·뇨 부:톄 니ᄅᆞ·샤·ᄃᆡ
·뎌 부텨·를 ·보ᅀᆞᆸ·고·져 훓 :사ᄅᆞ·ᄆᆞᆫ 想:샹念·념·을 니르와·다
七·칧寶:봉·ㅅ ·짜 우·희 蓮련花황想:샹·을 지·서 그 蓮련花황ㅣ
·닙:마·다 〈**月釋8:17ㄴ**〉

百·빅寶:봉色·식·이·오 八·밣萬·먼四·ᄉᆞᆼ千쳔 脈·믹·애 【脈·믹·은
·주리·라】 脈·믹:마·다 八·밣萬·먼四·ᄉᆞᆼ千쳔光광·이 이·셔 分분

明명·ᄒᆞ·야 :다 보·게 ᄒᆞ·며 곳·니·피 :져·그·니·사 :길·와 너·븨·왜
二·ᅀᅵᆼ百·빅:쉰 由율旬쓘·이·라 ·이런 蓮련花황ㅣ 八·밣萬·먼四·
ᄉᆞᇰ千쳔 ·니·피·오 ᄒᆞᆫ ·닙 ᄉᆞ·싀:마·다 百·빅億·흑摩망尼닝 <月釋
8:18ㄱ>

珠즁·로 ㅂᅀᆞ·와 ·믹·의 ·ᄭᅮ·미·고 摩망尼닝:마·다 ·즈·믄 光광明
명·을 ·펴·아 그 光광明명·이 蓋갱 ·ᄀᆞᆮ·ᄒᆞ·야 七쳔寶:볼ㅣ 이·러
·싸우·희 ·차 두·피·고 釋셕迦강毗삥楞릉伽깡寶:볼·로 臺띵·를
딩·ᄀᆞ·니 ·이 蓮련花황臺띵·예 八·밣萬·먼 金금剛강·과 甄건叔·
슉伽깡寶:볼·와 【甄건叔·슉迦강·ᄂᆞᆫ 블·근 ·비·치·라 ·혼 :마리·니
나못 <月釋8:18ㄴ>

일·후미·니 ·이 :보·빅 그 나못 곳·빗 ·ᄀᆞ티 블·그니·라】 梵·뻠摩
망尼닝寶:볼·와 【梵·뻠·은 ·조ᄒᆞᆯ·씨·니 摩망尼닝珠즁ㅣ ·조ᄒᆞᆯ
·씨 梵·뻠摩망尼닝寶:볼ㅣ·라 ᄒᆞ·니·라】 眞진珠즁 ·그믈·로 ·ᄭᅮ
미·고 臺띵우·희 :네 긴 寶:볼幢똬·이 잇·고 寶:볼幢똬:마·다 百·
빅千쳔萬·먼億·흑 須슝彌밍山산 ·ᄀᆞᆮ·고 幢똬 우·흿 寶:볼幔·만·
이 夜·양摩망天텬宮궁·이 ·ᄀᆞᆮ·고 ·쏘 五:ᅌᅩᆼ百·빅億·흑 <月釋8:19
ㄱ>

寶:볼珠즁·로 ㅂᅀᆞ·와 ·믹·의 ·ᄭᅮ·미·니 寶:볼珠즁:마·다 八·밣萬·
먼四·ᄉᆞᇰ千쳔 光광·이·오 光광:마·다 八·밣萬·먼四·ᄉᆞᇰ千쳔 가·짓

金금色·싴·이·오 金금色·싴:마·다 寶:볼土:통·애 ·차 ·펴·디·여 【寶:볼土:통· :보·비 ·싸히·라】 ·곧·곧:마·다 變·변化·황·ᄒ·야 各·각各·각 제여·곰 양·ᄌ·를 지·소·딕 金금剛강臺띵·도 ᄃ외·며 眞 <月釋8:19ㄴ>

진珠즁 ·그믈·도 ᄃ외·며 雜·짭花황 ·구룸·도 ᄃ외·야 【雜·짭花황· 雜·짭 고·지·라】 十·씹方방·애 ᄆᆞ슴 조·초 變·변化·황·를 :뵈·야 佛·뿛事·ᄊᆞᆼ·를 ·ᄒᆞᄂᆞ·니 이 華ᅘᅪ座·쫭想:샹·이·니 일·후·미 第·똉七·칧觀관·이·라 【華ᅘᅪ座·쫭ᄂ·ᆫ 곳 座·쫭ㅣ·라】 부:톄 阿항難난·이ᄃᆞ·려 니르·샤·딕 ·이 ·ᄀᆞᆮᄒᆞᆫ 微밍妙·묳ᄒᆞᆫ 고·즌 本:본來링 法·법藏·쩡比 <月釋8:20ㄱ>

·뼹丘쿨ㅅ 願·원力·륵·의 이·론 거·시·니 ·뎌 부텨·를 念·념코·져 흟 :사ᄅᆞ·ᄆᆞᆫ 몬져 ·이 華ᅘᅪ座·쫭想:샹·을 지·ᅀᅮᆳ·디·니 ·이 想:샹흟 ·제 雜·짭 ·보·믈 :말·오 ·닙:마·다 구·슬:마·다 光광明명:마·다 臺띵:마·다 幢땅:마·다 :다 낫:나치 ·보·아 分분明명·킈 ·ᄒ·야 거·우루·에 ᄂᆞᆾ 보·다·시 ·흟·디·니 ·이 想:샹·이 :일·면 五:ᅌᅩ萬 <月釋8:20ㄴ>

·먼劫·겁 生ᅀᅵᆼ死:ᄉᆞᆼㅅ 罪:쬥·를 더·러 極·끅樂·락世·솅界·갱·예 一·힗定·띵·ᄒᆞ·야 나·리·니 ·이 正·정觀관·이·오 다ᄅᆞ·니·ᄂᆞᆫ 邪썅觀관·이·라 부:톄 阿항難난·이·와 韋윙提똉希힁ᄃᆞ·려 니ᄅᆞ·샤·

딕 ·이 :일 보·고 버·거 부텨·를 想:샹·홇 ·디·니 :엇·뎨어·뇨 ᄒ·
란·딕 諸졍佛·뿛如셩來링·ᄂᆞᆫ ·이 法·법界·갱·옛 ·모미·라 <月釋
8:21ㄱ>

一잃切·쳉 衆·즁生싱·이 ᄆᆞᇫ :소·배 ·드ᄂᆞ·니 ·이럴·씨 너희 ᄆᆞ
ᅀ·매 부텨·를 想:샹홀 쩌·귄 ·이 ᄆᆞᅀ·미 ·곧 三삼十·씹二·싱相·
샹 八·밣十·씹隨쒕形혱好:홓ㅣ·라 【隨쒕·ᄂᆞᆫ 조·츨 ·씨·오 形혱·
은 양·지·니 八·밣十·씹種:죵好:홓ㅣ 各·각各·각 양·ᄌᆞ·를 조·차
:됴·ᄒᆞ실 ·씨·라】 ·이 ᄆᆞᅀ·미 부:톄 ᄃᆞ외·며 ·이 ᄆᆞᅀ·미 :긔
부:톄·라 諸졍佛·뿛·이 心심想:샹·ᄋᆞ·로·셔 ·나ᄂᆞ·니 <月釋8:21
ㄴ>

그·럴·씨 ᄒᆞᆫ ᄆᆞᅀ·ᄆᆞ·로 ·뎌 부텨·를 ᄉᆞ외 ·보·ᅀᆞᄫᆞ·라 ·뎌 부텨
想:샹ᄒᆞᅀᆞᇦ :사ᄅᆞ·ᄆᆞᆫ 몬져 양·ᄌᆞ·를 想:샹·ᄒᆞ·야 ·누늘 ·ᄀᆞᆷ거·
나 ·ᄠᆞ거·나 閻염浮뿔檀딴 金금色·식·앳 寶:봉像:썅이 【寶:봉
像:썅·은 :보·빅·옛 양·지라】 곳 우·희 안자 :겨·시거·든 ·보ᇒ·
고 ᄆᆞᅀᆞᆷ·과 ·눈·괘 여·러 ᄆᆞᆯᄀᆞᆺᄆᆞᆯᄀᆞ·시 分분明명·ᄒᆞ·야 極·끅樂
<月釋8:22ㄱ>

·락國·귁·을 :보·딕 七·칧寶:봉·로 莊장嚴엄·ᄒᆞ욘 :보·빅·옛 ·짜
·콰 :보·빅·옛 ·못·과 :보·빅·옛 즘게 남·기 行혱列·럻 잇·게 셔·며
諸졍天텬寶:봉幔·만이 그 우·희 ·차 두·퍼 이시·며 여·러 :보·빅·

옛 ·그므·리 虛헝空콩·애 ㄱ독ㅎ·리·니 ·이 :일 :보·디 ㄱ·장 붉·
게 ㅎ·고 ·쏘 지·소·디 【想:샹·을 지·슬·씨·라】 ·큰 蓮련花황
ㅎ나·히 부 <**月釋**8:22ㄴ>

텻 :왼 겨·틔 이·셔 알·핏 蓮련花황·와 다르·디 아·니ㅎ·며 ·쏘
지·소·디 ·큰 蓮련花황 ㅎ나·히 부텻 ·올흔 겨·틔 잇거·든 想:샹·
ㅎ·디 觀관世·셩音흠菩뽕薩삻像:썅·은 :왼녁 華횡座쫭·애 안·
자 金금色·ᄉᆡᆨ·이 다르·디 아·니·코 大·땡勢·셩至·징菩뽕薩삻像·
썅·은 ·올흔녁 華횡座쫭·애 안·자 ·이 想:샹 :잃 <**月釋**8:23ㄱ>

저·긔 부텨·와 菩뽕薩삻·왓 像:썅·이 :다 金금色·ᄉᆡᆨ光광·을 ·펴·
샤 寶:봉樹쓩·를 비·취시·니 즘게 밑·마다 ·쏘 :세 蓮련華횡ㅣ
잇·고 蓮련華횡 우·희 各·각各·각 흔 부텨 :두 菩뽕薩삻像:썅·이
:겨·샤 ·뎌 나라해 ㄱ독ㅎ·니 ·이 想:샹 :잃 저·긔 흐르는 ·믈·와
光광明명·과 寶:봉樹쓩·와 鳧뽕雁·안鴛훤 <**月釋**8:23ㄴ>

鴛향·의 【鳧뽕·는 ·올히·라】 :다 妙·묳法·법 니를 ·쏘·리·를 行혱
者:쟝ㅣ 당다이 드르·리·니 【行혱者·는 ·녀·아 뎌 나·라해 갈
:싸·ᄅᆞ미·라】 出·츓定·뗭 入·십定·뗭·에 샹·녜 妙·묳法·법·을 드·
리 【出·츓定·뗭·은 入·십定·뗭ㅎ·앳다·가 도로 날·씨·라】 出·츓
定·뗭흔 저·긔 디·녀 ᄇᆞ·리·디 아·니·ㅎ·야 脩슣多당羅랑·와 마·
즈·면 【脩슣多당羅랑·ᄂᆞᆫ 契·켕經경·이·라 ·혼 :마리·니 契·켕·ᄂᆞᆫ

마·즐·씨·니 理:링·예 맛·고 機긩·예 ·마·즐 <**月釋8:24**ㄱ>

·씨·라 理:링·예 마조·ᄆᆞᆫ 眞진諦·뎅 俗쑉諦·뎅·예 맛·고 機긩·예
마조·ᄆᆞᆫ 上·썅 中듕 下:행 三삼根ᄀᆞᆫ·에 마·즐·씨·라 ·ᄯᅩ 常쌍·이
·라 ᄒᆞ·며 法·법·이·라 ·ᄒᆞ·ᄂᆞ·니 天텬魔망外욍道:뚱ㅣ 고·티·디
:몯·호·미 ᄀᆞᄅᆞ·쵸·미 常쌍·이·오 眞진實·ᄊᆞᆯᄒᆞ·며 正·졍·ᄒᆞ·야 섯·
ᄀᆞᆫ 것 :업·서 예·셔 너·믄 ·것 :업소·미 :힝·뎌·긔 常·이·오 믈·가
:뮈·디 아·니·ᄒᆞ·야 一·힗定·뗭·히 다ᄅᆞᆫ ·ᄠᅳᆮ :업소·미 理:링·의
常쌍·이·라 法·법·은 法·법·이 본바·담·직ᄒᆞ·며 行·행·이 본바·담·
직ᄒᆞ·며 理:링 본바 ·담·직홀·씨·라 ·ᄯᅩ 經경·은 :ᄢᅦ·며 잡·논
·ᄠᅳ디·니 아·람·직ᄒᆞᆫ ·ᄠᅳ·들 :ᄢᅦ·며 敎·곻化·황·ᄒᆞ·논 衆·즁生싱·
을 자·바 ᄃᆞ·닐·씨·라 ·ᄯᅩ 常쌍·이·며 法·법·이·며 攝·셥 <**月釋8:24**
ㄴ>

·이·며 貫·관이·니 攝·셥·은 자·ᄇᆞᆯ·씨·오 貫·관·은 :ᄢᅦᆯ·씨·라 道:뚱
理:링 百·빅王황·의 본바·도·미 常쌍·이·오 德·득·이 萬·먼乘씽·
의 法·법 ᄃᆞ외·요·미 法·법·이·오 微밍妙·묳흔 ·ᄠᅳᆮ 모·도·미 攝·셥·
이·오 사오나·ᄫᆞᆫ 衆·즁生싱·을 다ᄉᆞ료·미 貫·관·이·니 受:쓯苦:
콩ㅅ 늘·이 ᄒᆞᆫ가지·로 ·나 ᄆᆞ·ᄎᆞ매 覺·각 :ᄀᆞ·새 가긔 ·ᄒᆞ·ᄂᆞ·니
·라 萬·먼乘씽·은 皇勇帝·뎅·를 니르·니·라 ·ᄯᅩ 다ᄉᆞᆺ 가짓 ·ᄠᅳ·디
이실·씨 翻펀譯·역·이 :업·다 니르·ᄂᆞ·니 ·ᄠᅳᆮ ·마·시 다 오·미 :업·
슬·씨 솟 ᄂᆞᆫ :시·매 가·즐·비·며 微밍妙·묳흔 善:쎤·을 잘 :낼·씨

118

出·츒生싱·이·라 ᄒ·며 邪썅·와 正·졍·과·ᄅᆞᆯ 一·ᇙ定·뗭홀·씨 노·
머·글 가·즐비·며 正·졍ᄒᆞᆫ 理:링·ᄅᆞᆯ 잘 :뵐 <**月釋8:25ㄱ**>

·씨 顯:현示·씽·라 ᄒ·며 顯:현示·씽·ᄂᆞᆫ 나토·와 :뵐·씨라 諸졍
法·법·을 :ᄢᅦ·여 이실·씨 結·겷鬘만·이·라 ·ᄒᆞ·니 結·겷鬘만·ᄋᆞᆫ
花황鬘만·을 밀·씨·라 ·이 다ᄉᆞᆺ ·ᄠᅳ·디 이실·씨 翻펀譯·역 :몯ᄒᆞ·
ᄂᆞ니·라】 極·끅樂·락世·솅界·갱·ᄅᆞᆯ ·어·둘 보논·다·니 ·이 像:썅
想:샹·이·니 일·후·미 第·똉八·밣觀관·이·라 ·이 觀관·을 지·ᅀᆞ·면
無뭉量·량億·흑劫·겁 生싱:死ᄉᆞᆼㅅ 罪:쬥·ᄅᆞᆯ 더·러 現·현ᄒᆞᆫ 모·매
念·념佛·뿛三삼昧·밍 <**月釋8:25ㄴ**>

·ᄅᆞᆯ 得·득ᄒ·리·라 부:톄 阿앙難난·이ᄃᆞ·려 니ᄅᆞ·샤·ᄃᆡ ·이 想:샹
:일어·든 버·거 無뭉量·량壽:쓩佛·뿛ㅅ 身신相·샹光광明명·을
다시 ·보·ᅀᆞ·ᄫᅡ·ᅀᅡ ᄒ·리·니 無뭉量·량壽:쓩佛·뿛ㅅ 閻염浮뿔檀
딴 金금色·식 ·모·미노·픠 六·륙十·씹萬·먼億·흑 那낭由율他탕
恒흥河행沙상 由율旬쓘·이·오 眉밍 <**月釋8:26ㄱ**>

間간·앳 白·삑毫뿔ㅣ ·올ᄒᆞ녀·그·로 도·라 다ᄉᆞᆺ 須슝彌밍山산
·ᄀᆞ·ᄐᆞ시·고 누·니 바·ᄅᆞᆳ·믈 ·ᄀᆞ·ᄐᆞ샤·ᄃᆡ 靑쳥白·삑·이 分분明명·
ᄒᆞ시·며 터럭 구무·들·해 光광明명·을 ·펴:내샤·미 須슝彌밍山
산 ·ᄀᆞ·ᄐᆞ시·니 ·뎌 부텻 圓원光광·이 【圓원光광·ᄋᆞᆫ 두·러ᄫᆞᆯ
光광·이·라】 百·빅億·흑 三삼千쳔大·땡千쳔世·솅界·갱 ·ᄀᆞᆮᄒ

·며 圓원光광 中듕·에 百·빅萬·먼億·흑 那낭由융他탕 恒흥河행
沙상 化·황佛·뿛·이 :겨샤·딕 化·황佛·뿛:마다 無뭉數·숭 化·황
菩뽕薩·삻·을 드·려 :겨시·니 無뭉量·량壽·쓩佛·뿛·이 八:밣萬·먼
四·숭千천相·샹·이시·고 相·샹:마다 八·밣萬·먼四·숭千천隨쒕
形형好:홓ㅣ시·고 好:홓:마다 八·밣 <月**釋**8:27ㄱ>

萬·먼四·숭千천光광明명·이시·고 光광明명:마다 十·씹方방世·
솅界·갱·옛 念·념佛·뿛·ᄒᆞ는 衆·즁生싱·을 :다 비·취·샤 거·두자
바 ᄇᆞ·리·디 아니·ᄒᆞ시ᄂᆞ·니 그 光광相·샹好:홓·와 化·황佛·뿛·
와·를 :몯·다 니르·리·라 오·직 憶·흑想·샹·을 ·ᄒᆞ·야 【憶·흑想:
샹·은 ᄆᆞᅀᆞ·매 ᄉᆞ랑·ᄒᆞ·야 ·스칠·씨·라】心심眼:안·ᄋᆞ·로 ·보ᅀᆞᆸ·
게 ·ᄒᆞ·야 ·이 <月**釋**8:27ㄴ>

:이·를 ·보ᅀᆞᄫᆞᆯ :사ᄅᆞ·ᄆᆞᆫ 十·씹方방 一·힗切·촁 諸정佛·뿛·을 ·보·
ᅀᆞᄫᆞᆯ·디·니 諸정佛·뿛·을 ·보ᅀᆞᆸ·논 젼·ᄎᆞ·로 念·념佛·뿛三삼昧·ᄆᆞ·
ㅇ라 ·ᄒᆞᄂᆞ·니 ·이 :보·물 지·슨 :사ᄅᆞ·ᄆᆞᆫ 일·후·미 一·힗切·촁 부텻
·모·믈 ·보ᅀᆞᆸ·다 ·ᄒᆞᄂᆞ·니 부텻 ·모·믈 ·보·ᅀᆞᄫᆞᆯ·씩 부텻 ᄆᆞᅀᆞ·믈
·쏘 ·보·ᅀᆞᆸᄂᆞ·니 부텻 ᄆᆞᅀᆞ·ᄆᆞᆫ 大·땡慈쭝悲빙 :긔·니 <月**釋**8:28
ㄱ>

緣ᅌᅯᆫ :업ᄉᆞᆫ 慈ᄍᆞᆼ·로 衆·즁生ᄉᆡᆼ·ᄋᆞᆯ 거두자ᄫᆞ·시ᄂᆞ·니 【慈ᄍᆞᆼㅣ 세 가·지·니 ᄒᆞ나ᄒᆞᆫ 衆·즁生ᄉᆡᆼ緣ᅌᅯᆫ慈ᄍᆞᆼㅣ·니 一·ᅙᅵᇙ切·쳉衆·즁生ᄉᆡᆼ·ᄋᆡ게 브·튼 ᄆᆞᅀᆞᆷ :업수·ᄃᆡ 衆·즁生ᄉᆡᆼ·ᄋᆡ게 自·ᄍᆞᆼ然ᅀᅧᆫ·히 利·링益·ᅙᅧᆨ·을 나·톨·씨·오 :둘ᄒᆞᆫ 法·법緣ᅌᅯᆫ慈ᄍᆞᆼㅣ·니 法·법 볼 ᄆᆞᅀᆞᆷ :업수·ᄃᆡ 諸졍法·법·에 自·ᄍᆞᆼ然ᅀᅧᆫ·히 너·비 비·췰·씨·오 :세ᄒᆞᆫ 無뭉緣ᅌᅯᆫ慈ᄍᆞᆼㅣ·니 理:링 볼 ᄆᆞᅀᆞᆷ ·업수·ᄃᆡ 平뼝等:둥ᄒᆞᆫ 第·똉一·ᅙᅵᇙ義·ᅌᅴᆼㅅ 가·온·ᄃᆡ 自·ᄍᆞᆼ然ᅀᅧᆫ·히 便뼌安한·히 住·뜡ᄒᆞᆯ·씨·라 ○ 諸졍佛·ᄲᅮᇙ·이 二·ᅀᅵᆼ諦·뎅·ᄅᆞᆯ 브·터 衆·즁生ᄉᆡᆼ 爲·ᅌᅱᆼ·ᄒᆞ·야 說·ᄉᆑᇙ法·법·ᄒᆞ·시ᄂᆞ·니 ᄒᆞ나·ᄒᆞᆫ 世 <月釋8:28ㄴ>

·솅俗·쑉諦·뎅·오 :둘·ᄒᆞᆫ 第·똉一·ᅙᅵᇙ義·ᅌᅴᆼ諦·뎅·니 :다 實·씨ᇙᄒᆞᆫ 理:링·ᄅᆞᆯ 니ᄅᆞ·실·ᄊᆡ 法·법 듣ᄌᆞ·ᄫᆞ·리 :다 證·징·호·미 잇ᄂᆞ·니 二·ᅀᅵᆼ諦·뎅機긩·ᄅᆞᆯ 조·차 니ᄅᆞ·실·ᄊᆡ니·라 :두 가·짓 衆·즁生ᄉᆡᆼ·이 잇ᄂᆞ·니 일·후·메 着·땩ᄒᆞᆫ 衆·즁生ᄉᆡᆼ 爲·ᅌᅱᆼ·ᄒᆞ·야 相·샹 :업·수·믈 니ᄅᆞ·시·고 諸졍法·법·이 비·론 일·후·민 ·ᄃᆞᆯ :아·ᄂᆞᆫ 衆·즁生ᄉᆡᆼ 爲·ᅌᅱᆼ·ᄒᆞ야 世·솅諦·뎅·ᄅᆞᆯ 니ᄅᆞ·시·니 世·솅俗·쑉·ᄋᆞᆫ 緣ᅌᅯᆫ·ᄋᆞ·로 닌 :이·ᄅᆞᆯ 나·토·아 諸졍法·법·이 반ᄃᆞᆨ반ᄃᆞᆨᄒᆞᆯ·ᄊᆡ 부텻 :이·레 ᄒᆞᆫ 法·법·도 ᄇᆞ·리·디 아·니·ᄒᆞ·샤 臣씬下:ᅘᅡᆼ·란 忠듕貞뎡·을 勸·퀀·ᄒᆞ시·고 子:ᄌᆞᆼ息·식·으·란 孝·ᅘᅭᇢ道:ᄄᅗᇢ·ᄅᆞᆯ 勸·퀀·ᄒᆞ시·고 나·라·ᄒᆞ·란 大·땡平뼝·을 勸·퀀·ᄒᆞ시·고 지·브·란 <月釋8:29ㄱ>

和ᅘᅪᆼ·호·ᄆᆞᆯ 勸·퀀·ᄒᆞ시·고 :됴ᄒᆞᆫ :일 너·피·사 天텬堂땅樂·락·ᄋᆞᆯ

:뵈시·고 :원:일 다·슬·와 地·띵獄·옥苦·콩·를 나토샤·미 ·이·는
俗·쏙諦·뎽·를 브·트·시니·라 眞진諦·뎽·는 本:본來링 괴외훈 :이
·를 나·토·아 훈 性·셩·이 :업슬·씨 實·씷훈 道:똘理·링ㅅ ·싸훈
훈 드틀·도 받·디 아니·ᄒ·야 ·올ᄒ·며 외·요·미 :다 :업스·며
能능·과 所:송 왜 :다 :업·서 萬·먼像:썅·을 ᄀ르·쵸·딕 眞진如셩
ㅣ 두외·오 三삼乘씽·을 뫼·화 眞진實·씷ㅅ :ᄀ·새 :가·미 ·이·는
眞진諦·뎽·를 브·트·시니·라】【眞진如셩·는 眞진性·셩다·비 變·
변·티 아·니홀·씨·라】 <月釋8:29ㄴ>

【○훈 法·법·으·로 :두 ᄠ·데 ᄂ·호·아 잇ᄂ·니 實·씷相·샹·을
닐·오·딕 비·론 일·후·믈 :허·디 아니ᄒ·며 差창別·볋·을 論론·호·
딕 平뼝等:등·을 :허·디 아·니·ᄒ·ᄂ니·라】【差창別·볋·은 여·
러 가·지·라】【○眞진·은 잇ᄂ거·시 :뷔·오 俗·쏙·은 :뷘 거·슬
잇·다 ·ᄒᄂ·니 俗·쏙諦·뎽·는 이·셔·도 잇·는 거·시 샹·녜 :제 :뷔·
오 眞진諦·뎽·는 뷔·여·도 :뷘 거·시 이·슈·메 ᄉ·뭇 ᄂ·니·라】
【○相·샹·을 닐·어 萬·먼法·법·이 느러·니 버·러·도 實·씷·엔 得·
득·호·미 :입스·며 性·셩·을 닐·어 훈가·지·로 寂·쪅滅·멿·ᄒ·야·도
緣원 조·초·매 막·디 아니·ᄒᄂ·니 眞진·은 俗·쏙·이 眞진 <月釋
8:30ㄱ>

·이·라 萬·먼法·법·이 절·로 :업·고 俗·쏙·은 眞진·이 俗·쏙·이·라
훈 性·셩·이 時씽常썅 다르ᄂ·니 :빈 일·후·믈 :허·디 아·니홀·씨

122

·뎌·와 ·이·왓 生싱滅·몛·이 다른·고 諸졍法·법實·씷相·샹·을 니
를·씨 ·뎌·와 ·이·왓 生싱滅·몛·이 :제 :업스·니 ᄒᆞ나 아닌 거·긔
:둘 아닌 ·고·들 볼·길·씨 아로·맨 샹·녜 ᄒᆞ나히·오】【智·딩慧
·휑·로 ᄉᆞᄆᆞᆺ 비·취·면 法·법性·셩·이 샹·녜 ᄒᆞ나히·라 諦·뎽·옌
샹·녜 :둘·히·니】【聖·셩人신·은 眞진·을 보·고 凡뻠夫붕·는 俗·
쑉·을 ·보·ᄂᆞ니·라】<月釋8:30ㄴ>

·이 ᄒᆞ나 :둘·흘 ᄉᆞᄆᆞᆺ 아라·ᅀᅡ 眞진實·씷·로 性·셩義·읭諦·뎽·예
·들리·라 ○眞진·과 俗·쑉·괘 :다 :업서·ᅀᅡ 二·싱諦·뎽時씽常쌍
이시·며 空콩·과 有:율·왜 :다 :업서·ᅀᅡ ᄒᆞᆫ ·마시 샹·녜 現·현·ᄒᆞ
ᄂᆞ·니 ·이럴·씨 各·각各·각 자·ᄇᆞ·면 일·코 서르 노·ᄀᆞ·면 得·득·ᄒᆞ
ᄂᆞ·니 일·타 ·호·ᄆᆞᆫ ·ᄒᆞ논 :일 이·쇼·미 비·록 :거츠·나 ᄇᆞ·리·면
·큰 業·업·이 :몯 일·우고 ·ᄒᆞ논 :일 :업·수·미 ·비·록 :뷔·나 住·뚱
·ᄒᆞ·면 智·딩慧·휑·ㅅ ᄆᆞᅀᆞ·미 :몯 물·ᄀᆞ리·라 得·득다 ·호·ᄆᆞᆫ 諸졍
佛·뿛國·귁·과 衆·즁生싱·이 :뷔·윤 ·주·를 비·륵 아·라·도 샹·녜
淨·쪙土·통·를 닷·가 衆·즁生싱 教·굘化·황·ᄒᆞᆯ·씨니·라 ○緣원·을
조·ᄎᆞᆫ 싸·해 變·변·티 아니·호·ᄆᆞᆯ 니른·시·며 :일인 <月釋8:31ㄱ>

싸·해 體:톙 :뷔·윤 ·주·를 니른·시·니 變·변·티 아니홀·씨 萬·먼
法·법·이 眞진如셩ㅣ·오 緣원·을 조·ᄎᆞᆯ·씨 眞진如셩ㅣ 萬·먼法·법
·이니 ·이·트·렛 :마·리 :다 眞진俗·쑉體:톙 ᄒᆞᆫ 가·진 ·고·들 니른·
니·라 ○境:경·과 智·딩·왜 ᄒᆞᆫ가·지·가 다른·니·여 對·됭答·답·호·

<月釋8:30ㄴ>

딕 智·딩體:톙 :둘 아·니·며 境:경·도 :둘 아·니·니 智·딩 :둘

아·니·로·ᄆ 흔 智·딩慧·휑로·딕 ·뜯 ·ᄲ·미 다·ᄅ·니 眞진 :아·논

·ᄊ·히 일·후·미 眞진智·딩·오 俗·쏙 :아·논 ·ᄊ·히 일·후·미 俗·쏙

智·딩·라 境:경 :둘 아·니·로·ᄆ 色·식·이 ·곧 ·이 空콩·이·니 眞진

境:경·이·오 空콩·이 ·곧 ·이 色·식·이·니 俗·쏙境:경·이·라 ·이·럴·

·ᄊ 眞진·을 證·징흔 時씽節·젌·에 반ᄃ·기 俗·쏙·을 ᄉ <**月釋8:31

ㄴ**>

ᄆᆺ :알·며 俗·쏙·을 ᄉᄆᆺ :안 時씽節·젌·에 반ᄃ·기 眞진·을 證ᄌ

·ᄀ·ᄒ·야 俗·쏙·이 性·셩 :업슨들 ᄉᄆᆺ :알·면 ·곧 ·이 眞진空콩·이

어·니 어·듸·쎤 앏 :뒤·히 이시·리·오 ·ᄒ·몰·며 므슴 밧·긧 境:경·

이 :업거·니 境:경 밧·긧 므슴·미 이시·리·여 므슴·과 境:경·괘

흔 ·딕 노·가 흔 法·법界·갱 ᄃ외·ᄂ·니·라】·이 觀관 지·은 :사ᄅ·

ᄆ 다ᄅ :뉘·예 諸졍佛·뿛ㅅ·알·ᄑ ·나·아 無뭉生싱忍·신·을 得·득

·ᄒ·리·니 ·이·럴·ᄊ 智·딩慧·휑 잇·ᄂ :사ᄅ·ᄆ 므슴·믈 ·고ᄌ·기

無뭉量·량 <**月釋8:32ㄱ**>

壽:쓩佛·뿛·을 ᄉ외 ·보·ᅀᆞ·ᄫᆞᆯ ·디·니 無뭉量·량壽:쓩佛·뿛·을 ·보

·ᅀᆞᆸ·ᄂ :사ᄅ·ᄆ 흔 相·샹好:ᅘᅩᆲ·ᄅᆞᆯ 브·터 ·드·러 오·직 眉밍間간白·

·ᄈᆨ毫ᅘᅟᅡᆯ·ᄅᆞᆯ ·보·ᅀᆞᆸ·ᄃᆡ ᄀ·장 ᄇᆰ·게 ·ᄒᆞ리·니 眉밍間간白·ᄈᆨ毫ᅘᅟᅡᆯ·

·ᄅᆞᆯ ·보·ᅀᆞᄫ면 八·밣萬·먼四·ᄉᆞ千쳔相·샹好:ᅘᅩᆲ ㅣ 自·쫑然션·히

現·현·ᄒ·시·리·니 無뭉量·량壽:쓩佛·뿛 ·보 <**月釋8:32ㄴ**>

·ᄉᆞᆯ :사르·미 十·씹方방無무量·량諸졍佛·뿛·을 ·보·ᄉᆞᆯ ·디·니
無무量·량諸졍佛·뿛·을 ·보·ᄉᆞᆯ 전·ᄎᆞ·로 諸졍佛·뿛·이 알·ᄑᆡ 現·
현·ᄒᆞ·샤 授·ᄊᆕ記·긩·ᄒᆞ·시리·니 ·이 偏·변觀관一·ᅙᅵᆳ切·쳉色·ᄼᆡᆨ身
신相·샹·이·니 일·후·미 第·똉九·굴觀관·이·라 【偏·변觀관·은 :
다 볼·씨·라】 ·이 正·졍觀관·이·오 다ᄅᆞ·니·ᄂᆞᆫ 邪썅觀관 <月釋
8:33ㄱ>

·이·라 부:톄 阿항難난·이·와 韋윙提똉希횡 ᄃᆞ·려 니ᄅᆞ·샤·ᄃᆡ 無
무量·량壽:ᄊᆕ佛·뿛·을 分분明명·히 ·보ᇫ·고 버·거·는 觀관世·솅
音흠菩뽕薩·삻·을 :볼·띠·니 ·이 菩뽕薩·삻ㅅ ·킈 八·밣十·씹萬·
먼億·흑 那낭由융他탕 由융旬쓘·이·오 ·모·미 紫:ᄌᆞ金금色·ᄼᆡᆨ·
이·오 머·리·예 肉·ᅀᅲᆨ髻·곙 잇·고 【髻·곙·ᄂᆞᆫ ·ᄧᅩᆫ 머·리 <月釋8:33
ㄴ>

·니 부텻 ·뎡·바깃 ·쎼 노프·샤 ·ᄧᅩᆫ 머·리 ·ᄀᆞ·ᄐᆞ실·ᄊᆡ 肉·ᅀᅲᆨ髻·곙
시·다 ·ᄒᆞᄂᆞ·니 肉·ᅀᅲᆨ·은 ·슬히·라】 모·기 圓원光광·이 이·쇼·ᄃᆡ
面·면:마·다 各·각各·각 百·빅千쳔由융旬쓘·이·오 그 圓원光광
中듕·에 釋·셕迦강牟뭏尼닝 ·ᄀᆞ튼 五:옹百·빅化·황佛·뿛·이 잇·
고 化·황佛·뿛:마·다 五:옹百·빅化·황菩뽕薩·삻와 無무量·량諸
졍天텬·을 ᄃᆞ·려 잇·고 :대·도ᄒᆞᆫ <月釋8:34ㄱ>

身신光광 中듕·에 【身신光광·은 :몸 光광明명·이·라】 五:옹道:

똥衆·즁生싱·이 一·힗切·촁色·싥相·샹·이 :다 現·현ㅎ·고 머·리
우·희 毗삥楞룽伽꺙摩망尼닝寶:봏·로 天텬冠관·을 밍·ㄱ·니
【天텬冠관·은 하·긄 冠관·이·라】 天텬冠관中듕·에 ·셔 :겨신
化·황佛·뿛 ㅎ나·히 :겨샤·딕 노·픠 ·스·믈다·슷 由윻旬쓔·이·오
觀관世·솅音흠 <月釋8:34ㄴ>

菩뿅薩·삺ㅅ ㄴ·촌 閻염浮뿡檀딴金금色·싥·이·오 眉밍間간毫뚷
相·샹·이 七·칧寶:봏色·싥·이 ㄱ·고 八·밣萬·먼四·숭千쳔 가·짓
光광明명·을 :내·야 光광明명:마·다 無뭉量·량無뭉數·숭 百·빅
千쳔 化·황佛·뿛·이 :겨시·고 化·황佛·뿛:마·다 無뭉數·숭 化·황
菩뿅薩·삺·을 ᄃ·려 :겨시·니 變·변化 <月釋8:35ㄱ>

·황 :뵈요·미 自·쫑在·찡·ㅎ·야 十·씹方방世·솅界·갱·예 ᄀ·득ㅎ·
니·라 블·흔 紅뽕蓮련花황色·싥·이·오 八·밣十·씹億·즉 光광明
명·으·로 瓔형珞·락·을 ㅎ·며 그 瓔형珞·락 中듕·에 一·힗切·촁
莊장嚴엄·엣 :이·리 :다 現·현ㅎ·며 솑바·다·이 五:옹百·빅億·즉
雜·짭蓮련花황色·싥·이·오 솑가·락 ·귿:마·다 <月釋8:35ㄴ>

八·밣萬·먼四·숭千쳔 ·그미·오 ·금:마·다 八·밣萬·먼四·숭千쳔 ·
비치·오 ·빗:마·다 八·밣萬·먼四·숭千쳔光광·이·니 그 光광·이
보·ᄃ라·바 一·힗切·촁·를 너·비 비·취ᄂ·니 ·이 :보·빅·옛 ·소ᄂ·
로 衆·즁生싱 接·졉引:인ㅎ·며 【接·졉引:인·은 자·바 혈·씨·라】

126

·바·롤 듧 저·긔 ·발 아·랫 千쳔輻·복輪륜相·샹·이 自·쬥然션·히
五:옹 <월석8:36ㄱ>

百·빅億·흑光광明명臺떵 :일·오 ·발 드·딇 저·긔 金금剛강摩망尼
닝花황ㅣ 一·힗切·쳉·예 ᄀ·ᄃ기 싈·이ᄂ·니 ·녀나·믄 :묘ᄒᆞᆫ 相·
샹·이 ᄀ·자 부텨·와 다ᄅ·디 아니ᄒᆞ·고 오·직 頂:뎡上·썅肉·슉
髻·곙·와 無뭉見·견 頂:뎡相·샹곳 世·솅尊존·을 :몯밋ᄂ·니
【頂:뎡上·썅肉·슉髻·곙·ᄂᆞᆫ ·뎡·바깃 우·흿 肉·슉髻·곙·라 無뭉
見·견頂:뎡相·샹·ᄋᆞᆫ ·뎡·바깃 相 <月釋8:36ㄴ>

·샹·을 ·보·ᅀᆞᄫ·리 :업슬·씨·라】·이 觀관世·솅音흠菩뽕薩·삻ㅅ
眞진實·씷色·ᄉᆡᆨ身신相·샹 :보미·니 일·후·미 第·똉十·씹觀관·이
·라 부:톄 阿항難난·이 ᄃᆞ·려 니ᄅ·샤·ᄃᆡ 觀관世·솅音흠菩뽕薩·
삻 보·고·져 홇 :사ᄅᆞ·ᄆᆞᆫ ·이 觀관·을 지·ᅀᅲᆯ·디·니 ·이 觀관·을
지·슨 :사ᄅᆞ·ᄆᆞᆫ 災ᄌᆡᆼ禍:행·ᄃᆞᆯ·홇 맛나·디 아니·ᄒᆞ·야 業·업障·쟝
<月釋8:37ㄱ>

·을 ·조·히 더·러 無뭉數·숭劫·겁·엣 죽사·릿 罪:쬥·를 :덜리·니
·이런 菩뽕薩·삻·ᄋᆞᆫ 일·후·믈 드·러·도 그·지:업슨 福·복·을 :어·
드·리어·니·ᄒᆞᄆᆞᆯ·며 ᄉᆞ·외 :보·미ᄯᆞ·녀 觀관世·솅音흠菩뽕薩·삻
보·고·져 홇 :사ᄅᆞ·ᄆᆞᆫ 몬져 頂:뎡上·썅肉·슉髻·곙·를 보·고 버·거
天텬冠관·을 보·고 녀느 相·샹·을 次·층第·똉·로 :보 <月釋8:37

ㄴ>

·디 ·쏘 븕·게 ·호리·니 ·이 正·졍觀관·이·오 다룬·니·는 邪쌍觀관
·이·라 버·거 大·땡勢·솅至·징菩뽕薩·삻·을 :볼·띠·니 ·이 菩뽕薩·
삻ㅅ ·모·미 大·땡小:숗ㅣ 觀관世·솅音흠·과 ·ᄀᆞ·고 圓원光광·이
面·면:마·다 各·각各·각 一·힗百·빅 ·스·믈다·ᄉᆞᆺ 由율旬쓘·이·오
二·싱百·빅 :쉰 由율旬쓘·을 비·취·며 :대·도ᄒᆞᆫ <月釋8:38ㄱ>

身신光광明명·이 十·씹方방 나·라·ᄒᆞᆯ 비·취·여 紫:중金금ㅅ ·비·
치어·든 因인緣원 ·뒷ᄂᆞᆫ 衆·즁生싱·이 :다 ·보ᄂᆞ·니 ·이 菩뽕薩·삻
ㅅ 흔 터럭 굼·긧 光광·을 보·면 十·씹方방 無뭉量·량 諸졍佛·뿛
ㅅ ·조코 微밍妙·묳흔 光광明명·을 ·보ᄂᆞᆫ·딜·씨 ·이 菩뽕薩·삻ㅅ
일·후·믈 無뭉邊변光광·이·라 ᄒᆞ·고 <月釋8:38ㄴ>

【無뭉邊변·은 :ᄀᆞᆺ :업슬·씨·라】智·딩慧·휑ㅅ 光광明명·으·로
一·힗切·쳉·를 :다 비·취·여 三삼塗똥·를 여·희·여 우 :업·슨 ·히·
믈 得·득게 홀·씨 ·이 菩뽕薩·삻ㅅ 일·후·믈 大·땡勢·솅至·징·라
·ᄒᆞᄂᆞ·니 ·이 菩뽕薩·삻ㅅ 天텬冠관·애 五:옹百·빅 寶:봏華ᅘᅪᆼㅣ
잇·고 寶:봏華ᅘᅪᆼ:마·다 五:옹百·빅 寶:봏臺땡 잇·고 臺땡:마·다
十 <月釋8:39ㄱ>

·씹方방諸졍佛·뿛ㅅ ·조흔 微밍妙·묳흔 國·귁土:통·와 廣:광長

128

땅相·샹·괘 :다 그 中듕·에 現·현호·며 頂:뎡上·썅肉·슉髻·곙·는
鉢·밣頭뚱摩망華뽱ㅣ ·곧·고 肉·슉髻·곙 우·희 흔 寶:볼瓶뼝·이
이·쇼·딕 여·러 光광明명·을 다·마 너·비 佛·뿛事·쏭·를 :뵈ᄂ·니
녀느 모·맷 相·샹·ᄋᆞᆫ 觀관世·솅音흠·과 흔 <月釋8:39ㄴ>

가·지·라 ·이 菩뽕薩·삻 ·호·닐 쩌·긘 十·씹方방世·솅界·갱 :다
震·진動:뚱·호·딕 地·띵動:뚱·호·ᄂᆞᆫ ·ᄯᅡ·해 五:옹百·빅億·흑寶:볼
華뽱ㅣ 잇·고 寶:볼華뽱:마·다 莊장嚴엄·이 極·끅樂·락世·솅界·
갱 ·ᄀᆞᄐᆞ·며 ·이 菩뽕薩·삻·이 안줄 저·긔 七·칧寶:볼國·귁土:통
ㅣ 흔·쁴 :뮈·오 아·래·로 金금光광佛·뿛利·링刹·찷브 <月釋8:40ㄱ>

·터 우·흐·로 光광明명王왕佛·뿛利·링刹·찷·애 니·르·리 그 ᄉᆞ·ᅀᅵ·예
無뭉量·량塵띤數·숭엣 【塵띤數·숭·는 드틀 數·숭ㅣ·라】 分분
身신無뭉量·량壽:쓩佛·뿛 와 分분身신觀관世·솅音흠大·땡勢·
솅至·징 :다 極·끅樂·락國·귁土:통·애 ·구룸 지·픠·ᄃᆞᆺ ·ᄒᆞ·야 空콩
中듕·에 직지기 蓮련花황座·쫭·애 안·자 妙·묠法·법·을 <月釋
8:40ㄴ>

너·펴 닐·어 受:쓯苦:콩·ᄒᆞᄂᆞᆫ 衆·즁生싱·을 濟·졩渡·똥·ᄒᆞᄂᆞ·니
·이 :봄 지·슨 :사ᄅᆞ·ᄆᆞᆫ 일·후·미 大·땡勢·솅至·징菩뽕薩·삻·을
보·다 ·ᄒᆞᄂᆞ·니 ·이 大·땡勢·솅至·징色·ᄉᆞᆨ身신相·샹 :보미·니 일·
후·미 第·똉十·씹一·힗觀관·이·니 無뭉數·숭劫·겁阿항僧승祇낑·

옛 生싱死:승ㅅ 罪:쬥·를 :덜리·라 ·이 :봄 지·슨 <月釋8:41ㄱ>

:사르·미 胎팅·예 ·드·디 아·니·ㅎ·야 샹·녜 諸졍佛·뿛ㅅ ·조·코
微밍妙묳·ㅎ·ㄴ 國·귁土:통·애 :노·니리·니 ·이 :보·미 :일·면 일·후·
미 觀관世·솅音흠大·땡勢·솅至·징·를 フ·초 보·다 · ㅎ·ㄴ·니·라 ·
이 :일 봃 저·긔 ᄆᆞᅀᆞ·믈 머·구·디 西솅方방極·끅樂·락世·솅界·
갱·예 ·나·아 蓮련花황 中듕·에 結·겷加강趺붕坐·쫭 <月釋8:41
ㄴ>

·ㅎ·야 蓮련花황ㅣ 合·ㆅ·ㅎ·얫·ᄂᆞᆫ 想:샹·도 지·ᅀᅳ·며 【合·ㆅ·은
어·울·씨·라】 蓮련花황ㅣ 開캥·ㅎ·ᄂᆞᆫ 想:샹·도 지·ᅀᅳ·며 【開캥·
ᄂᆞᆫ :열·씨·라】 蓮련花황ㅣ 開캥홇 時씽節·겷·에 五:옹百·ᄇᆡᆨ色·
ᄉᆡᆨ光광·이 모·매 ·와 비·취·ᄂᆞᆫ 想:샹·과 ·누·니 開캥홀 想:샹·을
지·ᅀᅥ 부텨·와 菩뽕薩·삻·왜 虛헝空콩·애 フ·득·ㅎ시·며 ·믈·와 :
새·와 즘·게 <月釋8:42ㄱ>

·와 수·플·와 諸졍佛·뿛ㅅ :내시·논 소·리 :다 妙묳法·법·을 너·
피·샤 十·씹二·ᅀᅵᆼ部:뽕經경·과 마·ᄌᆞᆫ·들 보·아 【十·씹二·ᅀᅵᆼ部:
뽕經경·은 修슐多당羅랑·와 祗낑夜·양·와 和ᅘᅪᆼ伽꺙那낭·와 伽
꺙陁땅·와 優홓陁땅那낭·와 尼닝陁땅那낭·와 阿항波방陁땅那
낭·와 伊힁帝·뎽目·목多당伽꺙·와 闍쌍陁땅伽꺙·와 毗삥佛·뿛
略·략·과 阿항浮뿔達· 땷摩망·와 優홓波방提똉舍·샹ㅣ·라 祗낑

夜·양 · 다시 頌·쓩·ᄒ시·다 ·혼 :마리·니 우·희 니ᄅ샨 ·마ᄅᆞᆯ
다·시 頌·쓩·ᄒ실·씨·라 頌·쓩·ᄋᆞᆫ 얼구 <**月釋8:42ㄴ**>

·리·니 德·득의 양ᄌᆞ·ᄅᆞᆯ 얼굴 지·서 니를·씨·니 偈·꼥 ᄒᆞᆫ가지·라
和ᅘᅪ伽꺙那낭·ᄂᆞᆫ 授·쓩記·긩·라 ·혼 :마리·라 伽꺙陁땅·ᄂᆞᆫ ᄒᆞ오
·사 :니다 ·혼 :마리·니 웃·말 :업·시 頌·쓩·ᄒ실·씨·라 優ᅙᅮᇢ陁땅那
낭·ᄂᆞᆫ 무르·리 :업·시 ·니ᄅᆞ·시·다 ·혼 :마리·라 尼닝陁땅那낭·ᄂᆞᆫ
因인緣원·이·라 ·혼 :마리·니 :묻ᄌᆞᆸ·ᄫᅩ·ᄆᆞᆯ 브·터 니ᄅᆞ·시·며 :왼·
이·ᄅᆞᆯ 브·터 警:경戒·갱·ᄒ시·며 一·힗切·쳉因인緣원 니·러난 :일
니·ᄅᆞ·샤·미 :다 因인緣원·이·라 阿·항波방陁땅那낭·ᄂᆞᆫ 譬·핑喩·
융ㅣ·라 ·혼 :마리·라 伊힝帝뎽目·목多당伽꺙·ᄂᆞᆫ 本:본來링ㅅ
:이리·라 ·혼 :마리·니 如셩來링弟:똉子:중·의 前쪈世·솅·옛 :일·
ᄃᆞᆯ 니ᄅᆞ·샤미·라 闍썅陁 <**月釋8:43ㄱ**>

땅伽꺙·ᄂᆞᆫ 本:본來링ㅅ 生ᄉᆡᆼ·이·라 ·혼 :마리·니 如셩來링菩뽕
薩삻·이 本·본來링ㅅ 修슐行·행·이 서르 마즌 :일·ᄃᆞᆯ 니ᄅᆞ·샤미·
라 毗삥佛·뿛略·략ᄋᆞᆫ 方방廣:광·이·라 ·혼 :마리·니 正·졍·ᄒᆞᆫ 理:
링方방·이·오 쁘·려 가ᅀᆞ·며·로·미 廣:광·이·라 阿·항浮뿔達·딿摩
망·ᄂᆞᆫ :아·리 잇·디 아·니타 ·혼 :마리·니 如셩來링 種:죵種:죵
神씬力·륵·을 :뵈·야시·든 衆·즁生ᄉᆡᆼ·이 :아·리 잇·디 아·니·타
ᄒᆞᆯ·씨·라 優ᅙᅮᇢ波방提똉舍·샹·ᄂᆞᆫ 論론義·읭·라 ·혼 :마리·니 義·ᅌᅴ
ᆼ·ᄂᆞᆫ ·쁘디·라】 出·츓定·뗭·ᄒᆞ야·도 디·녀 일·티 아니·ᄒᆞ·면 일·후

미 無뭉量·량壽:쓩佛 〈**月釋8:43ㄴ**〉

·뽁極·끅樂·락世·솅界·갱·를 :보미·니 ·이 普:퐁觀관想:샹·이·니
【普:퐁觀관·은 너·비 볼·씨·라】 일·후·미 第·똉十·씹二·싱觀관·
이·니 無뭉量·량壽:쓩佛·뽕ㅅ 無뭉數·숭化·황身신·이 觀관世·솅
音흠大·땡勢·솅至·징·와 샹·녜 行ᅘᅯᆼ人신·의게 ·오·시리·라 부:톄
阿항難난이·와 韋윙提똉希힁 드·려 니르·샤디 至·징 〈**月釋8:44
ㄱ**〉

極·끅흔 ᄆᅀᆞᄆᆞ·로 西솅方방·애 나고·져 홇 :사르·ᄆᆞᆫ 몬져 丈:
땽六·륙像:쌍·이 ·못 우·희 :겨샤·ᄆᆞᆯ ·보·ᅀᆞ·볋·디·니 無뭉量·량壽:
쓩佛·뽕ㅅ ·모·미 :ᄀᆞᆺ :업스·샤 凡뻠夫붕·의 心심力·륵·이 :몯
미·츠·련마·른 ·뎌 如셩來링ㅅ 本:본來링ㅅ 願·원力·륵·으·로 憶·
흑想:샹ᄒᆞ·리 이시·면 :모·디 일·우ᄂᆞ·니 :다민 부 〈**月釋8:44ㄴ**〉

텻 像:쌍·을 想:샹홀·만 ·ᄒᆞ야·도 無뭉量·량福·복·을 :어드·리어·
니 ·ᄒᆞ·ᄆᆞᆯ·며 부텻 ᄀᆞᄌᆞ·신 身신相·샹·을 ·보·ᅀᆞ보·미ᄯᆞ·녀 【身신
相·샹·은 ·모ᇝ 양·ᄌᆡ·라】 阿항彌밍陁땅佛·뽕·이 神씬通통·이 如
셩意·힁ᄒᆞ·샤 十·씹方방 나라·해 變·변化·황 :뵈샤·미 自·ᄍᆡ在·
찡·ᄒᆞ·야 시·혹 ·큰 ·모·ᄆᆞᆯ :뵈시·면 虛형空콩·애 ᄀᆞ독·ᄒᆞ시·고
〈**月釋8:45ㄱ**〉

:져·큰 ·모·믈 :뵈시·면 丈:땽六·륙八·밣尺·쳑·이·샤 :뵈·시논 形
형體:톙 :다 眞진金금色·식·이시·고 圓원光광·이·며 化·황佛·뿛·
이·며 寶:볼蓮련花황·는 우·희 니르·듯 ᄒ·니·라 觀관世·솅音흠
菩뽕薩·샳·와 大·땡勢·솅至·징·왜 一·힗切·쳉 고·대 ·모·미 衆·즁
生싱 ·근ᄒ·니 오·직 首:슣相·샹·을 보·면 【首:슣相·샹 <月釋8:45
ㄴ>

·은 마릿 양·직·라】 觀관世·솅音흠·인 ·둘 :알·며 大·땡勢·솅至·
징ㄴ ·둘 :알리·니 ·이 :두 菩뽕薩·샳·이 阿항彌밍陁땅佛·뿛·을
:돕ᄉᆞ·바 一·힗切·쳉·를 너·비 教·굘化·황ᄒᆞᄂᆞ·니 ·이 雜·짭想·샹
觀관·이·니 일·후·미 第·뗑十·씹三삼觀관·이·라 부:톄 阿항難난
이·와 韋윙提똉希힁ᄃᆞ·려 니ᄅᆞ·샤·디 上·썅品:픔上·썅 <月釋8:46
ㄱ>

生싱·은 衆·즁生싱·이 ·뎌 나·라·해 나고·져 願·원홀 :사ᄅᆞ·미
:세 가짓 ᄆᆞᅀᆞ·믈 發·벓ᄒᆞ·면 곧 ·가아 나리·니 ᄒᆞ나ᄒᆞᆫ 至·징
極·끅ᄒᆞᆫ 精졍誠쎵·엣 ᄆᆞᅀᆞ·미·오 :둘ᄒᆞᆫ 기·픈 ᄆᆞᅀᆞ·미·오 :세ᄒᆞᆫ
廻ᅘᅬ向·향發·벓願·원 ᄆᆞᅀᆞ·미·라 ·이 :세 ᄆᆞᅀᆞ·미 ᄀᆞᆽ·면 一·힗
定·뗑·히 ·뎌 나·라·해 나리·라 ·ᄯᅩ :세 가짓 衆·즁生싱·이 <月釋
8:46ㄴ>

·ᅀᅡ 당다이 ·가아 나·리·니 ᄒᆞᄂᆞ·흔 慈쫑心심·ᄋᆞ·로 殺·샳生싱

아니·ᄒᆞ·야 여·러 가짓 戒·갱行·ᅘᆜᆼ ᄀᆞ·ᄌᆞ니·오 :둘흔 大·땡乘씽
方방等:등經경典:뎐·을 讀·똑誦:쑝·ᄒᆞ·ᄂᆞ니·오 【典:뎐·은 法
법·이라 讀·똑·은 닐·글·시·오 誦:쑝·은 외·옳시·라】 :세흔 여·슷
가짓 念·념·을 修슝行ᅘᆜᆼ·ᄒᆞ·야 【여·슷가짓 念·념은 부텨 念·념
·ᄒᆞᅀᆞᄫᆞ·며 法법 念·념ᄒᆞ·며 ·즁 念·념ᄒᆞ·며 布봉施싱 念·념ᄒᆞ·며
持띵 <月釋8:47ㄱ>

戒·갱 念·념ᄒᆞ·미 ᄒᆞ·늘 念·념·호미·라】 廻ᅘᆔᆼ向·향發·벓願·원·ᄒᆞ·
야 ·뎌 나·라해 나고·져 願·원·ᄒᆞ는 :사ᄅᆞ미·니 ·이 功공德·득·
이 ᄀᆞ·조·믈 홀·리어·나 닐·웨·예 니·를어·나 ᄒᆞ·면 ·즉자·히 ·가
·아 나리·니 ·뎌 나·라·해 낧 時씽節·졇·에 ·이 :사ᄅᆞ·미 精졍進·
진·이 勇:용猛:밍 ·혼 다·ᄉᆞ·로 阿항彌밍陁땅如셩來ᄅᆡᆼ 觀관世·
셍音흠 <月釋8:47ㄴ>

大·땡勢·셍至·징·와 無뭉數·숭化·황佛·뿛·와 百·ᄇᆞᆟ千·쳔 比·삥丘
쿻 聲셩聞문 大·땡衆·즁 無뭉量·량 諸졍天텬 七·칧寶:봏 宮궁殿·
떤·과 觀관世·셍音흠菩뽕薩·삻·은 金금剛강臺띵 잡·고 大·땡勢·
셍至·징菩뽕薩·삻와 行ᅘᆜᆼ者:쟝ㅅ알·픠 ·오·샤 阿항彌밍陁땅佛·
뿛·이 ·큰 光광明명·을 ·펴·샤 <月釋8:48ㄱ>

行ᅘᆜᆼ者:쟝·이 ·모·믈 비·취시·고 諸졍菩뽕薩·삻·들·콰 로 ·소·늘
심·겨 迎영接·접·ᄒᆞ·시거·든 【迎영·은 마·줄·씨·라】 觀관世·셍

音흠大·땡勢·솅至·징 無뭉數·숭菩뽕薩·삻·와·로 行·행者:쟝·를
讚·잔嘆·탄·ᄒᆞ·야 ᄆᆞᅀᆞ·믈 勸·퀀·ᄒᆞ·야 나·소·리·니 行·행者:쟝 ㅣ
보·고 歡환喜·힁踊:용躍·약·ᄒᆞ·야【歡환喜·힁踊:용躍·약·ᄋᆞᆫ
깃·거 ᄂᆞ소·ᅀᆞᆯ·씨·라】<月釋8:48ㄴ>

제 ·모·믈 :보·ᄃᆡ 金금剛강臺띵 ·타 부텻 :뒤·헤 미좃·ᄌᆞ·바 彈딴
指:징ᄒᆞᆶ 스·싀·예【彈딴指:징·ᄂᆞᆫ 솑가락 ·ᄠᅴᆯ씨·니 아니한 스·
싀·라】·뎌 나·라·해 ·가 ·나아 부텻 色·ᄉᆡᆨ身신·과 諸졍菩뽕薩·
삻ㅅ 色·ᄉᆡᆨ相·샹·ᄋᆞᆯ 보·며 光광明명·과 :보·ᄇᆡ·옛 수·플·왜 妙·묳
法·법·을 너·펴 니르거·든 듣고 ·즉자히 無뭉生ᄉᆡᆼ法·법忍·ᅀᅵᆫ·을
:알·오 아·니 <月釋8:49ㄱ>

한 스·싀·예 諸졍佛·뿛·을 :다 셤·기ᅀᆞ·ᄫᅡ 十·씹方방界·갱·예 :다
·가 諸졍佛·뿛ㅅ 알·ᄑᆡ 次·ᄎᆞ第·똉·로 受:쓩記·긩·ᄒᆞ습·고 도로
믿 나·라·해 ·와 無뭉量·량 百·ᄇᆡᆨ千쳔 陁땅羅랑尼닝門몬·을 得·득
·ᄒᆞ·리·니【陁땅羅랑尼닝·ᄂᆞᆫ 모·도잡·다 ·혼 ·ᄠᅳ디·니 圓원覺·각
體:톙·예 :만ᄒᆞᆫ 德·득用·용·이 잇ᄂᆞ·니 本:본來링브·터 자·바 일·
티 아니ᄒᆞᆯ·씨 모·도잡·다 ᄒᆞ·니·라 體:톙·로·셔 用·용·애 나고
用·용·애·셔 體·톙 <月釋8:49ㄴ>

·예 ·드·러:가·미 門몬·이 ·나드·ᄃᆞᆺ 홀·씨 門몬·이·라 ᄒᆞ·니·라】
·이 일·후·미 上·쌍品:픔上·쌍生ᄉᆡᆼ·이·라 上·쌍品:픔中듕生ᄉᆡᆼ·은

方방等:등經경典:뎐·을 구·틔·여 受:쓯持띵讀·똑誦·쑝 아·니·ᄒ·야·도 ·ᄠ·들 이·대 아·라 第·뗑一·힗義·읭·예 ᄆᆞᅀᆞ·ᄆᆞᆯ :놀라 뮈·우·디 아·니·ᄒ·야 因힌果:광·ᄅᆞᆯ 기·피 信·신ᄒ·며 大땡乘씽·ᄋᆞᆯ :비:웃·디 아·니·ᄒ <月釋8:50ㄱ>

·야 ·이 功공德·득·으·로 廻횅向·향·ᄒ·야 極·끅樂·락國·귁·에 나·고·져 홇 :사ᄅᆞ·ᄆᆞᆫ 命·명終즁홀 쩌·긔 阿항彌밍陁땅佛·뿛·이 觀관世·솅音흠勢·솅至·징·와 無뭉量·량 大·땡衆·즁 眷·권屬·쑉·이 圍윙繞:숗·ᄒᆞᅀᆞ·바 紫:ᄌᆼ金금臺띵 가져 行ᅘᆡᆼ者:쟝 알·ᄑᆡ ·오·샤 讚·잔歎·탄·ᄒ·야 니ᄅᆞ·샤·ᄃᆡ 法·법 <月釋8:50ㄴ>

子:ᄌᆼ·아 :네 大·땡乘씽·을 行ᅘᆡᆼ·ᄒ·야 第·뗑一·힗義·읭·ᄅᆞᆯ :알·씨 ·내 ·와 迎영接·졉·ᄒ노·라 ·ᄒ시·고 ·즈·믄 化·황佛·뿛·와·로 ᄒᆞᆫ·ᄢᅴ ·소·ᄂᆞᆯ 심·기·시리·니 行ᅘᆡᆼ者:쟝ㅣ :제 :보·ᄃᆡ 紫:ᄌᆼ金금臺띵·예 안·자 合·햅掌:쟝叉창手:슣·ᄒ·야 【叉창手:슣·ᄂᆞᆫ :두 ᄉᆞᆫ가·라·ᄀᆞᆯ 섯겨·를·씨·라】 諸경佛·뿛·을 讚·잔嘆·탄·ᄒᆞᅀᆞ·바 一·힗念·념 ᄊᆞ·ᅀᅵ·예 <月釋8:51ㄱ>

·뎌 나·라햇 七·칧寶:볼 ·못 가온·ᄃᆡ ·가 나·리·니 ·이 紫:ᄌᆼ金금臺띵 ·큰 :보·ᄇᆡ·옛 고·지 ·ᄀᆞᆮ·ᄒ·야 ᄒᆞᄅᆞᆺ·밤 자·고·프거·든 行ᅘᆡᆼ者:쟝·ᄋᆡ ·모·미 紫:ᄌᆼ磨망金금色·ᄉᆡᆨ·이 ᄃᆞ외·오 ·발 아·래 ·ᄯᅩ 七·칧寶:볼蓮련花황ㅣ 잇거·든 부텨·와 菩뽕薩·삻·와 ᄒᆞᆫ·ᄢᅴ 放·

방光광·호·샤 行휑者:쟝·이 ·모·물 비·취시·면 ·누·니 ·즉 **<月釋**
8:51ㄴ>

자히 여·러 불 ·▽리·니 :아·릿 비·호·술 因인·호·야 한 소리·를
너·비 드·로·딕 甚·씸·히 기·픈 第·뗑一·힗義·읭諦·뎽·를 전·혀 니
르·리·니 ·즉자·히 金금臺띵·예 ᄂ·려 부텨·씌 禮:롕數·숭·호·습·
고 合·햅掌·쟝·호·야 世·솅尊존·을 讚·잔嘆·탄·호·ᅀᆞ·ᄫᆞ·리·니 닐·
웨 :다:내·면 ·즉자·히 阿항耨·녹多당羅랑三삼藐 **<月釋8:52ㄱ>**

·막三삼菩뽕提똉·예 므르·디 아·니·호·물 得·득호·고 ·즉자·히
ᄂ·라든·녀 十·씹方방·애 :다가 諸졍佛·뿛·을 :다 섬·기ᅀᆞ·바 諸
졍佛·뿛·씌 三삼昧·밍·들·홀 닷·가 혼 小:숗劫·겁 :다:내·면 無뭉
生싱忍:신·을 得·득·호·야 現·현혼 알·픽 授·쓩記·긩·호·시리·니
이 일·후·미 上·썅品:픔中듕生싱·이라 上·썅品 **<月釋8:52ㄴ>**

:픔下:행生싱·은 上·썅品:픔下:행生싱·은 ·또 因인果:광·를 信·
신호·며 大·땡承씽·을 :비·웃·디 아니호·고 오·직 우 :업·슨 道:
똘理:링ㅅ ᄆᅀᆞ·물 發·벓·호·야 ·이 功공德·득·으·로 廻휑向·향·
호·야 極·끅樂·락國·귁·에 나고·져 홇 :사르·미 命·명終즁홇 저·
긔 阿항彌밍陀땅佛·뿛·와 觀관世·솅音흠 大·땡勢·솅至·징 眷·권
屬·쓕·들 **<月釋8:53ㄱ>**

·콰·로 金금蓮련華勢 가·지시·고 五:옹百·빅 부텨·를 지·서·와
마즈·샤 五:옹百·빅 化황佛·뿛·이 흔·쁴 ·소·늘 심·기시·고 讚·잔
嘆·탄·ㅎ·야 니르·샤·딕 法·법子:중·아 :네 淸쳥淨·쪙·ㅎ·야 우
:업슨 道:똘理:링ㅅ ᄆᆞᅀᆞ·ᄆᆞᆯ 發·벓홀·씨 ·내 ·와 너·를 맛·노·라
·ㅎ·시리·니 ·이 :일 틀 저·긔 제 ·모·믈 :보·딕 金금蓮련華勢

<月釋8:53ㄴ>

·애 안·자 고·지 어·우러 世·솅尊존ㅅ :뒤·흘 좃즈·바 ·즉자·히
七·칧寶:봏 ·못 가온·딕 ·가 나아 흔 ·날 흔 바·믹 蓮련華勢ㅣ
·프거·든 닐 ·웻 內·뇡·예 부텨·를 ·보ᅀᆞ·방·딕 한 相·샹好:홓·ᄅᆞᆯ
明명白·빅·히 :몰·랫다·가 :세 닐·웨 後:홓·에·ᅀᅡ :다 보ᅀᆞᆸ·며
한 소·리 :다 妙·묳法·법 너·피거·든 듣·고 十·씹方방·애 :노 <月

釋8:54ㄱ>

·녀 諸졍佛·뿛 供공養·양·ᄒᆞᅀᆞᆸ·고 諸졍佛·뿛ㅅ 알·픽 甚·씸·히 기·
픈 法·법·을 듣즈·바 :세 小:숗劫·겁 :디·내오 百·빅法·법 明명門
몬·을 得·득ᄒᆞ·야 歡환喜:횡地·띵·예 住·뜡ᄒᆞ·리·니 【歡환喜:횡
地·띵·ᄂᆞᆫ 十·씹地·띵·옛 ·처·석미·니 法·법·을 깃·글 ·씨·라】 ·이
일·후·미 上·썅品:픔下·행生싱·이·니 ·이 일·후·미 上·썅輩·빙生
싱想·샹·이·니 일·후 <月釋8:54ㄴ>

·미 第·똉十·씹四·ᄉᆞ 觀관·이·라 【上·썅輩·빙·ᄂᆞᆫ 웃무·리·라】

138

부:톄 阿항難난이·와 韋웡提똉希힁드·려 니르·샤디 中듕品:픔
上·썅生싱·은 衆·즁生싱이 五:옹戒·갱·를 디니·며 八·밠戒·갱齋
쟁·를 디·녀 여·러 戒·갱·를 修슣行행ᄒ·고 五:옹逆·역·을 :짓·디
아니ᄒ·며 여·러 가짓 허·므·리 :업서 ·이 善:쎤根근·ᄋ·로 〈月
釋8:55ㄱ〉

廻휑向향·ᄒ·야 極·끅樂·락世·솅界·갱·예 나고·져 홇 :사ᄅ·ᄆ
命·명終즁홇 저·긔 阿항彌밍陀땅佛·뿛·이 比·삥丘쿨·ᄃᆞᆯ·콰 眷·권
屬·쑉·이 圍윙繞:ᅀᅭᇦ·ᄒᄉᆞ·방 金금色·ᄉᆡᆨ光광·ᄋᆞᆯ ·펴·샤 그 :사ᄅ·
미:손디 ·오·샤 苦:콩空콩無뭉常쌍無뭉我:앙·를 너·펴 니르·시
고 出·츓家강·ᄒ·야 受:쓩苦:콩 여·희논 〈月釋8:55ㄴ〉

·주·를 讚·잔嘆·탄·ᄒ·시리·니 行행者:쟝ㅣ ᄀᆞ·장 歡환喜:힁·ᄒ·
야 제 ·모·믈 :보·디 蓮련華ᅘᅪᆼ臺띵·예 안자 ·꾸러 合·ᅘᅡᆸ掌:쟝·ᄒ·
야 부텨·ᄭᅴ 禮:롕數·숭ᄒᅠᆸ·고 머·리 :몯 든 ᄉᆞᅀᅵ·예 極·끅樂·락
世·솅界·갱·예 ·가 나거·든 蓮련華ᅘᅪᆼㅣ 미조·차 ·프리·니 곳 ·픐
時씽節·졇·에 한 소·리 四·ᄉᆞᆼ諦·뎅 讚·잔嘆·탄커 〈月釋8:56ㄱ〉

·든 듣고 ·즉자·히 阿항羅랑漢·한道:뚤·ᄅᆞᆯ 得·득ᄒ·야 三삼明명
六·륙通통·과 八·밠解:갱脫·뤓·이 ᄀᆞ·ᄌᆞ리·니 ·이 일·후·미 中듕
品:픔上·썅生싱·이·라 中듕品:픔中듕生싱·은 衆·즁生싱이 ᄒᆞᆫ·
날 ᄒᆞᆫ ·바·믈 八·밠戒·갱齋쟁·를 디·니거·나 ᄒᆞᆫ ·날 ᄒᆞᆫ· ·바·믈 沙상

광흥사 월인석보 권8　139

彌밍戒·갱·를 다·니거·나【沙상彌밍 十·씹戒·갱·를 受:쓩·호 <月
釋8:56ㄴ>

·ᄂᆞ니·라】 흔·날 흔 ·바믤 具·꿍足·죡戒·갱·를 다·니거·나 ·ᄒᆞ·야
【具·꿍足·죡戒·갱·ᄂᆞᆫ ᄀᆞ·즌 戒·갱·니 五:ᅌᅩᆼ戒·갱·ᄂᆞᆫ 下·행品·픔
이·오 十·씹戒·갱·ᄂᆞᆫ 中듕品·픔이·오 具·꿍戒·갱·ᄂᆞᆫ 上·쌍品·픔
이·라】 威힁儀읭 이·즌듸 :업·서【威힁儀읭·ᄂᆞᆫ 擧:겅動:똥이·
라 ᄒᆞ·ᄃᆞᆺ 흔 :마리·라】·이 功공德·득·으·로 廻ᅘᅬᆼ向·향·ᄒᆞ·야 極·
끅樂·락國·귁에 나고·져 ·ᄒᆞ·야 戒·갱香향·ᄋᆞᆯ 퓌·워 닷ᄂᆞᆫ :사ᄅᆞ·
ᄆᆞᆫ 命·명終즁홇 저·긔 <月釋8:57ㄱ>

阿항彌밍陀땅佛·뿛이 眷·권屬·쑉과로 金금色·식光광·ᄋᆞᆯ ·펴시·
고 七·칧寶:봄蓮련華ᅘᅪᆼ 가지·샤 行ᅘᆡᆼ者:쟝이 알·픠 ·오·나시·든
行ᅘᆡᆼ者:쟝ㅣ 드·로·듸 空콩中듕·에·셔 讚·잔嘆·탄·ᄒᆞ·야 니ᄅᆞ·샤
ᄃᆡ 善:쎤男남子:ᄌᆞ·아 :네 三삼世·셍 諸졍佛·뿛ㅅ 敎·곯法·법·ᄋᆞᆯ
조·차 順·쓘홀·씨 ·내 ·와 너·를 맛노 <月釋8:57ㄴ>

·라 ·ᄒᆞ·시(싀)리·니 行ᅘᆡᆼ者:쟝ㅣ :제 :보·듸 蓮련華ᅘᅪᆼㅅ 우·희
안·자 蓮련華ᅘᅪᆼㅣ ·즉자·히 어·우·러 極·끅樂·락世·셍界·갱·예 ·
나아 :보·비 ·못 가온·듸 이·셔 닐·웨:디·내·오 蓮련華ᅘᅪᆼㅣ ·프
거·든 ·눈·ᄠᅥ 合·ᄒᆞᆸ掌:쟝·ᄒᆞ·야 世·셍尊존·ᄋᆞᆯ 讚·잔嘆·탄·ᄒᆞ숩·고
法·법듣·줍·고 깃·거 須슝陀땅洹ᅘᅪᆫ·ᄋᆞᆯ 得·득·ᄒᆞ·야 半·반 <月釋

140

劫·겁 :디·내오·ᅀᅡ 阿항羅랑漢·한·올 일·우리·니 ·이 일·후·미 中 등品·픔中등生ᄉᆡᆼ·이·라中등品·픔下:행生ᄉᆡᆼ·은 善:쎤男남子:중 善:쎤女:녕人ᅀᅵᆫ·이 어버·ᅀᅵ 孝·흉養·양ᄒᆞ·며 世:솅間간·애 둔·뇨 ·디 仁ᅀᅵᆫ慈쫑ᄒᆞᆫ ᄆᆞᅀᆞ·ᄆᆞᆯ ᄒᆞ·면 命·명終즁·홇 저·긔 善:쎤知딩識·식·을 맛·나·아【善:쎤知딩識·식·은 이·든 아·로·리(미)·라】阿 항 〈月釋8:58ㄴ〉

彌밍陀땅佛·뿛國·귁·엣 ·즐·거·븐 :이·를 너·비 니르·며 法·법藏·짱比·뼁丘쿨·의 마ᅀᆞᆫ여·듧 願·원·을 ·ᄯᅩ 니르거·든【法·법藏·짱 比·뼁丘쿨는 ·이젯 無뭉量·량壽:쓩佛·뿛·이시·니 :디·나건 無무 數·숭劫·겁·에 부:톄 :겨·샤·ᄃᆡ 일·후·미 世·솅自·쫑在·찡王왕如 셩來·링·러시·니 그저·긔ᄒᆞᆫ 國·귁王왕·이 부텻 說·쉃法·법 듣ᄌᆞ ·ᄫᆞ시·고 無·뭉上·썅 道:뚷理:링옛 ·ᄠᅳ·들 發·벓ᄒᆞ·샤 나라 ᄇᆞ·리 시·고 沙상門몬 ᄃᆞ외·샤 일·후·미 法·법藏·짱·이·러시·니 지·죄 노ᄑᆞ·시·며 智·딩慧·휑·와 勇:용猛:ᄆᆡᆼ 〈月釋8:59ㄱ〉

·쾌 世·솅間간·애 숫·나(니)·시더·니 부텻·긔 :술·ᄫᆞ샤·ᄃᆡ ·내 無 ·뭉上·썅 道:뚷理:링·옛 ·ᄠᅳ·들 發·벓호·니 願·원흔·든 經경法·법 ·을 니르·샤 正·졍覺·각·을 어·셔 일·워 죽사릿 根ᄀᆞᆫ源원·을 ·ᄲᅡ·혀 나·긔 ·ᄒᆞ쇼·셔 내 修슿行·ᅙᆡᆼ·호·리이·다 그·ᄢᅴ 世·솅自·쫑在·찡

王왕佛·뿛·이 二·싱百·빅 一·힔十·씹億·흑 諸졍佛·뿛 나·라·햇 天
텬人신·이(미) ·어딜·며 사오나·봄·과 ·짜·히 골 :업스·며 :됴·호
ᄆ ᆯ 닐·어시·늘 法·법藏·짱比·삥丘·쿨ㅣ 듣ᄌ·ᇦ시·고 다·숫 劫·겁
·을 修·슣行·ᄒᆡᆼ·ᄒᆞ·샤 世·솅自·쫑在·ᄍᆡᆼ王왕如셩來·ᄅᆡᆼ人 알·ᄑ᝼마·순
여·듧 가짓 큰 願·원·을 發·벓·ᄒᆞ·시·니 ᄒᆞ나·핸 ·내 成·쎵佛·뿛·ᄒᆞ·
야 나·라·해 地·띵獄·옥 餓·앙 <月釋8:59ㄴ>

鬼:귕 畜·흉生싱 일·홈(옴) ·곳이시·면 ·내 乃:냉終즁:내 正·졍覺·
각 일·우·디아니·호·리이·다 :둘·헨 ·내 成·쎵佛·뿛·ᄒᆞ·야 나(니)·
랏 衆·즁生싱·이 三삼惡·학道:뚱·애 뻐·러디·리 이시·면 ·내 乃:
냉終즁:내 正·졍覺·각 일·우·디 아니·호·리이·다 :세·헨 ·내 成·쎵
佛·뿛·ᄒᆞ·야 나·랏 有:ᅌᆑ情쪙·이 ·다 眞진金금色·ᄉᆡᆨ곳 아니·면
·내 乃:냉終즁:내 正·졍覺·각 일·우·디 아니·호·리이·다 有·ᅌᆑ情
쪙·은 ᄠᅳ 잇ᄂᆞᆫ거·시·라 :네·헨 ·내 成·쎵佛·뿛·ᄒᆞ·야 나·랏 有:ᅌᆑ情
쪙·의 양·지 :고ᄫᆞ·니 구·즈·니 이시·면 正·졍覺·각 일·우·디 아·
니·호·리이·다 다·ᄉᆞ낸 ·내 成·쎵佛·뿛·ᄒᆞ·야 나·랏 有:ᅌᆑ情쪙이
宿·슉命·명·을 :몯 得·득·ᄒᆞ·야 億·흑 那낭由율 <月釋8:60ㄱ>

他탕 百·빅千쳔 劫·겁 ·엣 :이·를 모·ᄅᆞ면 正·졍覺·각 일·우·디
아니·호·리이·다 여스·센 ·내 成·쎵佛·뿛·ᄒᆞ·야 나·랏 有:ᅌᆑ情졍·이
天텬眼:안·이 :업·서 億·흑那낭由율他탕 百·빅千쳔 諸졍佛·뿛
나·라·ᄒᆞᆯ :몯 보·면 正·졍覺·각 일·우·디 아니·호·리이·다 닐·구·

142

벤 ·내 成쎵佛·뿛·ᄒ·야 나·랏 有·윻情쪙·이 天텬耳:ᅀᅵᇰ·를 :몯
:어·더 億·흑那낭由율他탕 百·빅千쳔 諸졍佛·뿛 說·ᅿᇙ法·법·을
:몯 드르·면 正·졍覺·각 일·우·디 아·니·ᄒ·리이·다 여·들벤 ·내
成쎵佛·뿛·ᄒ·야 나·랏 有·윻情쪙·이 他탕心심智·딩 :업·서 億·흑
那낭由율他탕 百·빅千텬 佛·뿛國·귁·엣 有·윻情쪙·의 ᄆᆞᅀᆞᆷ 모·ᄅᆞ
·면 正·졍覺·각 일·우·디 아·니 <月釋8:60ㄴ>

·ᄒ·리이·다 ≪他탕心심智·딩·ᄂᆞᆫ ᄂᆞ·ᄆᆡ ᄆᆞᅀᆞᆷ :아·ᄂᆞᆫ 智·딩慧·ᅙᆒ·
라≫ 아·호밴 ·내 成쎵佛·뿛·ᄒ·야 나·랏 有·윻情쪙·이 神씬通통
:몯 :어·더 ᄒᆞᆫ 念·념 ᄊᆞ·ᅀᅵ·예 億·흑佛·뿛 나·라·ᄒᆞᆯ :몯 :디·나·가
면 正·졍覺·각 일·우·디 아·니·ᄒ·리이·다 ·열·헨 ·내 成쎵佛·뿛·
ᄒ·야 나·랏 有·윻情쪙·이 :죠고·맛 ·내·라 ·뎨·라 ·혼 ·ᄠᅳᆮ 이시·면
正·졍覺·각 일·우·디 아·니·ᄒ·리이·다 ·열ᄒᆞ나·핸 ·내 成쎵佛·뿛·
ᄒ·야 나·랏 有:윻情쪙·이 正·졍覺·각 일·우오·ᄆᆞᆯ 一·힗定·뗭·티
:몯ᄒ·면 正·졍覺·각 일·우·디 아·니·ᄒ·리이·다 ·열:둘·헨 ·내 成
쎵佛·뿛·ᄒ·야 나·랏 有:윻情쪙·이 光광明명·이 그·지 이·셔 那낭
由율他탕 百·빅千쳔億·흑 佛·뿛 나·라·ᄒᆞᆯ :몯 비 <月釋8:61ㄱ>

·취·면 正·졍覺·각 일·우·디 아·니·ᄒ·리이·다 ·열:세·헨 ·내 成쎵
佛·뿛·ᄒ·야 나·랏 有:윻情쪙·이 목:수미 그·지 이시·면 正·졍覺·
각 일·우·디 아·니·ᄒ·리이·다 ·열:네·헨 ·내 成쎵佛·뿛·ᄒ·야 나·
랏 聲셩聞문ㅅ 數·숭·를 :알·리 이시·면 正·졍覺·각 일·우·디 아·

니·호·리이·다 ·열다·ㅅ·샌 ·내 成쎵佛·뿛·ᄒ·야 나랏 有:ᅀᅮᆯ情쪙·
이 願·원力·륵·으·로 다른 ·ᄃᆡ·가 나리 外·욍·예 목:수미 그·지
:업·디 아니ᄒ·면 正·졍覺·각 일·우·디 아니·호·리이·다 ·열여·
스·센 ·내 成쎵佛·뿛·ᄒ·야 有:ᅀᅮᆯ情쪙·이 :몯 :됴ᄒᆫ 일·훔 이시·면
正·졍覺·각 일·우·디 아니·호·리이·다 ·열닐·구·벤 ·내 成쎵佛·뿛·
ᄒ·야 그·지 :업·슨 나랏 無뭉數·숭 諸졍 〈月釋8:61ㄴ〉

佛·뿛·이 내 나·라·ᄒᆞᆯ 모·다 일ᄏᆞ·라 讚·잔嘆·탄 아니·ᄒ·시·면
正·졍覺·각 일·우·디 아니·호·리이·다 ·열여·들·벤 ·내 成쎵佛·뿛·
ᄒ·야 녀느 나랏 有:ᅀᅮᆯ情쪙·이 正·졍法·법 :비우·스·며 聖·셩人·
신 :헐·리 外·욍·예 내 일·훔 듣·고 내 나라·해 나고·져 願·원·ᄒ·
야 ·열 번 念·념·호·매 아니나면 正·졍覺·각 일·우·디 아니·호·
리이·다 ·열아·호·밴 ·내 成쎵佛·뿛·ᄒ·야 녀느 나랏 有:ᅀᅮᆯ情쪙·
이 菩뽕提똉心심·을 發·벓·ᄒ·야 極·끅樂·락國·귁·에 나고·져 願·
원·ᄒᆞᆯ :사ᄅᆞ·미 命·명終즁·ᄒᆞᆯ 쩌·긔 ·내 그 :사ᄅᆞ·미 알·ᄑᆡ 現·현·호·
리·니 그·러·티 아니·ᄒᆞ·면 正·졍覺·각 일·우·디 아니·호·리이·다
·스믈·헨 ·내 成쎵佛·뿛·ᄒ·야 녀느 나랏 〈月釋8:62ㄱ〉

有:ᅀᅮᆯ情쪙·이 내 일·훔 니르거·든 듣·고 :됴ᄒᆫ 根·ᄀᆫ源·원·으·로
廻·ᅘᅬ向·향·ᄒ·야 내 나라·해 나고·져 願·원·ᄒᆞᆯ :사ᄅᆞ·미 그리·옷
아니·ᄒᆞ·면 正·졍覺·각·이 일·우·디 아니·호·리이·다 ·스·믈ᄒᆞ나·
핸 ·내 成쎵佛·뿛·ᄒ·야 나랏 菩뽕薩·삻·이 :다 三삼十·씹二·ᅀᅵᆼ

144

相·상이 ᄀᆞᆮ·디 아니ᄒᆞ·면 正·정覺·각이 일·우·디 아니·ᄒᆞ·리이·
다 ·스·믈:둘·헨 ·내 成·쎵佛·뿛ᄒᆞ·야 나·랏 菩뽕薩·삻이 :다 一
·힗生싱補:봉處·청ㅅ 地·띵位·윙·며 普:퐁賢현道:뚤·를 行·ᅘᅵᇰ·티
아니·ᄒᆞ·면 正·정覺·각 일·우·디 아니·ᄒᆞ·리이·다 普·퐁·는 너·
블·씨·니 德·득이 :몯 ᄀᆞ·존 줄 :업슬·씨·오 賢현·은 ·어딜·씨·니
우·ᄒᆞ·로 부텻 敎·ᄀᆞᆯ化·황·를 :돕·습·고 아·래·로 〈月釋8:62ㄴ〉

衆·즁生싱·을 利·링·케홀·씨·라 ·스·물:세·헨 ·내 成·쎵佛·뿛·ᄒᆞ·야
나·랏 菩뽕薩·삻이 아·ᄎᆞᆷ·미 다른 나·랏 無뭉數·숭 諸정佛·뿛·을
供공養·양·ᄒᆞ·습·고 밥 前쪈·에 도·라오·리·니 그·러·티 아니·ᄒᆞ·
면 正·정覺·각 일·우·디 아니·ᄒᆞ·리이·다 ·스·믈:네·헨 ·내 成·쎵
佛·뿛·ᄒᆞ·야 나·랏 菩뽕薩·삻이 種:죵種·죵 供공養·양·ᄒᆞ·욜 꺼·
스·로 諸정佛·뿛·끠 :됴ᄒᆞᆫ 根근源원 심·구·디 不·붏足·죡ᄒᆞ·면
正·정覺·각 일·우·디 아니·ᄒᆞ·리이·다 ·스·믈다ᄉᆞᆺ·샌 ·내 成·쎵佛·
뿛·ᄒᆞ·야 나·랏 菩뽕薩·삻이 一·힗切·쳉智·딩·예 이·대 順·쓘·히
·드·디 :몯ᄒᆞ면 正·정覺·각 일·우·디 아·니·ᄒᆞ·리이·다 ·스·믈여·
스·센 ·내 成·쎵佛·뿛·ᄒᆞ·야 나·랏 菩뽕 〈月釋8:63ㄱ〉

薩·삻·이 那낭羅랑延연 구·든 ·히·미 :업스·면 正·정覺·각 일·우·
디 아니·ᄒᆞ·리이·다 ·스·믈닐·구·벤 ·내 成·쎵佛·뿛·ᄒᆞ·야 나·랏
莊장嚴엄·엣 거·슬 :아뫼어·나 능·히 :알·며 :다 ·펴 니르·면
正·정覺·각 일·우·디 아니·ᄒᆞ·리이·다 ·스·믈여·듧·벤 ·내 成·쎵佛·

뿜·ᄒ·야 나·라해 그·지 :업·슨 여·러 비·쳇 寶:볼樹쓩·를 菩뽕
薩삻·들·히 스믓 :아디 :몯ᄒ·면 正·졍覺·각 일·우·디 아니·호·
리이·다 ·스·믈아호·밴 ·내 成쎵佛뿡 ·ᄒ·야 나·랏 衆·즁生싱·이
·어·딘 辯:변才찡·를 :몯 :어드·면 正·졍覺·각 일·우··디 아니·호·
리이·다 셜·ᄒ·녠 ·내 成쎵佛뿡·ᄒ·야 나·랏 菩뽕薩삻·이 :ᄀᆞᆺ
:업·슨 辯·변才찡·를 :몯 일·우·면 正·졍覺·각 일·우·디 <月釋8:63
ㄴ>

아니·호·리이·다 셜·혼ᄒ나핸 ·내 成쎵佛뿡 ·ᄒ·야 나·라·히 光
광明명·이 ·조·ᄒ·야 부텻 나·라흘 :다 비·취유·미 거·우루·에
ᄂᆞᆺ :뵈·ᄃᆞᆺ 아니·ᄒ·면 正·졍覺·각 일·우·디 아니·호·리이·다 셜·
혼:둘·헨 ·내 成쎵佛뿡 ·ᄒ·야 나·랏 內·뇡·예 그·지 :업·슨 소·리
世·솅界·갱·예 솟나·디 :몯ᄒ·면 正·졍覺·각 일·우·디 아니·호·리·
이·다 셜·혼:세·헨 ·내 成쎵佛뿡 ·ᄒ·야 十·씹方방 衆·즁生싱·이
·내 光광明명 비·취유·믈 니·버 ·몸·과 ᄆᆞᅀᆞᆷ ·괘 便뼌安한·코 ·즐·
겁·디 :몯ᄒ·면 正·졍覺·각 일·우·디 아니·호·리이·다 셜·혼:네·
헨 ·내 成쎵佛뿡 ·ᄒ·야 十·씹方방 菩뽕薩삻·이 내 일·훔 듣·고
陀땅羅랑尼닝·를 得·득·디 :몯ᄒ·면 正·졍覺·각 <月釋8:64ㄱ>

일·우·디 아니·호·리이·다 셜·혼다ᄉᆞᆺ·샌 ·내 成쎵佛뿡 ·ᄒ·야 諸
졍佛·뿡 나·랏 中듕·에 :겨지·비 내 일·훔 듣·고 淸쳥淨·쪙ᄒᆞᆫ 信·
신·을 得·득·ᄒ·야 菩뽕提똉心심·을 發·벓·ᄒ·야 後:ᅘᅮᇢ生싱·애 :

겨지·비 ·모·물 브·리·디 :몯ᄒ·면 正·졍覺·각 일·우·디 아니·호·리이·다 셜·ᄒ녀·스·센 ·내 成·ᅅᅥᆼ佛·ᄬᅳᆯ·ᄒ·야 諸졍佛·ᄬᅳᆯ 나·랏 中듀ᇰ·에 菩뽕薩·삻이 내 일·홈 듣·고 修슈ᇢ行·ᅘᅵᇰ·ᄒ·야 菩뽕提똉·예 다ᄃᆞᆫ·디 :몯ᄒ·면 正·졍覺·각 일·우·디 아니·호·리이·다 셜·ᄒ닐·구·벤 ·내 成·ᅅᅥᆼ佛·ᄬᅳᆯ·ᄒ·야 내 十·씹方바ᇰ 菩뽕薩·삻·이 내 일·홈 듣·고 淸쳐ᇰ淨·쪄ᇰᄒᆞᆫ ᄆᆞᅀᆞ·믈 發·벓ᄒ·며 一·ᅙᅵᇙ切·쳉 千쳔人ᅀᅵᆫ·이 恭고ᇰ敬·겨ᇰ·ᄒ·야 禮:례數·숭 ·아 <月釋8:64ㄴ>

·니ᄒ·면 正·졍覺·각 일·우·디 아니·호·리이·다 셜·ᄒ녀·들·벤 ·내 成·ᅅᅥᆼ佛·ᄬᅳᆯ·ᄒ·야 나·랏 衆·쥬ᇰ生시ᇰ·이 니·블 ·오·시 ᄆᆞᅀᆞ·매 ·머·거·든 ·즉자·히 다ᄃᆞᆫ·디 아니ᄒ·면 正·졍覺·각 일·우·디 아니·호·리이·다 셜·ᄒ아·호·밴 ·내 成·ᅅᅥᆼ佛·ᄬᅳᆯ·ᄒ·야 衆·쥬ᇰ生시ᇰ·ᄃᆞᆯ·히 내 나라해 ᄀᆞᆺ ·나다가며 ·다 ᄆᆞᅀᆞ미 ·조코 便뼌安한코 ·즐거부·미 羅랑漢·한·ᄀᆞᆮ·호·믈 得·득·디 :몯ᄒ·면 正·졍覺·각 일·우·디 아니·호·리이·다 마ᅀᆞ·낸 ·내 成·ᅅᅥᆼ佛·ᄬᅳᆯ·ᄒ·야 나·랏 衆·쥬ᇰ生시ᇰ·이 諸졍佛·ᄬᅳᆯㅅ ·조ᄒᆫ 나·라·ᄒᆞᆯ 보·고·져 ·ᄒ거·든 寶:ᄫᅩᇢ樹·슈ㅅ ᄉᆞ·싀·예 :다 現·혠·티 아니ᄒ·면 正·졍覺·각 일·우·디 아니·호·리이·다 마·ᅀᆞᆫᄒᆞ나·핸 ·내 成·ᅅᅥᆼ佛·ᄬᅳᆯ·ᄒ·야 <月釋8:65ㄱ>

녀느 나·랏 衆·쥬ᇰ生시ᇰ이 내 일·홈 듣·고 諸졍根ᄀᆞᆫ·이 이·즌·ᄃᆡ 이시·며 德·득·이 넙·디 :몯ᄒ·면 正·졍覺·각 일·우·디 아니·호·리이·다 마·ᅀᆞᆫ:둘·헨 ·내 成·ᅅᅥᆼ佛·ᄬᅳᆯ·ᄒ·야 녀느 나·랏 菩뽕薩·삻

이 ·내 일·훔 듣·고 三삼摩망地·띵·를 現·현ᄒᆞᆫ :뉘·예 證·징·티
:몯ᄒᆞ·면 正·졍覺·각 일·우·디 아·니·ᄒᆞ·리이·다】【實·씷相·샹
體·톙 寂·쪅滅·멿ᄒᆞᆯ·씨 根ᄀᆞᆫ源원寂·쪅·호·ᄆᆞᆯ 因인ᄒᆞ·야 止:징·라
ᄒᆞ·고 根ᄀᆞᆫ源원ㅅ 覺·각·이 靈·령·히 비·췰·씨 샹·녜 ·블·고·ᄆᆞᆯ브·
터 觀관·이·라 ·ᄒᆞᄂᆞ·니 :거·즛 ㅂㄹ·미 :뮈어·든 妙·묳奢샹摩망他
탕·로 止:징ᄒᆞ·고 ᄆᆞ슴 구·스 <月釋8:65ㄴ>

·리 오·래 어·듭거·든 毗뼁婆빵舍·샹那·낭·로 觀관·흫·디니·라 奢
샹摩망他탕·ᄂᆞᆫ 止:징·라 ·혼 :마리·니 止:징·ᄂᆞᆫ 그 ·치누·를·씨·니
一·잃切·촁 煩뻔惱·놓 結·곓·을 能능·히 그 ·치·눌러 :업·게홀·씨
일·후·미 定·뗭相·샹·이·라 毗뼁婆빵舍·샹那·낭·ᄂᆞᆫ 觀관·이·라 ·혼
:마리·니 觀관ᄋᆞᆫ 一·잃切·촁法·법·을 ᄉᆞ·뭇볼·씨·니 일·후미 慧·
ᇡ·라 優ᄋᆞᆯ畢·빓又·챵·ᄂᆞᆫ 止:징觀관 平뼝等:등·이·라 ·혼 :마리·니
·이 일·후·미 捨:샹相·샹·이·니 捨:샹·ᄂᆞᆫ ㅂㄹ·릴·씨·라 ·이 止:징觀
관 :두 字·쫑ㅣ 解:갱脫·퇋 般반若:샹 法·법身신 三삼德·득·에
ᄉᆞ·ᄆᆞ·ᄎᆞ·니 止:징·ᄂᆞᆫ 그·처 ㅂㄹ·릴·씨 解:갱脫·퇋·이·오 <月釋8:66
ㄱ>

觀·ᄋᆞᆫ 智·딩慧·ᅇᅨᆼㄹ·씨 般반若:샹ㅣ·오 捨:샹相·샹·ᄋᆞᆫ 法·법身신·
이·라 奢샹摩망他탕 젼·ᄎᆞ·로 비·록 寂·쪅ᄒᆞ야·도 샹·녜 비·취·
오 毗뼁婆빵舍·샹那낭 젼·ᄎᆞ·로 비·록 비·취여·도 샹·녜 寂·쪅ᄒᆞ·
고 優ᄋᆞᆯ畢·빓又·챵 젼·ᄎᆞ·로 비·취윰·도 아·니·며 寂·쪅·도 아·니·

니 비·취여·도 샹·녜 寂·쪅홀·씨 俗·쓕·을 닐·어·도 ·곧 眞진·이·오
寂·쪅ㅎ야·도 샹·녜 비·췰·씨 眞진·을 닐·어·도 ·곧 俗·쓕·이·오
寂·쪅·도 아·니·며 비·취윰·도 아·닐·씨 毗삥耶양城쎵·에 ·이·블
마ㄱ니·라】 【毗삥耶양城쎵·은 維윙摩망 ·잇·던 ·짜히·라 維윙
摩망ㅣ 좀좀·코 :마·리 <月釋8:66ㄴ>

:업거·늘 文문殊쓩ㅣ 과ㅎ·야 니ㄹ·샤·딕 文문字·쯩ㅣ·며 :말·쏨
:업수메 니·르로·미 :둘 아·닌 法·법門몬·애 眞진實·씷·로 ·드·로
미·니 그·럴·씨 實·씷相·샹·은 :말·쏨·과 모·슴 緣원等:등·엣 相·샹·
을 여·흰·들 아:롤·디·라】 【○止:징 :세 가·지·니 妙·묳奢샹摩
망他탕·ᄂᆞᆫ 體·톙眞진止:징·오 三삼摩망地·띵·ᄂᆞᆫ 方방便·뼌隨쓍
緣원止:징·오 禪선那낭·ᄂᆞᆫ 息·식二·싱邊·변分분別·볋止:징·라
無뭉明몡 갓ㄱ로·미 ·곧 ·이 實·씷相·샹·익 眞진·인·들 體·톙得·
득·호·미 體·톙眞진止:징·니 眞진諦·뎅·예 止:징호미·오 ·이 實·
씷相:샹·이 一·힗切·촁 고 <月釋8:67ㄱ>

·대 :다 ·펴·디·옛거·든 緣원·을 조·차 境:경·을 :다:나·딕 모·슴·미
:뭐·디 아·니·호·미 方방便·뼌隨쓍緣원止:징·니 俗·쓕諦·뎅·예
止:징·호미·오 生싱死:ᄉᆞᆼ 涅·넗槃빤·이 :다 :업수·미 :두 녁 ᄀᆞᆺ
·ᄂᆞᆫ·호오·미 :업·슨 止:징·니 中듕道·똫·애 止:징호미·라】 【○흔
念·념·도 相·샹 :업수·미 空콩·이·오 :몯 ㄱ·존 法·법 :업수·미
假·강ㅣ·오 ᄒᆞ나 아·니·며 다ᄅᆞ·디 아·니·호·미 中듕·이·라 假·강

로·셔 空콩觀관·애 ·드로·미 ·ᄯᅩ 二·ᅀᅵᆼ諦·뎽觀관·이·라 ·ᄒᆞ·ᄂᆞ니·라 空콩·ᄋᆞ로·셔 假·강觀관·애 ·드로·미 ·ᄯᅩ 平뼝等:둥觀관·이·라 ·ᄒᆞ·ᄂᆞ니·라 ·이 :두 觀관·ᄋᆞᆯ브·터 方방便·뼌ᄒᆞ·야 中듕道:ᄯᅩᇢ·애 ·드로 <月釋8:67ㄴ>

·미 第·뗑一·ᅙᅵᇙ義·ᅌᅵᆼ諦·뎽觀관·이·니 ·이 일·후·미 空콩假·강中듕次·ᄎᆞᆼ第·뗑三삼觀관·이·라】【마·ᄉᆞᆫ:세·헨 ·내 成쎵佛·뿛ᄒᆞ·야 녀느 나·랏 菩뽕薩·삻·이 내 일·훔 듣·고 命·명終즁ᄒᆞ·야 貴·귕ᄒᆞᆫ 家강門몬·애 ·아니 나·면 正·졍覺·각 일·우·디 아·니·호·리이·다 마·ᄉᆞᆫ:네·헨 ·내 成쎵佛·뿛ᄒᆞ·야 녀느 나·랏 菩뽕薩·삻·이 내 일·훔 듣·고 修슣行·ᅘᅵᆼᄒᆞ·야 :됴ᄒᆞᆫ 根근源원·이 ᄀᆞᆽ·디 아·니ᄒᆞ·면 正·졍覺·각 일·우·디 아·니·호·리이·다 마·ᄉᆞᆫ다·ᄉᆞ·샌 ·내 成쎵佛·뿛ᄒᆞ·야 녀느 나·랏 菩뽕薩·삻이 내 일·훔 듣·고 諸졍佛·뿛·을 供공養·양ᄒᆞ·ᅀᆞ <月釋8:68ㄱ>

봄·과 菩뽕提똉·예 므르·리 이시·면 正·졍覺·각 일·우·디 아·니·호·리이·다 마·ᄉᆞᆫ 여·스·센 ·내 成쎵佛·뿛ᄒᆞ·야 나·랏 菩뽕薩·삻·이 듣·고·져 ·ᄒᆞ논 法·법·을 自·ᄍᆞᆼ然ᅀᅧᆫ·히 듣·디 :몯ᄒᆞ·면 正·졍覺·각 일·우·디 아·니·호·리이·다 마·ᄉᆞᆫ닐·구·벤 ·내 成쎵佛·뿛ᄒᆞ·야 녀느 나·랏 菩뽕薩·삻·이 내 일·훔 듣·고 菩뽕提똉心심·에 므르·리 이시·면 正·졍覺·각 일·우·디 아·니·호·리이·다 마·ᄉᆞᆫ여·들·벤 ·내 成쎵佛·뿛ᄒᆞ·야 녀느 나·랏 菩뽕薩·삻·이 내 일·훔

들·고 忍:신地·띵·를 得·득ㅎ·며 諸정佛·뽕ㅅ 法·법·에 므르·디
아·니·호·물 現·현흔 :뉘·예 證·징·티 :몯ㅎ·면 正·졍覺·각 일·우·
디 아·니·호·리이·다】·이 :일 듣고 <月釋8:68ㄴ>

아·니 오·라·아 命·명終즁·ㅎ·야 ·즉자·히 極·끅樂·락世·솅界·갱·
예 ·나·아 닐·웨 :디·내·오 觀관世·솅音흠 大·땡勢·솅至·징·를 맛·
나·아 法·법 듣고 깃·거 흔 小:숗劫·겁 :디·내·야 阿항羅랑漢한·
을 일·우리·니·이 일·후·미 中듕品:픔下:행生싱·이·니 ·이 일·후·
미 中듕輩·빙生싱想·이·니 일·후·미 第·똉十·씹 <月釋8:69ㄱ>

五:옹觀관·이·라 부:톄 阿항難난·이·와 韋윙提똉希횡ㄷ·려 니
ㄹ·샤·디 下:행品:픔上·썅生싱·은 시·혹 衆·즁生싱·이 여·러 가
짓 :모·딘 業·업·을 지·서 비·록 方방等:등經경典:뎐·을 :비·웃·
디 아·니·ㅎ야·도 ·이런 어·린 :사ㄹ·미 :모·딘 法·법·을 ·하 지·서
붓·그·륨 :업·다가·도 命·명終즁홇 저·긔 善:션知딩 <月釋8:69
ㄴ>

識·식·을 맛·나 大·땡承씽 十·씹二·싱部:뽕經경ㅅ 일·후·믈 니르·
면 經경ㅅ 일·후·믈 드·론 젼·ᄎ·로 ·즈·믄 劫·겁 ·엣 至·징極·극
重:뜡흔 :모·딘 業·업·을 :덜리·라 智·딩慧·휑ㄹ·빈 :사ㄹ·미 ·쏘
ᄀᆞ·ᄅ·쳐 合·합掌:쟝 叉창手:슣·ㅎ·야 南남無뭉 阿항彌밍陀땅佛·
뽏·ㅎ·야 일ᄏᆞᆮ·ᄫᆞ·면 부텻 일·후·믈 일ᄏᆞ <月釋8:70ㄱ>

·론 젼·ᄎ·로 五:옹十·씹億·흑 劫·겁 ·엣 죽사·릿 罪:쬥·를 :덜리·
라 그저·긔 ·뎌 부:톄 ·즉자·히 化·황佛·뿛·와 化·황觀관世·솅音
흠·과 化·황大·땡勢·솅至·징·를 보·내·샤 行ᅘᅵᆼ者:쟝ㅅ 알·ᄑᆡ 다
ᄃᆞ·라 讚·잔嘆·탄ᄒᆞ·야 니르·샤·ᄃᆡ 善·쎤男남子:중·아 부텻 일·
후·믈 :네 일ᄏᆞ·론 젼·ᄎ·로 罪:쬥 ·스러딜·ᄊᆡ ·와 맛·노 <月釋
8:70ㄴ>

·라 ·ᄒᆞ·야시·든 行ᅘᅵᆼ者:쟝ㅣ ·즉자·히 化·황佛·뿛ㅅ 光광明명·이
제지·븨 ᄀᆞ득거·든 보·고 깃·거 ·즉자·히 命·명終즁·ᄒᆞ·야 寶:볼
蓮련化황·를 ·타 化·황佛·뿛ㅅ :뒤·흘 미좇ᄌᆞ·바 :보·빅 ·못 가온
ᄃᆡ ·나·아 닐·굽 닐·웨 :디:내·야 蓮련花황ㅣ ·프리·니 곳 ·픐
저·긔 大·땡悲빙觀관世·솅音흠菩뽕薩·삻·이 ·큰 <月釋8:71ㄱ>

光광明명·을 ·펴·아 그 :사ᄅᆞ·미 알·ᄑᆡ·셔 甚·씸·히 기·픈 十·씹二·
ᅀᅵᆼ部:뿡 經경·을 니르·리·니 듣고 信·신ᄒᆞ·야 아라 우 :업·슨
道:똘理:링ㅅ ᄆᆞᅀᆞ·믈 發·벓ᄒᆞ·야 ·열 小:숗劫·겁 :디:내·오 百·
빅法·법 明명門몬·이 ᄀᆞ·자 初총地·띵·예 ·들리·니【初총地·띵·
ᄂᆞᆫ 十·씹地쎵엣 ·처·ᅀᅥ미·라】 ·이 일·후·미 下:행品:픔上·쌍生싱·
이·라 부:톄 <月釋8:71ㄴ>

阿항難난·이·와 韋윙提똉希힁ᄃᆞ·려 니르·샤·ᄃᆡ 下:행品:픔中듕
生싱·은 시·혹 衆·즁生싱·이 五·옹戒·갱 八·밣戒·갱 具·꿍足·죡戒·

갱·를 허·러·이 ·굳흔 어·린 :사·ᄅᆞ·미 僧승祇낑·옛 것·과 現·현前
쪈僧승·의 거·슬 도즉ᄒᆞ·며【僧승祇낑·ᄂᆞᆫ 四·ᄉᆞ方방·앳 :즁·의
거·시·라 혼 :마리·오 現·현前쪈僧승·은 알·ᄑᆡ 現·현흔 :즁·이·
라】 :더·러ᄫᆞᆯ :말싸·ᄆᆞᆯ ·호·ᄃᆡ 붓 <月釋8:72ㄱ>

·그류·미 :업·서 여·러 가·짓 惡·학業·업·으·로 :제 莊장嚴엄·ᄒᆞ·
야 地·띵獄·옥·애 뻐·러디·릴·ᄉᆡ 命·명終즁ᄒᆞᆶ 저·긔 地·띵獄·옥·
앳 한 ·ᄇᆞ리 ᄒᆞᆫ·ᄢᅴ 다·와다잇거·든 善:쎤知딩識·식·을 맛·나 大:
땡慈쫑悲빙·로 阿항彌밍陀땅佛·ᄬᅳᆺ 十·씹力·륵 威휭德·득·을
니르·고 ·뎌 부텻 光광明명 神씬力·륵·을 너 <月釋8:72ㄴ>

·비 讚·잔嘆·탄ᄒᆞ·며 戒·갱·와 定·띵과 慧·휑와 解:갱脱·뙇와 解:
갱脱·뙇知딩見·견·을 ·쏘 讚·잔嘆·탄ᄒᆞ·면 ·이 :사·ᄅᆞ·미 듣고 八·
밣十·씹億·흑 劫·겁 ·엣 죽사·릿 罪:쬥·를 더·러 地·띵獄·옥·앳
:모·딘 ·ᄇᆞ리 ·간·다본 ᄇᆞ·ᄅᆞ·미 ᄃᆞ외·야 하ᄂᆞᇙ 고·ᄌᆞᆯ 부러·든
곳 우·희 化·황佛·ᄬᅳᆺ·와 化·황菩뽕薩·삻·이 :다 :겨·샤 ·이 :사
<月釋8:73ㄱ>

ᄅᆞ·믈 迎영接·졉·ᄒᆞ·샤 一·힔念·념 쓰·싀·예 七·칤寶·봄 ·못 가온
ᄃᆡ ·가 ·나아 蓮련華ᇙ·ㅅ :소·배·셔 여·슷 劫·겁 을 :디:내·오
蓮련花황ㅣ ·프거·든 觀관世·솅音흠 大·땡勢·솅至·징 淸쳥淨·쪙
흔 목소·리·로 ·뎌 :사ᄅᆞᆷ 慰·윙勞·롷ᄒᆞ·고 大·땡承씽·엣 甚·씸·히

기·픈 經경典:뎐·을 니르·면 ·이 法·법 듣고 ·즉자 <月釋8:73ㄴ>

·히 우 :업·슨 道:똥理:링ㅅ ㅁ슴·를 發·벓ᄒ·리·니 이 일·후·미
下:행品:픔中듕生싱·이·라 부·톄 阿항難난·이·와 韋윙提똉希힁
드·려 니ᄅ·샤·딕 下:행品:픔下:행生싱·은 시·혹 衆·즁生싱·이
五:옹逆·역 十·씹惡·학이·며【十·씹惡·학은 ·열가짓 :모·딘 :이
리·니 :숨·튼 것 주·기·며 도죽ᄒ·며 淫음亂·란ᄒ·며 :거·즛:말
ᄒ며 ·꾸뮨 :말 ᄒ·며 ·ᄂᆞᆷ 구지즈·며 :두 가짓 :말 ᄒ·며 앗·기·고
貪탐ᄒ <月釋8:74ㄱ>

·며 嗔친心심ᄒ·며 邪샹曲·콕히 :봄·괘·라】:됴·티 :몯ᄒ 業·업
을 ᄀᆞ초 지·서 ·이 ·ᄀᆞᆮᄒ 어·린 :사ᄅᆞ·미 구·즌 길·헤 ·ᄲᅥ·디·여
한 劫·겁 ·에 그·지:업·슨 受:쓯苦:콩·를 ᄒ·리어·늘 命·명終즁ᄒᆞᆶ
저·긔 善:션知딩識·식·을 만·나 種:죵種:죵·ᄋᆞ·로 慰·윙勞·롷·롤·ᄒ·
야 妙·묠法·법·을 爲·윙·ᄒ·야 니르·고 ᄀᆞᄅ·쳐 念·념佛·뿛ᄒ·라
·ᄒ거·든 ·이 :사 <月釋8:74ㄴ>

ᄅᆞ·미 受:쓯苦:콩ㅣ 다와·들·씨 念·념佛·뿛ᄒᆞᆶ 겨·르·를 :몯ᄒ·야
·ᄒ거·든 善:션友:을ㅣ 닐·오·딕【友:을·는 :버디·라】:네 念·념
佛·뿛·을 :몯·ᄒ거·든 無뭉量·량壽·쓯佛·뿛·을 일ᄏᆞ즈·ᄫᆞ·라 ·ᄒ·
야·든 南남無뭉 阿항彌밍陀땅佛·뿛 ·ᄒ·야 至·징極·끅ᄒ ᄆᆞᅀᆞᆷ
ᄆᆞ·로 닛·위·여 ·열 버·늘 念·념ᄒ·면 부텻 일·훔 일ᄏᆞ·론 젼·ᄎᆞ

154

·로 八·밣十·씹億·흑 劫·겁 ·엣 죽사·릿 罪:쬥·를 더·러 命·명終즁
훓 저·긔 金금蓮련花황ㅣ ·힛 바회 ·ㄱ톤·니 알·픠 ·왯거·든 ·보·
아 一·힗念·념 쓰·싀·예 ·즉자·히 極·끅樂·락世·솅界·갱·예 ·가 ·나
아 蓮련花황ㅅ 가온·딕 ·열 :두 大·땡劫·겁 ·이 ·추거·사 蓮련花
황ㅣ ·프거·든 觀관世·솅音흠 大·땡勢·솅至·징 ＜月釋8:75ㄴ＞

大·땡悲빙音흠聲셩·으·로 爲·윙·ㅎ·야 諸졍法·법 實·씷相·샹·을
너·비 니르·리·니【諸졍法·법 實·씷相·샹·은 諸졍法·법·의 眞진
實·씷ㅅ 相·샹·이·라】 듣고 깃·거 ·즉자·히 菩뽕提똉心심·을 發·
벓ㅎ·리·니 ·이 일·후·미 下:행品·픔下:행生싱·이·니 ·이 일·후·
미 下:행輩·빙生싱想:샹·이·니 일·후·미 第·똉十·씹六·륙觀관·
이·라 ·이 :말 니르 ＜月釋8:76ㄱ＞

·실 쩌·긔 韋윙提똉希힁 五:옹百·빅 侍·씽女:녕·와·로 부텻 :말
듣:즙·고 ·즉자·히 極·끅樂·락世·솅界·갱 廣:광長땽床·샹·을 ·보
습·고 부텻 ·몸과 :두 菩뽕薩삻·을 ·보습·고 ㅁ·ㅅ·매 깃·거 훤히
ㄱ·장 아·라 無뭉生싱忍:신·을 미·츠며 五:옹百·빅 侍·씽女:녕·
도 阿항耨·녹多당羅랑三삼藐·막三삼菩뽕 ＜月釋8:76ㄴ＞

提똉心심·을 發·벓ㅎ·야 ·뎌 나라·해 나·고·져 願·원·ㅎ더·니 世·

솅尊존·이 記·긩·ᄒᆞ샤·ᄃᆡ :다 ·뎌 나·라·해 나·리·라 ·ᄒᆞ·시니·라 其끵 二·ᅀᅵᆼ百·ᄇᆡᆨ二·ᅀᅵᆼ十·씹 梵·뻠摩망羅랑國·귁·에 光광有:ᇢ聖·셩人ᅀᅵᆫ·이 林림井·졍寺·ᄊᆞᆼ·애 敎·ᄀᆕ化·황·터시·니 <月釋8:77ㄱ>

西셰天텬國·귁·에 娑상羅랑樹·쓩王왕·이 四·ᄉᆞᆼ百·ᄇᆡᆨ國·귁·ᄋᆞᆯ 거·느렛·더시·니 其끵 二·ᅀᅵᆼ百·ᄇᆡᆨ二·ᅀᅵᆼ十·씹一·ᅙᅵᇙ 勝·싱熱·ᅀᅧᇙ 婆빵羅랑門몬·ᄋᆞᆯ 王왕宮궁·에 ·브리·샤 錫·셕杖:땽·ᄋᆞᆯ 후·느·더시·니 <月釋8:77ㄴ>

鴛훤鴦향夫붕人ᅀᅵᆫ·이 王왕 :말·로 ·나·샤 齋쟁米:몡·ᄅᆞᆯ 받:ᄌᆞᆸ·더시·니 其끵 二·ᅀᅵᆼ百·ᄇᆡᆨ二·ᅀᅵᆼ十·씹二·ᅀᅵᆼ 齋쟁米:몡·ᄅᆞᆯ :마다 ·커시·늘 王왕·이 親친·히 ·나·샤 婆빵羅랑門몬·ᄋᆞᆯ 마자 ·드·르시·니 綵:ᄎᆡᆼ女:녕·를 請:청·커시·늘 王왕·이 깃 <月釋8:78ㄱ>

그·샤 八·밣婇:ᄎᆡᆼ女녕·를 보·내ᅀᆞ·ᄫᆞ시·니 其끵 二·ᅀᅵᆼ百·ᄇᆡᆨ二·ᅀᅵᆼ十·씹三삼 婇:ᄎᆡᆼ女:녕ㅣ 金금鑵관子:ᄌᆞᆼ ·메·샤 ᄒᆞᄅᆞ 五:옹百·ᄇᆡᆨ 디·위·ᄅᆞᆯ 旃젼檀딴井:졍·에 ·믈 :긷·더시·니 婇:ᄎᆡᆼ女:녕ㅣ 功공德·득닷ᄀᆞ·샤 三삼 <月釋8:78ㄴ>

鴛훤鴦향夫붕人ᅀᅵᆫ·이 王왕 :말·로 ·나·샤 齋쟁米:몡ᄅᆞᆯ 받:ᄌᆞᆸ·더시·니 其끵二·ᅀᅵᆼ百·ᄇᆡᆨ二·ᅀᅵᆼ十·씹二·ᅀᅵᆼ 齋쟁米:몡·ᄅᆞᆯ :마다 ·커시·늘 王왕·이 親친·히 ·나·샤 婆빵羅랑門몬·ᄋᆞᆯ 마·자·드·르시·니

媒:칭女:녕·를 請:쳥·커시·늘 王왕·이 깃 <月釋8:78ㄱ>

그·샤 八·밣媒:칭女:녕·를 보·내·ᅀᆞᆼ·ᄫᆞ시·니 其끵二·ᅀᅵᆼ百·빅二·ᅀᅵᆼ十·씹三삼 媒:칭女:녕ㅣ 金금鑵·관子:중 :메·샤 ᄒᆞᄅᆞ 五:옹百·빅 디·위를 旆젼檀딴井:졍·에 ·믈 :긷·더시·니 媒:칭女:녕ㅣ 功공德득 닷ᄀᆞ·샤 三삼 <月釋8:78ㄴ>

年년·을 치·오시·니 無뭉上·쌍道:뚱·애 갓:갑·더시·니 其끵二·ᅀᅵᆼ百·빅二·ᅀᅵᆼ十·씹四·송 勝·싱熱·녏婆빵羅랑門몬·이 王왕宮궁·에 ·쏘 ·오·샤 錫셕杖:땽·을 후·느·더시·니 鴛훤鴦향夫붕人ᅀᅵᆫ·이 王왕 :말·로 ·쏘 <月釋8:79ㄱ>

·나·샤 齋쟁米:몡·를 받:ᄌᆞᆸ·더시·니 其끵二·ᅀᅵᆼ百·빅二·ᅀᅵᆼ十·씹 五:옹 齋쟁:몡·를 :마다·커시·늘 王왕·이 親친·히 ·나·샤 婆빵羅 랑門몬·을 마·자드·르시·니 維윙那낭·를 :삼ᅀᆞ·보리·라 王왕·을 請:쳥·ᄒᆞᅀᆞᆸ·노이·다 :님금·이 ᄀᆞ·쟝 깃그·시 <月釋8:79ㄴ>

·니 其끵二·ᅀᅵᆼ百·빅二·ᅀᅵᆼ十·씹六·륙 四·숭百·빅夫붕人ᅀᅵᆫ·을 여· 희·오 ·가노·라 ·ᄒᆞ·샤 눉·믈·을 흘·리시·니 鴛훤鴦향夫붕人ᅀᅵᆫ· 이 여·희ᅀᆞᆸ·봄 슬ᄒᆞ·샤 :뫼·ᅀᆞ봇·ᄆᆞᆯ 請:쳥·ᄒᆞ시·니 其끵二·ᅀᅵᆼ百· 빅二·ᅀᅵᆼ十·씹七·칧 <月釋8:80ㄱ>

:세 分·뿐이 ·길 ·녀·샤 竹·듁林림國·귁 :디·나싫 ·제 夫붕人신·이
:몯 :뮈·더시·니 兩:량分·뿐ㅅ·긔 :슬·ᄫ샤·ᄃᆡ :사ᄅᆞᆷ·이 지·블 :
어·다 내 ·몸·을 ·ᄑᆞ라·지이·다 其끵二·ᅀᅵᆼ百·빅二·ᅀᅵᆼ十·씹八·밣
비·들 바ᄃᆞ·샤 내 일·훔 조·쳐 聖·셩人신ㅅ·긔 받ᄌᆞᆸ·쇼·셔 <月
釋8:80ㄴ>

·ᄑᆞ롬·도 :셜·ᄫᆞ시·며 ·뎌 :말·도 슬프·실·ᄊᆡ 兩:량分·뿐이 ᄀᆞ·장
:우·르시·니 其끵二·ᅀᅵᆼ百·빅二·ᅀᅵᆼ十·씹九:굴 子:중賢현長:댱者:
쟝ㅣ 지·븨 :세 分·뿐이 나ᅀᆞ·가샤 :겨집 :죵·을 ·ᄑᆞ라·지이·다
子:중賢현長:댱者:쟝ㅣ 듣고 :세 分·뿐을 :뫼·셔 ·드·라 :겨집:
죵·이 비·디 언·메잇·가 <月釋8:81ㄱ>

其끵二·ᅀᅵᆼ百·빅三삼十·씹 夫붕人신·이 니ᄅᆞ·샤·ᄃᆡ 내 몸·앳 비·
디 二·ᅀᅵᆼ千쳔斤근ㅅ金금·이·니이·다 夫붕人신·이 ·ᄯᅩ 니ᄅᆞ·샤·ᄃᆡ
비·욘 ·아기 비·디 ·ᄯᅩ 二·ᅀᅵᆼ千쳔斤근ㅅ金금·이·니이·다 <月釋
8:81ㄴ>

其끵二·ᅀᅵᆼ百·빅三삼十·씹一·힗 四·ᄉᆞᆼ千쳔斤근ㅅ金금·을 비·드·
로 :내·야 兩:량分·뿐ㅅ·긔 받ᄌᆞᆸ·니 ᄒᆞᄅᆞᆺ·밤 ·자시·고 門몬
밧·긔 ·나·샤 三삼分·뿐이 슬·터시·니 其끵二·ᅀᅵᆼ百·빅三삼十·씹
二·ᅀᅵᆼ 夫붕人신·이 :슬·ᄫ샤·ᄃᆡ ·ᄭᅮᆷ·붓 아·니·면 <月釋8:82ㄱ>

158

어느 길·헤 다시 ·보·ᅀᆞᄫᅳ·리 :사름·이 善:쎤·을 닷·ᄀᆞ·면 利·링
益·혁·을 受:쓯·ᄒᆞ·ᄂᆞ·니 往:왕生싱偈·껭·를 ᄀᆞᄅᆞ·치·ᅀᆞᆸ노·니 其
끵二·싱百·빅三삼十·씹三삼 宮궁中듕·에 :겨싫 ·제 ·옷 허·롬 모·
ᄅᆞ시·며 ·비 골·폼·도 :업·더시·니이·다 <月釋8:82ㄴ>

往:왕生싱偈·껭ㄹ 외·오시·면 :헌 ·오·시 암·ᄀᆞᆯ·며 골픈 ·비·도
브르·리이·다 其끵二·싱百·빅三삼十·씹四ᄉᆞᆼ ·아기 일·훔·을 아
ᄃᆞᆯ·이 ·나거·나 ·ᄯᆞᆯ·이 ·나거·나 :엇·뎨 ᄒᆞ·리잇·가 子:중息·식·의
일·훔·을 아비 이시·며 ·어·미 이·샤 一·힗定·뗑ᄒᆞ·사이·다 <月釋
8:83ㄱ>

其끵二·싱百·빅三삼十·씹五:옹 王왕·이 드르·샤 ·눉·믈·을 흘·리
시·고 夫붕人신ㅅ·ᄠᅳ·들 :어엿·비 너·기·샤 아ᄃᆞᆯ·옷 ·나거·든 安
한樂·락國·귁·이·라 ᄒᆞ·고 ·ᄯᆞᆯ·이어·든 孝·횰養·양·이·라 ᄒᆞ·라 其
끵二·싱百·빅三삼十·씹六·륙 門몬 밧·긔 ·셔·어 :겨·샤 兩:량分·
뿐·이 여 <月釋8:83ㄴ>

·희싫 ·제 ·슬·하·디·여 우·러 ·녀시·니 林림淨·쩡寺·쌍·애 ·가·샤
聖·셩人신 :뵈ᅀᆞ·ᄫᅡ시·늘 ᄀᆞ·장 깃·거 ·믈·을 길·이시·니 其끵二·
싱百·빅三삼十·씹七·칢 엇·게 우·희 金금鑵·관子:중 :메·샤 우·
믈·에 ·믈 :긷·더시·니 :왼녁 ·손ᄋᆞ·로 往:왕生싱偈·껭 자ᄇᆞ·샤
<月釋8:84ㄱ>

·길 우·희 외·오·더시·니 其끵二·싱百·빅三삼十·씹八·밣 ·아·들:
님·이 ·나·샤 ·나·히 닐·구·비어·늘 아·바:님·을 :무·르시·니 ·어
마:님·이 드르·샤 목몌·여 :우르·샤 아·바:님·을 니르·시·니 其끵
二·싱百·빅三삼十·씹九:굻 <月釋8:84ㄴ>

·아기 逃똘亡망·ᄒᆞ·샤 아·바:님 ·보ᅀᆞ·ᄫᆞ리·라 林림淨·쪙寺쏭·
를 向·향·ᄒᆞ·더시·니 ·큰 ·므래 다ᄃᆞ·라 ·딮동·을 ·ᄐᆞ·샤 梵뻠摩
망羅랑國·귁·에 니·르·르시·니 其끵二·싱百·빅四·ᄉᆞ十·씹 나·ᅀᅡ
·가시다·가 八·밣婇:ᄎᆡᆼ女:녕 ·보시 <月釋8:85ㄱ>

·니 沙상羅랑樹·쓩王왕·이 ·오·시ᄂᆞ·다 ·ᄒᆞ시·니 ·또 나·ᅀᅡ·가시
다가 아·바:님 맞·나시·니 :두 허·튀·를 안아 :우·르시·니 其끵
二·싱百·빅四·ᄉᆞ十·씹一·힔 王왕·이 :무·르샤·ᄃᆡ :네 :엇던 아·히
완·ᄃᆡ 허·튀·를 안·아 :우·는·다 <月釋8:85ㄴ>

·아기 :말 :ᄉᆞᆷ·고 往:왕生싱偈꼥·를 외·오신·대 아·바:님·이 :안
ᄋᆞ·시·니이·다 其끵二·싱百·빅四·ᄉᆞ十·씹二·ᅀᅵᆼ :아·래 네 ·어·미
:나·를 여·희·여 시·름·으·로 :사니거·늘·ᅀᅡ 오·늘 네 ·어·미 너·
를 여·희·여 ·눖·믈로 ·사니ᄂᆞ·니·라 <月釋8:86ㄱ>

其끵二·싱百·빅四·ᄉᆞ十·씹三삼 ·아기 :하·딕·ᄒᆞ·샤 아·바:님 여
희·싫 ·제 ·눖·믈을 흘·리시·니 아·바:님 슬·ᄒᆞ·샤 ·아기 보·내싫

·제 놀·애·를 브르·시·니 其끵二·싱百·빅四·숭十·씹四·숭 아·라
녀·리 그·츤 ·이런 이·본 길·헤 :눌 :보 〈月釋8:86ㄴ〉

리·라 우·러·곰 온·다 大·땡慈쭝悲빙 鴛훤鴦향鳥:됼·와 功공德득
닷·는 내 ·몸이 正·졍覺·각 나래 마·조 :보·리어·다 其끵二·싱百·
빅四·숭十·씹五:옹 도·라·옳 길·헤 ·쇼 ·칠 아·힐 ·보시·니 놀·애·를
브르·더·니 〈月釋8:87ㄱ〉

安한樂·락國·귁·이·는 아·비·를 보·라가·니 ·어·미 :몯 ·보·아 시·
름 깊거·다 其끵二·싱百·빅四·숭十·씹六류 長:댱子:중ㅣ 怒:농·
ᄒ·야 夫붕人ᅀᅵᆫ·을 주·기·ᄉᆞᆸ더·니 놀·애·를 브르·시·니이·다 :고
ᇦ:님 :몯 ·보ᅀᆞ·봐 ·슬·읏 :우·니다·니 오·ᄂᆞᆳ·날·애 넉·시·라 마
로렷·다 〈月釋8:87ㄴ〉

其끵二·싱百·빅四·숭十·씹七·칧 夫붕人ᅀᅵᆫ·이 :업스·샤 三삼동·
이 ᄃᆞ외·샤 즘게 아래 더·뎃·더시·니 ·아기 :우르·샤 三삼동·을
뫼·호시·고 西솅方방·애 合·햅掌:쟝·ᄒ시·니 其끵二·싱百·빅四·
숭十·씹八·밣 極·끅樂·락世·솅界·갱옛 四·숭十·씹八 〈月釋8:88
ㄱ〉

·밣龍룡船쒼·이 空콩中듕·에 ·ᄂᆞ·라 오시·니 接·졉引:인衆·즁生
싱·ᄒ시·ᄂᆞᆫ 諸졍大·땡菩뽕薩삻 들·히 獅ᄉᆞᆼ子:중座·쫭·로 마·자

·가시·니 其끵二·싱百·빅四·ᄉᆞᆼ十·씹九·굴 光광有:ᅌᅮᆯ聖·셩人ᅀᅵᆫ·
은 釋·셕迦강牟 〈月釋8:88ㄴ〉

뭀尼닝시·고 婆빵羅랑門몬·ᄋᆞᆫ 文문殊쓩師ᄉᆞᆼ利·링시·니 沙상羅
랑樹·쓩王왕·ᄋᆞᆫ 阿항彌밍陁땅如ᅀᅧᆼ來링시·고 夫붕人ᅀᅵᆫ·ᄋᆞᆫ 觀관
世·솅音ᅙᅳᆷ·이시·니 其끵二·싱百·빅五·ᅌᅩᆼ十·씹 여·듧 娭:칭女:녕·
ᄂᆞᆫ 八·밣大·땡菩뽕薩 〈月釋8:89ㄱ〉

·삶·이시·고 安한樂·락國·귁·ᄋᆞᆫ 大·땡勢·솅至·징시·니 五:ᅌᅩᆼ百·빅
弟:똉子:ᄌᆞᆼ·ᄂᆞᆫ 五:ᅌᅩᆼ百·빅 羅랑漢·한·이시·고 子:ᄌᆞᆼ賢현長:땽
者:쟝·ᄂᆞᆫ 無뭉間간地·띵獄·옥·애 ·드니 【:녜 梵·뻠摩망羅랑國·
귁 林림淨·쪙寺·ᄊᆞᆼ·애 光광有:ᅌᅮᆯ聖·셩人ᅀᅵᆫ·이 五:ᅌᅩᆼ百·빅 弟:똉
子:ᄌᆞᆼ ᄃᆞ·려 :겨·샤 大·땡乘씽 小:숗乘씽法·법·을 니ᄅᆞ·샤 衆·즁
生ᄉᆡᆼ·ᄋᆞᆯ 敎·ᄀᆛ化·황 〈月釋8:89ㄴ〉

·ᄒᆞ·더시·니 그 數·숭ㅣ :몯·내 :혜·리러·라 그 ·ᄢᅴ 西솅天텬國·귁
沙상羅랑樹·쓩大·땡王왕·이 四·ᄉᆞᆼ百·빅 小:숗國·귁 거·ᄂᆞ·려 :겨
·샤 正·졍ᄒᆞᆫ 法·법·ᄋᆞ·로 다ᄉᆞ리·더시·니 王왕位·윙·를 ·맛드·디
아니·ᄒᆞ·샤 妻쳉眷·권·이·며 子:ᄌᆞᆼ息·식·이·며 :보·빅·를 貪탐·티
아니·ᄒᆞ시·고 샹·녜 :됴ᄒᆞᆫ 根ᄀᆞᆫ源원·을 닷ᄀᆞ·샤 無뭉上·썅道:
똥·ᄅᆞᆯ 求꿀·ᄒᆞ·더시·니 光광有:ᅌᅮᆯ聖·셩人ᅀᅵᆫ·이 沙상羅랑樹·쓩
大·땡王왕이 善:쎤心심·을 드르·시·고 弟:똉子:ᄌᆞᆼ 勝·싱熱·ᅀᅥᆶ婆빵

162

羅랑門몬比·뼁丘쿻·를 보·내·샤 찻·믈 기·를 媄:칭女:녕·를 비·러
오·라 ·ᄒ·야시·늘 比·뼁丘쿻ㅣ 王왕宮궁·의 ·와 뜰·헤 ·드·러 錫·
셕杖:땽·을 후:는·대 <**月釋8:90ㄱ**>

王왕·이 드르·시·고 四ᄉᆞ百빅八·밣 夫붕人ᅀᅵᆫㅅ 中듕·에 第·똉
一·ᅙᅵᇙ 鴛원鴦ᅙᅣᆼ夫붕人ᅀᅵᆫ·을 ·브리·샤 齋쟁:米:몡 받ᄌᆞᇦ·라 ·ᄒ·
야시·늘 鴛원鴦ᅙᅣᆼ夫붕人ᅀᅵᆫ·이 ·말 ·ᄠᆞᆷ 金금바리·예 ·ᄒᆡᆫ ·ᄡᆞᆯ ᄀᆞᄃᆞ
기 다마 比·뼁丘쿻ㅅ 알·ᄑᆡ 나ᅀᅡ ·니거·늘 比·뼁丘쿻ㅣ 술·ᄫᅩ·ᄃᆡ
·나ᄂᆞᆫ 齋쟁:米:몡·를 求꿀·ᄒ·야 :온 ·디 아·니·라 大·땡王왕·을
·보·ᅀᆞᇦ·라 :오이·다 그 저·긔 鴛원鴦ᅙᅣᆼ夫붕人ᅀᅵᆫ·이 도·라드·러
王왕·ᄭᅴ 술·ᄫᅳᆫ·대 王왕·이 드르·시·고 ·즉자·히 禮:롕服·뽁 니브·
시·고 ᄃᆞ·라나·샤 比·뼁丘쿻ㅅ 알·ᄑᆡ 나ᅀᅡ·가·샤 :세 번 ·절·ᄒ·
시·고 請:쳥·ᄒ·야 宮궁中듕·에 ·드르·샤 比·뼁丘쿻·란 노·피 안·
치시·고 王왕·ᄋᆞᆫ ᄂᆞᆺ가·ᄫᅵ <**月釋8:90ㄴ**>

안ᄌᆞ·샤 :무·르샤·ᄃᆡ 어·드러·셔 ·오시·니잇·고 比·뼁丘쿻ㅣ 對·
됭答·답·호·ᄃᆡ 梵·뺨摩망羅랑國·귁 林림淨·쪙寺·ᄊᆞ·애 :겨신 光
광有:윰聖·셩人ᅀᅵᆫㅅ 弟:똉子:중ㅣ로·니 光광有:윰聖·셩人ᅀᅵᆫ·이
五:옹百·빅弟:똉子:중 거·ᄂᆞ려 :겨·샤 衆·즁生ᅀᆡᆼ 敎·괗化·황·ᄒ·
시ᄂᆞ·니 大·땡王왕ㅅ 善:쎤心심·을 드르·시·고 찻·믈 기·를 媄:칭
女:녕·를 :비ᅀᆞ·ᄫᅡ 오·라 ·ᄒ실·ᄊᆡ ·오ᅀᆞ·ᄫᅵ이다 王왕·이 깃그·샤
四ᄉᆞ百·빅八·밣夫붕人ᅀᅵᆫ·을 :다 브르·샤 :졈·고 :고·ᄫᆞ니·로 여·

듦 각·시·를 글·히·샤 比·뼁丘쿻·를 ·주·어시·늘 比·뼁丘쿻ㅣ 바
다 도·라가·니 光광有:윻聖:셩人신·이 깃그·샤 各·각各·각 金금
鑵·관子:중·를 맛·디 <月釋8:91ㄱ>

·샤 摩망訶항栴젼檀딴 우·믌 ·므·를 흐·려 五:옹百·빅 디·위·옴
길·이·더시·니 三삼年년·이 ·ᄎ·니 八·밠婇:칭女:녕ㅣ :됴ᄒᆞᆫ 根
근源원·을 닷·가 無뭉上·쌍道:뚷理:링·를 일·우·미 :머·디 아·니
ᄒᆞ더·라 그 저·긔 光광有:윻聖·셩人신·이 勝·싱熱·ᅀᅥᆶ婆뻐羅랑門
몬比·뼁丘쿻ᄃ·려 :무·르샤·ᄃᆡ 沙상羅랑樹·쓩王왕·이 八·밠婇:
칭女:녕 보·낼 나·래 앗가·ᄫᆞᆯ ·ᄠᆞ·디 :업·더·녀 對·됭答·답 ·ᄒᆞ·ᅀᆞ
보·ᄃᆡ 大·땡王왕·이 앗가·ᄫᆞᆯ·ᄠᆞ·디 ·곧 :업·더·시이·다 聖·셩人신·
이 니·르·샤·ᄃᆡ 그·러커·든 다·시 ·가 大·땡王왕ㅅ·모·ᄅᆞᆯ 請:쳥·ᄒᆞ·
야 오·라 찻·ᄆᆞᆯ 기·를 維윙那낭·를 사모리·라 ·ᄒᆞ·야시·늘 <月釋
8:91ㄴ>

≪維윙那낭·ᄂᆞᆫ :이·를 :아다 ·혼 ·ᄠᅳ디·니 모·ᄃᆞᆫ 中듀ᇰ·에 :이·를
ᄀᆞᄉᆞᆷ:알·씨·라≫ 比·뼁丘쿻ㅣ 누·비 닙·고 錫·셕杖:땨ᇰ 디·퍼 竹·
듁林림國·귁 :디·나·아 沙상羅랑樹·쓩王왕宮궁·의 ·가 錫·셕杖:
땨ᇰ·을 후·는·대 王왕·이 드르·시·고 ·즉자·히 駕강鴌향夫붕人신·
을 브르·샤 齋쟁米:몡 받ᄌ·ᄫᆞ·라 ·ᄒᆞ·야시·늘 駕강鴌향夫붕人
신·이 ·말 ·듣 金금바리·예 ·힌 ·ᄡᆞᆯ ᄀᆞ득기 다·마 比·뼁丘쿻·ᄭᅴ
나ᅀᅡ가·니 比·뼁丘쿻ㅣ 술·보·ᄃᆡ 나·ᄂᆞᆫ 齋쟁米:몡·를 :어·드·라

:온 ·디 아니·라 大·땡王왕·을 ·보·ᅀᆞᇦ·라 :오이·다 夫붕人ᅀᅵᆫ·이
도·라 ·드·러 슬·ᄫᆞᆫ·대 王왕·이 드르·시·고 깃그·샤 ᄠᅳᆯ·헤 ·나·샤
比·삥丘쿨ㅅ알·ᄑᆡ :세 번 <月釋8:92ㄱ>

·절·ᄒᆞ시·고 請:쳥·ᄒᆞ·야 宮궁中듕·에 ·드르·샤 比·삥丘쿨·란 노·
피 안치시·고 王왕·ᄋᆞᆫ ᄂᆞᆺ가·비 안ᄌᆞ·샤 :무·르샤·ᄃᆡ 어·드러·셔
므·슷 :일·로 ·오시·니잇·고 比·삥丘쿨ㅣ 對·됭答·답 ᄒᆞ·ᅀᆞᇦ·ᄃᆡ
大·땡王왕·하 :엇뎌 :나·ᄅᆞᆯ 모·ᄅᆞ·시ᄂᆞ·니잇·고 :아·래 八·밣婇·
칭女:녕 맏ᄌᆞ·ᄫᅡ 梵·뻠摩망羅랑國·귁林림淨·쪙寺·쏭·로 ·가·ᅀᆞ
·ᄇᆞᆫ ·내로·니 八·밣婇·칭女:녕·의 기·론 찻·믈·이 :모·ᄌᆞ랄·ᄊᆡ 聖·
셩人ᅀᅵᆫ·이 ·ᄯᅩ :나·ᄅᆞᆯ ·브리·샤 大·땡王왕 ·모·믈 請·쳥·ᄒᆞ·ᅀᆞᇦ·
·오나·ᄃᆞᆫ 찻·믈 기·를 維윙那낭·ᄅᆞᆯ :삼·ᅀᆞ·보리·라 ·ᄒᆞ실·ᄊᆡ 다·시
·오·ᅀᆞᇦ·이·다 王왕·이 드르·시·고 깃·거·ᄒᆞ시·며 忽·훓然션·히
·뉴·므·를 ·비 다·ᄃᆞᆺ ᄒᆞᆯ·리·거시·늘 駕·강鴌鴌 <月釋8:92ㄴ>

향夫붕人ᅀᅵᆫ·이 王왕·ᄭᅴ 술·ᄫᅩ·ᄃᆡ :엇던 젼·ᄎᆞ·로 :우르·시ᄂᆞ·니
잇·고 王왕·이 니ᄅᆞ·샤·ᄃᆡ ·이 比·삥丘쿨ㅣ :아·래 ·오·샤 찻·믈
기·를 婇·칭女:녕 ᄃᆞ·려 林림淨·쪙寺·쏭·애 ·가신 :즁:니 미시·니
·이제 ·ᄯᅩ 내 ·모·믈 ᄃᆞ·려다·가 維윙那낭·ᄅᆞᆯ 사·모·려 ·ᄒᆞ실·ᄊᆡ
듣:줍·고 깃·거·ᄒᆞ·가니·와 그·러·나 흔·디 ᄒᆞ녀·고·로 :혜·여 ·혼·
딘 내 四·ᄉᆞ百·ᄇᆡᆨ 夫붕人ᅀᅵᆫ·이 前쪈世·솅·옛 因인緣원·으·로 :나·
ᄅᆞᆯ 조·차 :살어·든 오·ᄂᆞ·를 ·ᄇᆞ·리고 가·릴·ᄊᆡ ᄆᆞ·ᅀᆞ·믈 슬·허 :우·

노이·다 鴛훵鴦향夫붕人신·이 듣:줍·고 比·삥丘쿻·씌 닐·오·디
내 ·몸도 좃·쫍·바 값 ·짜한·가 :몯 값 ·짜한·가 比·삥丘쿻ㅣ 닐·오·
디 ·아·래 ·가신 八·밣婇:칭女:녕·도 ·니·거 <月釋8:93ㄱ>

시·니 므·스기 :쓸브·리잇·고 夫붕人신·이 닐·오·디 그·러커·든
나도 大·땡王왕 :뫼슿·바 比·삥丘쿻 좃·쫍·바 :가리이·다 王왕·
이 夫붕人신ㅅㅏ:말 드르·시·고 깃·거 ㄴ소·사 나·라·홀 아슿
맜·디시·고 夫붕人신·과 ·ㅎ·샤 比·삥丘쿻 조ᄎ·샤 西솅天텬國·
귁·을 여·희·여 竹·듁林림國·귁·애 ·가·샤 ᄒᆞᆫ 너·븐 드르·헤 ·드·
르시·니 ·나리 져·므·러 ·히 ·디거·늘 :세 :분·이 프·서리·예·셔
·자시·고 이·튼·날 아·ᄎᆞ·미 ·길 나·아가싫 時씽節·졇·에 鴛훵鴦
향夫붕人신·이 울·며 比·삥丘쿻·씌 닐·오·디 王왕·과 ·즁:님·과
ᄂᆞᆫ 남·편 氣·킝韻·운 ·이실·씨 ·길·홀 ᄀᆞᆺ·디 아·니·커시·니·와 나·
ᄂᆞᆫ 宮궁中듕·에 이싫 ·제 :두:서 거르·메·셔 너 <月釋8:93ㄴ>

무 아·니 :걷다·니 오·ᄂᆞᆳ·날 :두 나·랏 스·ᄉᆡ·예 허·튀 동긴 ᄀᆞ·티
붓·고 ·바·리 알폴·씨 ·길·홀 :몯 녀·리로·소이·다 ·이 ·싸·히 어·
드·메잇·고 比·삥丘쿻ㅣ 닐·오·디 ·이 ·짜·히 竹·듁林림國·귁·이·
라 ·혼 나라히이·다 夫붕人신·이 ·또 무·로·디 이어·긔 갓·가·비
:사·ᄅᆞ·미 지·비 잇·ᄂᆞ·니잇·가 比·삥丘쿻ㅣ 닐·오·디 오·직 ·이
·ᄇᆞ·래 子:중賢현長:댱者:쟝ㅣ 지·비 잇·다 듣노이·다 夫붕人ᅀ
·ᅵᆫ·이 王왕·씌 슬·ᄫᆞ·디 내 ·모·믈 :죵 :사·ᄆᆞ·샤 長·댱者:쟝ㅣ 지·븨

166

드·려·가샤 내 ·모·믈 ·프르·샤 내 ·값과 내 일·홈과 가져다가
聖·셩人싄·끠 받ᄌ·ᄫ쇼·셔 ·ᄒ야·늘 王왕·과 比·뼁丘쿨·왜 夫붕
人싄ㅅ :말 드르·시·고 므슴·믈 더욱 :셜ᄫᆡ ·너 <月釋8:94ㄱ>

·가·샤 ·눉므·를 ·비오·듯 흘·리시·고 比·뼁丘쿨·와 王왕·괘 夫붕
人싄·을 :뫼·샤 長:댱者:쟝ㅣ 지·븨 ·가·샤 :겨집:죵 ·사쇼·셔
·ᄒ·야 브르·신·대 長:댱者:쟝ㅣ 듣·고 :사ᄅᆞᆷ ·브·려 보·라 ᄒ·니
닐·오·ᄃᆡ 門몬앒·픠 ᄒᆞᆫ :즁·과 ᄒᆞᆫ 쇼·쾌 :고ᄫᆞᆯ :겨지·블 ᄃ·려·왜·
셔 ·ᄑᆞ·ᄂᆞ이·다 長:댱者:쟝ㅣ 듣·고 ·세·흘 ᄃ·려 ·드·러오·라 ·ᄒ·
야 ᄠᅳᆯ·헤 안·치ᅀᆞᆸ·고 :묻ᄌ·ᄫᅩ·ᄃᆡ ·이 ·ᄯ·리 너희 :죵·가 王왕·과
比·뼁丘쿨·왜 對·됭答·답·ᄒ·샤·ᄃᆡ 眞진實·ᅇᅵᆶ·로 ·우리 :죵이·니
이·다 長:댱者:쟝ㅣ 鴛훤鴦향夫붕人싄·을 다시 보·니 샹·녯 :사·
ᄅᆞ·미 양·지 아·닐·ᄊᆡ 夫붕人싄·끠 무·로·ᄃᆡ ·이 :두 :사ᄅᆞ·미
眞진實·ᅇᅵᆶ·로 네 ·항것·가 對·됭答·답호·ᄃᆡ 眞진實·ᅇᅵᆶ <月釋8:94
ㄴ>

·로 ·올ᄒᆞ·니이·다 長:댱者:쟝ㅣ 무·로·ᄃᆡ 그·러·면 비·디 :언매·
나 ᄒ·뇨 夫붕人싄·이 對·됭答·답·호·ᄃᆡ ·우리 ·항 것 :둘·히 내
비·틀 모·ᄅᆞ·시리·니 내 모·맷 비·든 金금 二·ᅀᅵᆼ千쳔斤근·이·오
내 비·욘 ·아·기 빋·도 ᄒᆞᆫ가·지·니이·다 長:댱者:쟝ㅣ 그 :마·를
從쭁·ᄒ·야 金금 四·숭千쳔斤근·을 :내·야 王왕·끠·와 比·뼁丘쿨·
끠·와 받ᄌ·ᄫᅵ니·라 王왕·과 比·뼁丘쿨·왜 그 지·븨 ·자시·고 이·

틄·날 아ᄎ·ᄆ·ᅵ :세 :분·이 門몬 밧·긔 ·나·샤 여·희·실 ᄣ·ᅥ·긔 :몯·
내 슬·허 우러 오·래 머·므·더시·니 夫붕人ᅀᅵᆫ·이 王왕·ᄭᅴ 슬·ᄫᅩ·
ᄃᆡ 오·ᄂᆞᆯ 여·희ᅀᆞ·ᄫᅩᆯ 後:ᅘᅳᇦ·에 ·ᄭᅮᆷ·밧 아니·면 서르 ·보ᅀᆞ·ᄫᅩᆯ ·길·
히 :업·건마ᄅᆞᆫ 그·러·나 :사ᄅᆞ·ᄆᆡ 善:쎤을 닷·고 듣 〈月釋8:95ㄱ〉

·녀 나ᄆᆞᆫ ·ᄡᅳ·디 아니·라 利·링益·혁 드·빌 이·ᄅᆞᆯ 各·각各·각 受:
쓩ᅘᅩᆼ ᄡᅳ·리·니 大·땡王왕·이 宮궁中듕·에 :겨·싏 저·근 ·비 골·
픈 ·ᄃᆞᆯ 모·ᄅᆞ·시·며 ·옷 :허ᄂᆞᆫ ·ᄃᆞᆯ 모·ᄅᆞ·더시·니 大·땡王왕·하 往:
왕生싱偈·꼉·ᄅᆞᆯ 닛·디 마라 외·와 듣·니쇼·셔 ·이 偈·꼉·ᄅᆞᆯ 외·오·
시·면 골·픈 ·비·도 브르·며 :헌 ·옷·도 암·글·리이·다 ᄒᆞ·고 往:왕
生싱偈·꼉·ᄅᆞᆯ 슬·ᄫᅩ·ᄃᆡ 願·원往:왕生싱 願·원往:왕生싱 願·원在·
찡彌밍陁땅會·ᅘᅱᆼ中듕 坐·쭹手:슣執·집香향花황 常썅供공養·양
願·원往:왕生싱 願·원往:왕生싱 願·원生싱極·끅樂·락 見·견彌밍
陁땅 獲·ᅘᆡᆨ蒙몽摩망頂·뎡受:쓩記·긩ᅘᅥᇙ 願·원往:왕生싱 願·원
往:왕生싱 往:왕生 〈月釋8:95ㄴ〉

싱極·끅樂·락 蓮련花황生싱自·쭝他탕一·힔時씽成쎵佛·뿡道:
똥】【願·원ᄒᆞ노·니 ·가나가지이·다 願·원ᄒᆞ노·니 ·가나가
지이·다 願·원ᄒᆞ노·니 彌밍陁땅會·ᅘᅱᆼ中듕 坐·쭹·애 이·셔 소·내
香향花황 자·바 샹·녜 供공養·양ᄒᆞ·ᅀᆞᄫᅡ·지이·다 願·원ᄒᆞ노·니
·가나가·지이·다 願·원ᄒᆞ노·니 ·가나가·지이·다 願·원ᄒᆞ노·니
極·끅樂·락·애 ·나 彌밍陁땅·ᄅᆞᆯ ·보ᅀᆞ·ᄫᅡ 머·리 ᄆᆞᆫ·지샤 몰 닙ᅀᆞ·

바 記·긩䎃·묋·을 受·씋·ᄒᆞ·ᅀᆞᄫᅡ·지이·다】【記·긩䎃·묋·은 分분
簡:간홀·씨·니 簡·간은 대·짜·개·니 :녜·ᄂᆞᆫ 죠·히 :업서 ·대 <月釋
8:96ㄱ>

·를 엿·거 ·그를 ·쓰더니·라 부:톄 授·씋記·긩·ᄒᆞ샤·미 ·글 ·쑤·미
·근·고 제여·곰 달·오·미 ·대짜개 ·ᄀᆞᆮ홀·씨 簡:간·을 ᄂᆞᆫ·호·다 ᄒᆞ·
니·라】【願·원·ᄒᆞ노·니 ·가·나가·지이·다 願·원·ᄒᆞ노·니 ·가·나
가·지이·다 極·끅樂·락·애 ·가 나 蓮련花황·애 ·나·아 나·와 ·늄·
괘 一·힗時씽·예 佛·뿛道·똫·를 일·워·지이·다】【王왕·이 드르·
시·고 깃그·샤 :가려 ·ᄒᆞ싫 저·긔 夫붕人ᅀᅵᆫ·이 王왕·ᄭᅴ 다시
ᄉᆞᆯ·ᄫᅩ·디 내 비·욘 ·아기 아·ᄃᆞᆯ·옷 ·나거·든 일·후·믈 므·스기·라
ᄒᆞ·고 ·ᄯᆞᆯ·옷 ·나거·든 일·후·믈 므·스기·라 ᄒᆞ·리잇·고 어버·ᅀᅵ
ᄀᆞ·자 이신 저·긔 일·후·믈 一·힗定·뗭ᄒᆞ·사이·다 王왕·이 드르
<月釋8:96ㄴ>

·시·고 ·눉·므·를 흘·리·며 니ᄅᆞ·샤·ᄃᆡ ·나·ᄂᆞᆫ 드·로·니 어버·ᅀᅵ
:몯 ᄀᆞ·ᄌᆞᆫ 子:중息·식·은 ·어딘 :이·를 비·호·디 :몯홀·씨 어버·의
일·후·믈 :더러·빙ᄂᆞ·다 ᄒᆞᄂᆞ·니 나거·든 ᄯᅡ·해 무·더·브·료·ᄃᆡ
ᄒᆞ·리이·다 夫붕人ᅀᅵᆫ·이 ᄉᆞᆯ·ᄫᅩ·디 大·땡王왕ㅅ :말ᄊᆞ·미·ᅀᅡ ·올커·
신마·ᄅᆞᆫ 내 ᄠᅳ·데 :몯 마·재이·다 아·ᄃᆞ·리어·든 일·후·믈 孝·흉
子:중ㅣ·라 ᄒᆞ·고 ·ᄯᆞ·리어·든 일·후·믈 孝·흉養·양·이·라 ·호·ᄃᆡ
:엇·더ᄒᆞ·니잇·고 王왕·이 夫붕人ᅀᅵᆫㅅ ·ᄠᅳ·들 :어엿·비 너·기·샤

니루·샤디 아두·리 ·나거·든 安한樂·락國·귁·이·라 ᄒᆞ·고 ·ᄯᆞᆯ·옷
·나거·든 孝·흉養·양·이·라 ·ᄒᆞ쇼·셔 :말 :다 ᄒᆞ시·고 ·슬·ᄒᆞ디·여
우·러 여·희시·니 王왕·이 比·뼁丘쿨·와 ·ᄒᆞ·샤 林림 <月釋8:97
ㄱ>

淨·쪙寺·ᄊᆞᆼ·애 ·가신·대 光광有:율聖·셩人신·이 ·보시·고 ᄀᆞ·장
깃그·샤 ·즉자·히 金금鑵·관子·ᄌᆞᆼ :둘·흘 받ᄌᆞᆸ·바 찻·믈 길·이:ᅀᅳᆸ
·더시·니 王왕·이 金금鑵·관子·ᄌᆞᆼ·ᄅᆞᆯ 나못 :두 그·테 ·ᄃᆞ·라 :메시·
고 ·믈 기·르·며 ᄃᆞᆫ·니·실 ᄊᆞ·긔 :원소·내 往:왕生싱偈·꼥·를 자
ᄇᆞ·샤 노·티 아니·ᄒᆞ·야 외·오·더시·다 駕갱鴦ᅘᅣᆼ夫붕人신·이 長:
댱者:쟝ㅣ 지·븨 이·셔 아두·를 나ᄒᆞ·니 양·ᄌᆡ 端돤正·졍·ᄒᆞ더·
니 長:댱者:쟝ㅣ 보·고 닐·오·ᄃᆡ 네 아두·리 ·나·히 열아·홉·만
·ᄒᆞ·면 내 지·븨 아니 이싫 相·샹이로·다 ·ᄒᆞ더·라 닐·굽 ·ᄒᆡ어·늘
그 ·아기 ·어마:니ᇝ긔 슬·ᄫᅩ·ᄃᆡ ·내 ·어마:니ᇝ ·ᄇᆡ·예 이실 ᄊᆞ·긔
아·비:니·미 어·듸 ·가시·니잇·고 夫붕人신 <月釋8:97ㄴ>

·이 닐·오·ᄃᆡ 長:댱者:쟝ㅣ 네 아비·라 그 ·아기 닐·오·ᄃᆡ 長:댱
者:쟝ㅣ 내 아비 아니·니 아바:니·미 어·듸 ·가시·니잇·고 夫붕
人신·이 ·므·다·ᄃᆞᆺ :울·며 모·골 몌·여 닐·오·ᄃᆡ 네 아바:니·미
婆빵羅랑門몬 :ᄍᆞᆼ:님·과 ·ᄒᆞ·샤 梵·뻠摩망羅랑國·귁林림淨·쪙
寺·ᄊᆞᆼ·애 光광有:율聖·셩人신 :겨신 ·ᄃᆡ ·가샤 :됴ᄒᆞᆫ :일 닷ᄀᆞ·
시·ᄂᆞ니·라 그 저·긔 安한樂·락國·귁·이 ·어마:니ᇝ긔 슬·ᄫᅩ·ᄃᆡ :

170

나를 ·이제 노ᄒᆞ·쇼·셔 아바:니ᄆᆞᆯ ·가 ·보·ᅀᆞᆹ·지이·다 夫붕人ᅀᅵᆫ·이 닐·오·ᄃᆡ :네 ·처ᅀᅥᆷ ·나거·늘 長:댱者:쟈ㅣ 닐·오·ᄃᆡ ·나히 닐·굽 여·듧·만ᄒᆞ·면 내 지·븨 아니 이실 아ᄒᆡ·라 ·ᄒᆞ더·니 이제 너·를 노·하 보·내·면 내 ·모·미 長:댱者:쟈ㅣ 怒:농 〈月釋8:98ㄱ〉

·를 맛나·리·라 安한樂·락國·귁·이 닐·오·ᄃᆡ ᄀᆞᄆᆞ니 逃뚈亡망·ᄒᆞ·야 ᄲᆞᆯ·리 녀·러 :오·리이·다 그 저·긔 夫붕人ᅀᅵᆫ·이 :어:엿븐 ·ᄠᅳ·들 :몯 이·긔·여 門몬 밧·긔 :내·야 보·내야·늘 安한樂·락國·귁·이 바·ᄆᆡ 逃뚈亡망·ᄒᆞ·야 ᄃᆞᆮ다가 그짓 ·ᄭᅩᆯ ·볋 :죠·올 맛나니 자·바 구·지조·ᄃᆡ :네 :엇·뎨 ·항것 背·빙叛·빤 ᄒᆞ·야 ·가ᄂᆞ·다 ᄒᆞ·고 ·스ᄎᆞ·로 :두소·ᄂᆞᆯ 미·야 ·와 長:댱者:쟈ㅣ :손ᄃᆡ 닐·어·늘 長:댱者:쟈ㅣ 怒:농·ᄒᆞ·야 :손소 安·한樂·락國·귁·의 ᄂᆞ·출 피:좃고 ·밧:돐 ·므·를 ᄇᆞᄅᆞ·니·라 後:ᅘᅮᆯ·에 安한樂·락國·귁·이 ·어마:니ᇝ그 다시 :숩·고 사긴 ᄂᆞ·ᄎᆞ·란 ᄣᅵ·리고 逃뚈亡망·ᄒᆞ·야 梵·뻠摩망羅랑國·귁·으·로 ·가더·니 竹·듁林림國·귁·과 〈月釋8:98ㄴ〉

梵:뻠摩망羅랑國·귁·과 :두 나·랏 ᄉᅀᅵ·예 ·큰 ᄀᆞᄅᆞ·미 이·쇼·ᄃᆡ ·ᄇᆡ :업거·늘 :ᄀᆞ·ᄉᆞᆯ 조차 :바니다가 忽·ᅘᅩᆯ然션·히 ·싱·각·ᄒᆞ·야 ·딥동 :세 무·슬 :어더 ·ᄭᅱ·로 어·울·워 미·야 ·므·레 ᄯᅴ·오고 그 우·희 올·아 안자 하ᄂᆞᆳ·긔 :비·ᅀᆞᆸ·ᄃᆡ 내 眞진實·씷ㅅ ᄆᆞᅀᆞ·ᄆᆞ·로 아바·님 ·보·ᅀᆞᆸ고·져 ᄒᆞ거·든 ᄇᆞᄅᆞ·미 부러 ·뎌 :ᄀᆞ·새 :건:내쇼·셔 ᄒᆞ·고 合·ᅘᅡᆸ掌:쟝·ᄒᆞ·야 往:왕生ᄉᆡᆼ偈·껭·를 외·온·대

自쫑然션·히 브르·미 부러 ·믈ᄀ쇠 :건·내 부치니 :그 梵뻠摩
망羅랑國·귁 ·ᄊᆞ·히러·라 그 ·딥도·ᄋᆞ·란 :ᄀᆞ세 :지·혀 미·오 林
립淨·쪙寺·ᄊᆞᆼ·로 ·가ᄂᆞᆫ 므듸·예 ·대·水히 이·쇼·ᄃᆡ 東동風봉·이
:불·면 그 소·리 南남無뭉阿항彌밍陁땅佛·뿛ᄒᆞ·고 <月釋8:99ㄱ>

南남風봉·이 :불·면 攝·셥化·황衆·즁生싱阿항彌밍陁땅佛·뿛ᄒᆞ·
고 西셍風봉·이 :불·면 渡·똥盡:찐稱칭念·념衆·즁生싱阿항彌밍
陁땅佛·뿛ᄒᆞ·고 北·븍風봉·이 :불·면 隨쒱意·힁往:왕生싱阿항彌
밍陁땅佛·뿛ᄒᆞ더·니】 【攝·셥化·황·ᄂᆞᆫ 거·두자·바 敎·굘化·황
ᄒᆞ실·씨·라 渡·똥盡:찐稱칭念·념衆·즁生싱·은 일큳ᄌᆞ·바 念·념
ᄒᆞ습·ᄂᆞᆫ 衆·즁生싱·을 :다 濟·졩渡·똥ᄒᆞ실·씨·라】 【安한樂·락
國·귁이 듣고 ᄀᆞ·장 깃·거·ᄒᆞ더·라 그 ·대·숩 수·싀예 林림淨·쪙
寺·ᄊᆞᆼㅣ 잇·더·니 安한樂·락國·귁이 ·뎌·를 向·향·ᄒᆞ야 ·가ᄂᆞᆫ 저
긔 길·헤 八·밣婇:ᄎᆡᆼ女:녕·를 맛나 <月釋8:99ㄴ>

니 往:왕生싱偈·꼥·를 브르·며 摩망訶항栴젼檀딴 우믌 ·므·를
기·러 ·가거·늘 安한樂·락國·귁·이 무로:ᄃᆡ 너희 브르·ᄂᆞᆫ 偈·꼥·
ᄂᆞᆫ 어·드러·셔 나뇨 婇:ᄎᆡᆼ女:녕ㅣ 對·됭答·답·호·ᄃᆡ 西셍天텬國·
귁 沙상羅랑樹·쓩大·땡王왕 鴛훤鴦향夫붕人싄ㅅ 偈·꼥·니 ·우
리·도 沙상羅랑樹·쓩大·땡王왕ㅅ 夫붕人싄·ᄃᆞᆯ·히라니 :녜 勝·
싱熱·엻婆빵羅랑門몬比·삥丘쿨ㅣ ·우리 王왕宮궁·의 ·가샤 ·우
리·를 ᄃᆞ·려·오시·고 後:ᅘᅮᇢ·에 다시 ·가샤 沙상羅랑樹·쓩大·땡

172

王왕·과 鴛훤鴦향夫붕人신·을 :뫼·셔 ·오·시다·가 夫붕人신·이
허·튀 알·하 거·르·믈 :몯 :거·르실·씨 王왕·과 比뼝丘쿨·왜 竹·듁
林림國·귁 <月釋8:100ㄱ>

子:중賢현長:댱者:쟝ㅣ 지·븨 :뫼·셔다·가 :죵 사·마 ·프·라시·늘
夫붕人신·이 여·희·싫 저·긔 大·땡王왕·씌 :슬·ᄫᅥ샤·딕 往:왕生싱
偈·꼥·를 외·오시·면 골·폰 ·빅·도 브르·며 :헌 ·옷·도 ·새 ·ᄀᆞ트·리·
니 淨·쪙土:통·애 흔·듸 ·가 나·사이·다 ᄒᆞ·야·시·늘 王왕·이 비·
호·샤 순·지 그·치·디 아니·ᄒᆞ·야 외·오·시ᄂᆞ·니 ·우리·도 ·이 偈·
꼥·를 좃ᄌᆞ·바 외·오·노소·라 安한樂·락國·귁·이 무·르·딕 沙상羅
랑樹쓩大·땡王·왕·이 어·듸 :겨시·뇨 對·됭答·답·호·딕 길·헤 ·믈
기·러 ·오·시ᄂᆞ·니·라 安한樂·락國·귁·이 그 :말 듣·고 ·길ㅎ·로
向·향ᄒᆞ·야 ·가다·가 아바:니·믈 맛·나ᅀᆞ·바 :두 허·튀·를 :안·고
:우더·니 王왕·이 :무·르샤·딕 ·이 ·아·기 :엇뎌 <月釋8:100ㄴ>

·니완·딕 늘·그·늬 허·튈 :안·고 ·이·리·ᄃᆞ·록 :우는·다 安한樂·락
國·귁·이 :온 ᄠᅳᆮ :ᄉᆞᆲ·고 往:왕生싱偈·꼥·를 외·온·대 王왕·이 그
제·ᅀᅡ 太·탱子:중ㅣㄴ ·고·ᄃᆞᆯ :아ᄅᆞ시·고 긼 :ᄀᆞ·새 아나 안ᄌᆞ·
샤 ·오·시 ᄌᆞᄆᆞ·기 :우·르시·고 니ᄅᆞ·샤·딕 네 ·어마:니·미 :날
여·희·오 시·ᄅᆞᄆᆞ·로 :사니다·가 ·이제 ·ᄯᅩ 너·를 여·희·오 더·욱
·우·니ᄂᆞ·니 어·셔 도·라니거·라 王왕·과 太·탱子:중·왜 슬픈 ·ᄠᅳ·
들 :몯 이·긔·샤 오·래 :겨·시다·가 여·희·싫 저·긔 王왕·이 놀·애·

·를 브르·샤·딕 아라 녀·리 그·츤 ·이·런 이·본 길·헤 눌 :보리·라
·ᄒ·야 우·러·곰 온·다 ·아·가 大·땡慈ᄍᆞᆼ悲빙 :우니·ᄂᆞᆫ 鴛훤鴦ᅙᅣᆼ
鳥·됴·둘·와 功공德·득 修슘行·ᄒᆞᄂᆞᆫ ·이 내 몸·과 成쎵等:둥 <**月釋**
8:101ㄱ>

正·졍覺·각 나래·ᅀᅡ 반 드·기 마조 :보리여다 그 저·긔 太·탱子:
중ㅣ :울·며 ·저슥·바 여·희·습·고 도로 ᄀᆞ·ᄅᆞᆺ :ᄀᆞ·새 ·와 ·딥·비
·트·고 往·왕生싱偈·꼥·를 브르·니 ᄇᆞᄅᆞ·미 부·러 竹·듁林림國·
귁·으·로 :지불·여·늘 무·틔 올·아 ·오·ᄂᆞᆫ ᄆᆞ딕·예 ·쇼 칠 아·ᄒᆡ
놀·애·를 블·로·딕 安한樂·락國·귁·이·ᄂᆞᆫ 아비·를 보·라 가·니 ·어
미·도 :몯 ·보·아 시·르·미 더·욱 깁거·다 ·ᄒᆞ야·늘 安한樂·락國·
귁·이 듣·고 무·로·딕 므·슴 놀·애 브르·ᄂᆞᆫ·다 對·됭答·답·호·딕
子:중賢현長:당者:쟝ㅣ 지·븨 鴛훤鴦ᅙᅣᆼ·이·라 ·홀 :죠·이 ·ᄒᆞᆫ 아
ᄃᆞᆯ·를 나하·늘 그 ·아기 닐·굽 :설 머·거 아비 보·라 ·니·거지·라
ᄒᆞᆫ·대 그 어·미 :어엿·비 너·겨 노·하 보내·여·늘 그 長:당 <**月釋**
8:101ㄴ>

者:쟝ㅣ 鴛훤鴦ᅙᅣᆼ·이·를 자·바 네 아·들 어·듸 가뇨 ᄒᆞ·고 環횐刀
돌·를 메·여 ·틿 時씽節·ᄀᆞᆯ·에 鴛훤鴦ᅙᅣᆼ·이 놀·애·를 블·로·딕 :고
ᄇᆞ·니 :몯 ·보·아 ·슬·웃 :우·니다·니 :님·하 오ᄂᆞᆳ나·래 넉·시·라
마·로·리어·다 ·ᄒᆞ야·늘 長:당者:쟝ㅣ 菩뽕提똉樹·쓩 미·틔 드·려
다·가 삼동:내 버·혀 더뎻·ᄂᆞ·니·라 安한樂·락國·귁이 듣·고 菩뽕

提똉樹쓩 미·틔 가 보·니 삼동:내 ·버·혀 더·뎻거·늘 주·어다가

次충第똉·로 니·서노·코 싸해 업데·여 그 울며 슬하·디·여 :우

니 하·늘·히 드·러·치더니 오·라거·늘 니·러 西솅ㅅ녁 向·향·ᄒ·

야 合·협掌·쟝ᄒ·야 ·눖·믈 쓰·리·고 하늘 브르·며 偈·꼥·를 지·서

블·로·ᄃᆡ 願·원我:앙臨림欲욕 〈月釋8:102ㄱ〉

命·명終즁時씽盡:찐除떵一·읧切·촁諸졍障·쟝碍·앵面·면見·견

彼:빙佛·뿛阿항彌밍陁땅卽즉得·득往:왕生싱安한樂·락利·리ㅣ】

【願·원ᄒᆞ돈 ·내 ᄒᆞ마 命·명終즁홇 時씽節·졇·에 一·읧切·촁 ᄀᆞ

린 거·슬 ·다 더·러 ᄇᆞ·리·고 ·뎌 阿항彌밍陁땅佛·뿛을 ·보ᅀᆞ·바

·즉자·히 安한樂·락利·리 찷애 ·가·나가·지이·다】 【·즉자·히 極·끅

樂·락世·솅界·갱·로·셔 四·ᄉᆞ十·씹八·밣龍룡船쒼이 眞진如영大·

땡海:힝·에 ·ᄣᅵ 大·땡子:ᄌᆞ 알ᄑᆡ 오·니 그 龍룡船쒼 가·온·딧

:굴·근 菩뽕薩·삻들·히 太 〈月釋8:102ㄴ〉

·태子:ᄌᆞ ᄃᆞ·려 닐·오·ᄃᆡ 네 父·뿡母몽·ᄂᆞᆫ 볼·쎠 西솅方방애 ·가

샤 부톄 ᄃᆞ외·얫 ·거시·늘 ·네 ·일 :몰·라 이실·씨 ·길 자·ᄇᆞ·라

:오·라 ᄒᆞ야시·늘 太·탱子:ᄌᆞㅣ 그 :말 듣·고 깃·기 獅승子:ᄌᆞ座·

쫭·애 올·아 虛헝空콩·ᄋᆞᆯ ·타 極·끅樂·락世·솅界·갱·로 가니·라

光광有:울聖·셩人신은 ·이젯 釋·셕迦강牟뭏尼닝佛·뿛이시·고

沙상羅랑樹쓩大·땡王왕·은 이젯 阿항彌밍陁땅佛·뿛 ·이시·고

鴛훤鴦향夫붕人신은 ·이젯 觀관世·솅音흠菩뽕薩·삻 ·이시·고

安한樂·락國·귁은 이젯 大·땡勢·셍至·징菩뽕薩·삻이시·고 勝·싱
熱·텷婆빵羅랑門몬·은 ·이젯 文문殊쓩ㅣ시고 八·밣妹·칭女·녕
는 이젯 八 <月釋8:103ㄱ>

·밣大·땡菩뽕薩·삻이시·고 五:옹百·빅弟:똉子:중는 이젯 五:옹
·빅羅랑漢·한이시·니·라 子:중賢현長:댱者:쟝는 無뭉間간地·띵
獄·옥·애 ·드·리잇느·니·라】○方방等:등 여·듧 ·히 니르·시·고
버·거 ·스·믈 :두 힛 스·싀·예 般반若:샹·를 니르·시니·라【般반
若:샹 ·처섬 니르·샤·미 부텻 ·나·히 ·쉬니·리시·니 穆·목王왕
ㅅ ·스·믈:네찻 ·히 癸:귕卯몰ㅣ·라 般반若:샹·는 :뷘 理:링·를
니르·샤 相·샹 이·쇼·믈 ·허·르시·니 五:옹蘊·훈·이 淸쳥淨·쪙ㅎ·
며 四·숭諦·뎽 十·씹二·싱緣원 六·륙度·똥法·법·이·며 諸정佛·뿛
ㅅ <月釋8:103ㄴ>

十·씹力·륵菩뽕提똉 :다 淸쳥淨·쪙·타 ·ㅎ시·며 ·빗·괴 소·리로
:나·를 求꿯ㅎ·면 邪썅曲·콕흔 道:똘理:링·라 如셩來링 :몯 보·
리·라 ·ㅎ시·며 一·힗切·쳉諸정相·샹을 여·희·면 일·후·미 諸정佛·
뿛·이·라 ·ㅎ시·며 ·내 一·힗切·쳉 衆·즁生싱·을 滅·멿度·똥·호·디
혼 衆·즁生싱·도 滅·멿度·똥 得·득ㅎ·니 :업·다 ·ㅎ·샤 ·이런 ·뜨·
들 니르·시·고 쏘 須슝菩뽕提똉 舍·샹利·링弗·붏 ㅎ·야 菩뽕薩·
삻 ㄱ르·치·라 ·ㅎ시·니 菩뽕薩·삻이 ·밤·낫 精졍進·진ㅎ·야 無뭉
上·썅道·똘·를 일·우·게 두외·니·라】 <月釋8:104ㄱ>

176

月·윓印·ᅙᅵᆫ千쳔江강之징曲·콕　第·뗑八·밣釋·셕譜·봉詳썅節·졇

第·뗑八·밣 <**月釋8:104ㄴ**>

[원전] 광흥사 월인석보 권7

月印釋譜

이 한글 전사는 권7과 권8의 모든 내용을 수록하기 위해 원간본인 동국대 도서관 소장본(보물 745-2호)을 옮긴 것이며 다음 이어질 광흥사본과는 앞에서 설명하였던 바와 같이 표기 차이를 보인다.

大땡王왕하 아ᄅᆞ쇼셔 婬음欲욕앳 이

ᄅᆞᆫ 婬음欲욕은 婬음亂란ᄒᆞᆫ 欲욕心심이라 즐거ᄫᅮ믄 젹고

受쓯苦콩ㅣ 하니 ᄇᆞᄅᆞᆷ 거스려 홰 자

봄 ᄀᆞᆮᄒᆞ야 노하ᄇᆞ리디 아니ᄒᆞ면 당다

이 제 모미 데오 ᄆᆞᆺ가 나ᄂᆞᆫ 곳 ᄀᆞᆮᄒᆞ야 고

ᄫᅵ너기면 당다이 제 모미 더러ᄫᅳ며

레 옴ᄋᆞᆯ 글그며 渴캃ᄒᆞᆫ 제 ᄧᆞᆫ 믈 먹ᄃᆞᆺᄒᆞ

月印釋譜七 十八

야 ᄉᆞᆯ쯤 모ᄅᆞ며 渴캃ᄋᆞᆫ 목ᄆᆞᄅᆞᆯ씨라 가히 ᄲᅧ를

너흘며 입시울 ᄒᆞ야디ᄂᆞᆯ 모ᄅᆞ고

기ᄆᆞᆺ 貪탐ᄒᆞ면 제 몸 주구믈 모ᄅᆞᄂᆞ

니 이 ᄃᆞᆯᄒᆞ니 獼밍猴ᅘᅮᇢ王왕ᄋᆞᆫ 이젯 내

모미오 迦강尸싱國귁王왕ᄋᆞᆫ 이젯 難

난陁땅ㅣ오 婬음女녕ᄂᆞᆫ 이젯 孫손陁

땅利링라 孫손陁땅利링ᄂᆞᆫ 難난陁땅ㅣ 겨지비라 내 그제

如ᅙᆞ야 國귁을 〔에〕

諸졍

十씹九

法법百

說쉃

數숭

雜짭 一

求 其끵

十씹八밣

諸졍天텬 供養 ᄒᆞ고

供養

羅 國귁 仙션 山산

池띵 阿 刹

乾껀 龍룡

那낭 羅 龍룡

羅 刹

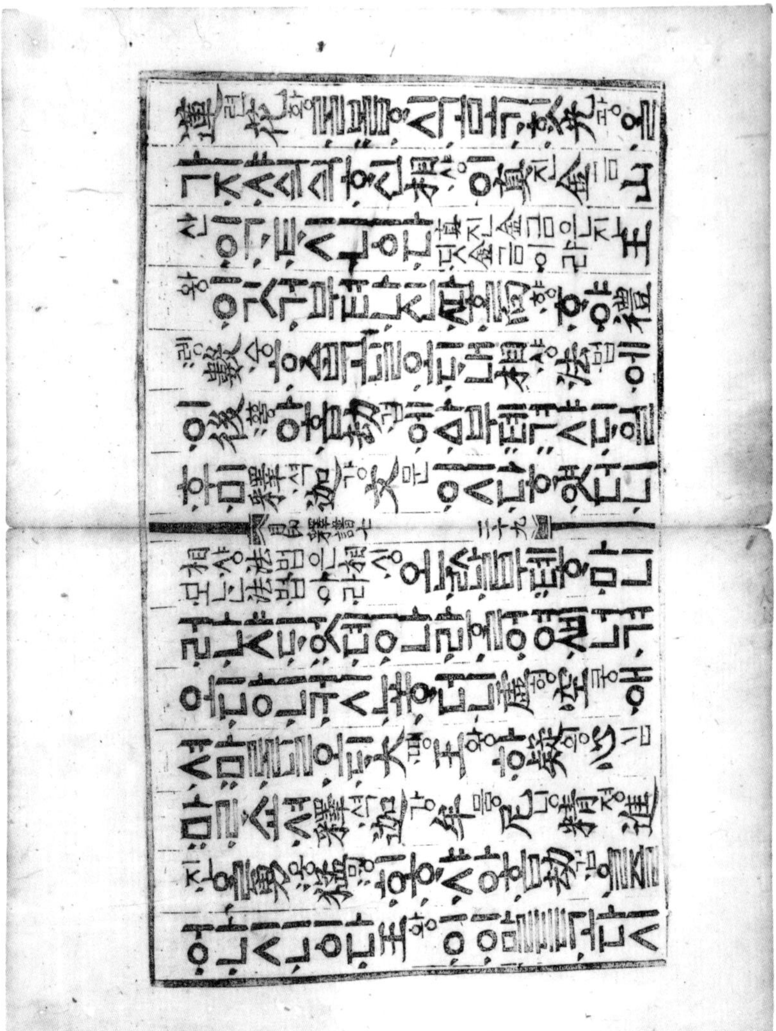

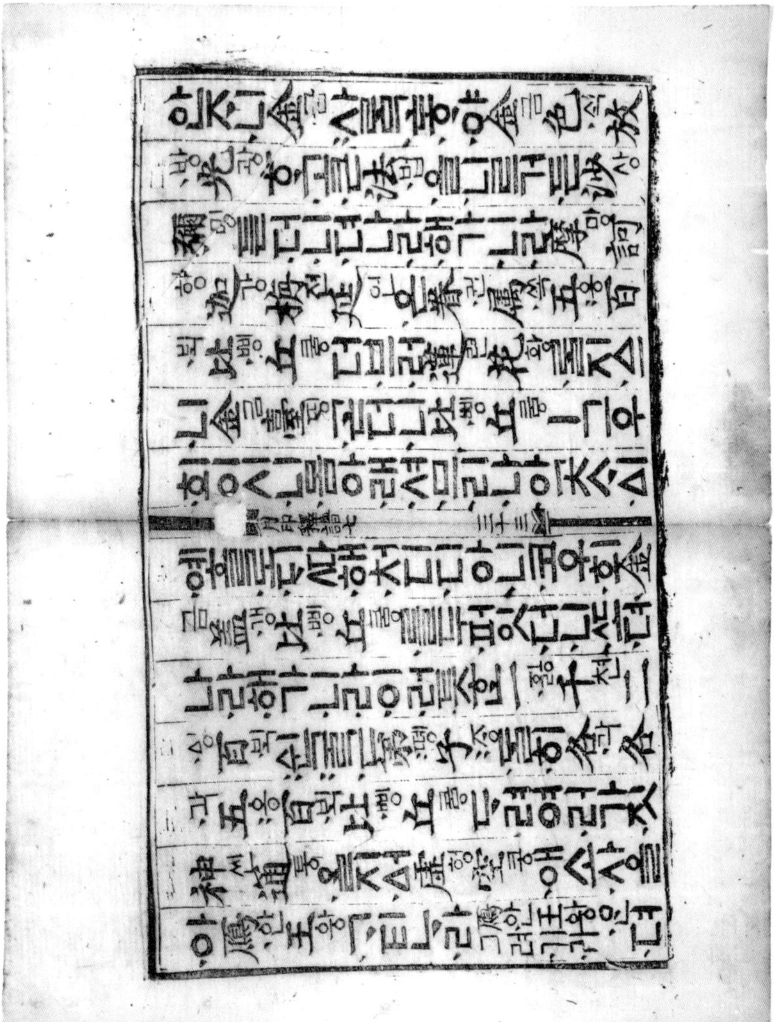

一은 이야 龍ᄋᆞᆯ 世솅尊존ㅅᄭᅴ 받ᄌᆞ오며
어리고 ᄎᆞ강 ᄉᆞᆷ 敎教ᄒᆞ야 소ᅡᆺ샤 다ᄅᆞ시니라
師ᄉᆞ 檀단越ᅌᅪᇙ이 檀단 ᄉᆞ랑ᄒᆞ샤 阿ᅙᅡᆼ雜ᄶᆞᆸᆨ이오 雜ᄶᆞᆸ은 이라
師ᄉᆞ ᄭᅵ ᄃᆞᆯ히 師ᄉᆞᆯ 檀단ᅌᅯᇙᄋᆞᆯ 르니ᄃᆞᆯ히 師ᄉᆞᆼ
ᄭᅢ옛 ᄃᆞᆯ히 이 엇뎨 ᄒᆞᆫ 寶ᄫᅩᇢ衆즁ᄃᆞᆯ히 사ᇝ며 五ᅌᅩ
檀단越ᅌᅪᇙ이 스이ᅀᆞ오며 ᄃᆞᆯ히 이 世솅衆즁ᄃᆞ리며

百ᄇᆡᆨ億ᅙᅳᆨ 衆즁生ᄉᆡᇰ 寶ᄫᅩᇢ進진 ᅀᅱᆼ殿땐 行ᅘᆡᇰ
ᄒᆞ니라 百ᄇᆡᆨ億ᅙᅳᆨ 德득 겨시ᄂᆞ니 進진ᄋᆞᆯ 아ᄒᆞ야 行ᅘᆡᇰ
五ᅌᅩ劫겁 百ᄇᆡᆨ劫겁 德득 겨ᅀᆞᄫᅵᆫ 花ᅘᅪ嚴엄經ᄀᆡᇰ 花ᅘᅪ嚴엄經ᄀᆡᆼ을 알ᅌᅦ ᄒᆞ니
ᄃᆞᆯᄒᆞ며 ᄃᆞ릴 世솅ᄉᆞ 寶ᄫᅩᇢ進진ᄋᆞᆯ
ᄃᆞ에 ᄃᆞ릴 八바ᇙ跌ᄠᅴᆶ坐쫭ᄒᆞ야 寶ᄫᅩᇢ座쫭ᄒᆞ

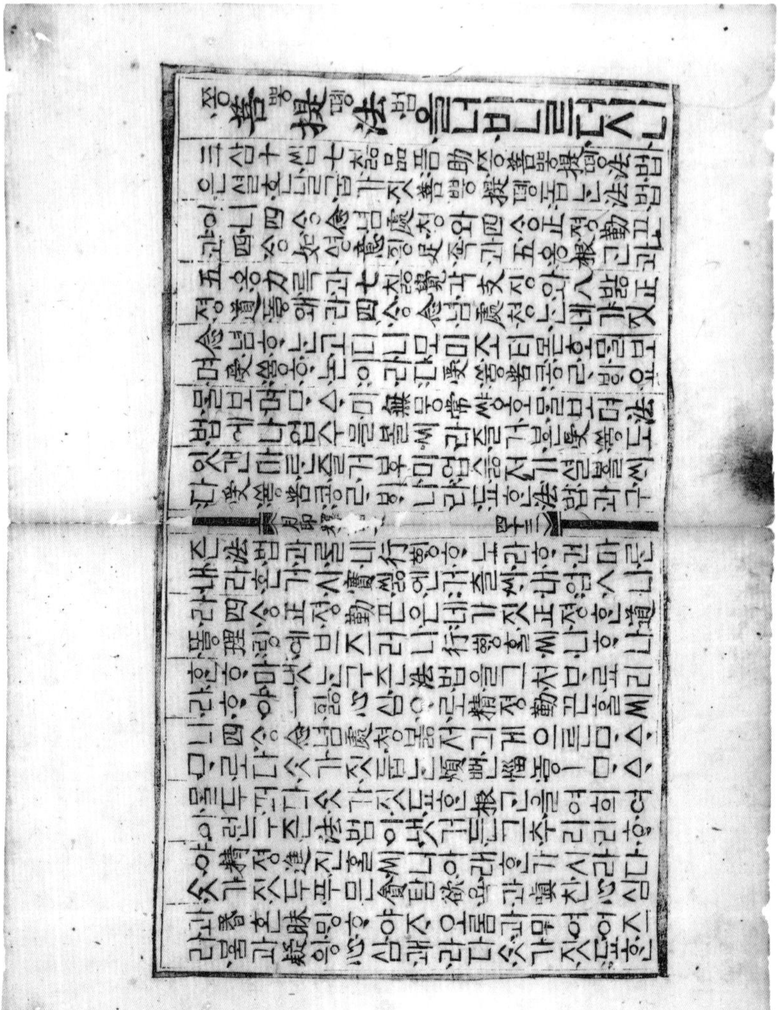

龍王ㅅ긔에ᄉ가옮으로ᄆᆞᄅ샤

ㅌ니ᄃᆞ慮ᄒᆞ야ᄋᆞᄋᆞ墻ᄒᆞᆯ에의ᄎᆞ

千五百히큰ᅀᅧ러ᄋᆞᄂᆞ니라

ᄃᆞ墻ᄒᆡ며ᄎᆞᄉ十人ᄒᆞᆯ僧ᄫᆞ

ᄒᆞ야僧ᄉᆞ러며소ᄒᆞᄒᆞ앙ᄉᆞᄃᆞᄃᆞ

ᄂᆞᄒᆞ며ᄋᆞ아ᄃᆞᄃᆞᄒᆞ앙ᄉᆞᄃᆞᄃᆞ

에ᄉᆞ며ᄆᆞᄃᆞᄉᆞ아ᄉᆞᄉ

天텬이佛ᄋᆞᆯ供養ᄒᆞᄉᆞᄫᆞ

三佛영을供養法법ᄒᆞᄉᆞᄫᆞᆯᄫᆞ佛

ᄒᆞᆺ음ᄒᆞᆫᄃᆞᄃᆞᄃᆞᄃᆞᄃᆞᄃᆞ에ᄉᆞᄃᆞᄃᆞ

其긔一ᅙᆞ百ᄇᆡᆨ

極樂樂락世셰界ᄋᆡ阿彌陁

功德ᄒᆞᆯᄂᆞ니ᄉ

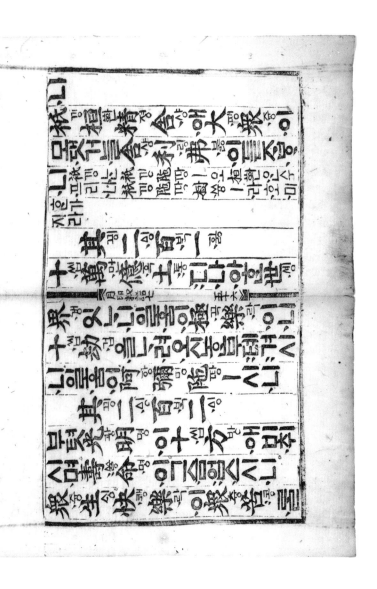

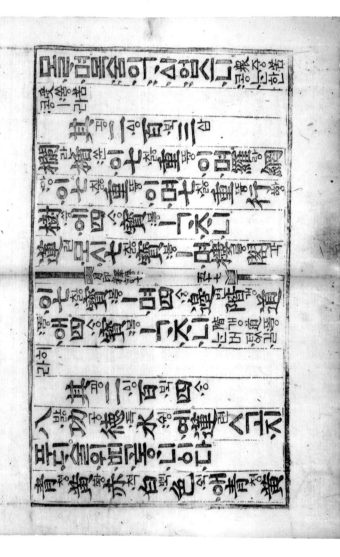

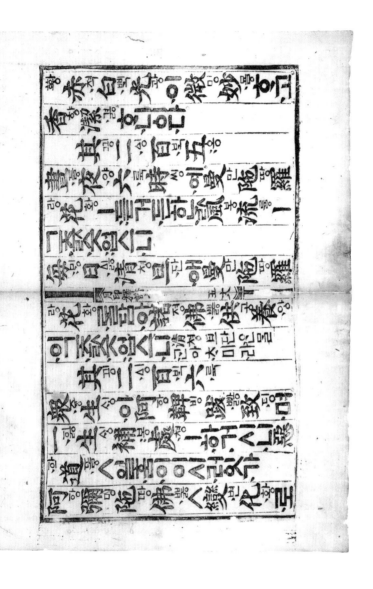

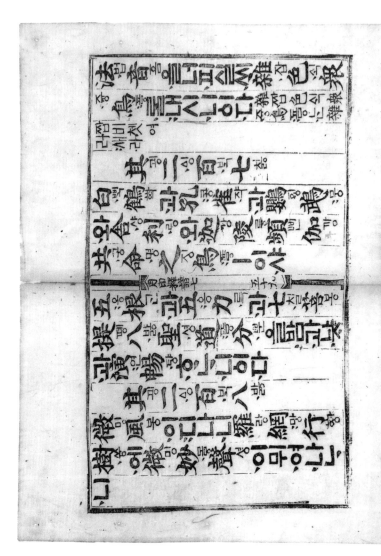

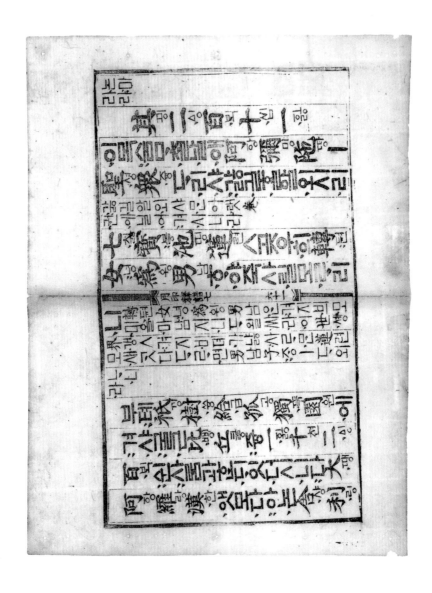

極樂國土 功德水 金 銀 瑠璃 玻瓈

閻 瑠璃 玻瓈 硨磲 赤 珠 瑪瑙

色 光 黃色 黃 光 赤色 赤 光 白

色 白 光 微 妙 香

법法이라 ᄒᆞ니 證은 ᄒᆞ야 나토아 알씨오 象은 生이 나ᄂᆞᆫ 단디라 ᄉ...
... 段은 ᄀᆞᆺ분 거시라 ... 世예 ... 나며 ... 果 ...
... 真 ... ᄒᆞ야 ... 死 ... 生 ...
... ᄒᆞᆫ ... 境에 ... 死 ... 中에 ... 해 ... ᄆ
... ᄀᆞ라 ... ... 無量 解 ... 法을 일워 成ᄒᆞ야 ...

一 生 補 處 一 生 無 量

... 業 無 邊 阿 僧 祇 佛 ... ᄒᆞ야 報ᄒᆞᆫ ... 衆生 ... ᄒᆞ야 ...
... 刹 ... 나 ... 다 ... ᄒᆞ리라 ... ᄉ ... 니 ...
... 佛 ... ᄒᆞ고 ... 故 ... 福 德 ...
... 因 緣 ... 이 ... ᄒᆞ리라 ...

金善男
利子야
弗 ᅙ
善ᄂᆞᆫ男
男ᄒᆞ여子
子긔善
善ᄂᆞ男
女ᄌᆞ
人아
이니뎌
아阿
이미
나타

彌施佛
陀佛ᄅᆞᆯ
ᄅᆞᆯ이니듣
듣ᄂᆞᆫ고
ᄂᆞᆫ사ᄅᆞᆷ
사ᄅᆞ미이
ᄆᆞᆯ혜이
ᄒᆞ나나

佛說命終아阿彌施
佛이終ᄒᆞᆯ제ᄯᅳᆺ
미聖衆ᄯᆞᆫ阿彌
聖衆과로ᄂᆞᆫ뎌
衆과로ᄂᆞᆯ極樂
國土애現ᄒᆞ야ᄒᆞ시利
佛ᄒᆞᄂᆞᆫ이ᄅᆞᆯ樂
호ᄃᆡᄂᆞᆫ이ᄅᆞᆯ

西方世界예 無量壽佛와 無量相佛와 無量幢佛와 大光佛와 大明佛와 寶相佛와 淨光佛와 이런 恒河沙數 諸佛ㅅ긔

北方世界예 焰肩佛와 最勝音佛와 難沮佛와 日生佛와 網明佛와 이런 恒河沙數 諸佛와 下方世界예 師子佛와 名聞佛와 名光佛와 達摩佛와 法幢佛와 持法佛와 이런 恒河沙數 諸佛ㅅ긔 上方世界예

一切諸佛이 護念ᄒᆞᅀᆞᄫᅩᆯ 씨니라

經ᄋᆞᆯ 一切諸佛이 護念ᄒᆞ시논 일후믈 사ᄆᆞ뇨

一切諸佛이 護念ᄒᆞᅀᆞᄫᅩᆯ 씨니 經이 일후미 男子ㅣ나

經을 듣ᄌᆞᄫᅡ 디니ᄂᆞᆫ 사ᄅᆞᆷ과 諸佛ㅅ 일후믈 듣ᄌᆞᄫᅡᆫ 사ᄅᆞᆷ과 이 善男子 善女人이

諸佛이 護念ᄒᆞ시ᄂᆞᆯ 得ᄒᆞ야 阿耨多羅三藐三菩提예 믈러 나디 아니호미 ᄃᆞ외ᄂᆞ니라

이럴ᄊᆡ 舍利弗아 諸佛ㅅ 마ᄅᆞᆯ 信ᄒᆞ라 ᄒᆞ시니

釋迦牟尼佛

娑婆國

菩提

多羅三藐三菩提

衆生

一切

信

法

五濁

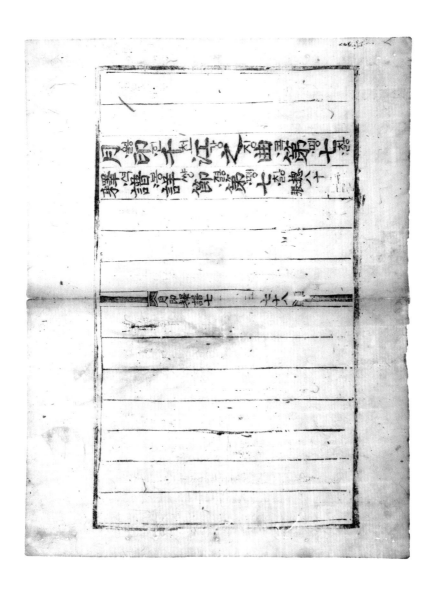

[원전] 광흥사 월인석보 권8
月印釋譜

이 한글 전사는 권7과 권8의 모든 내용을 수록하기 위해 원간본인 동국대 도서관 소장본(보물 745-2호)을 옮긴 것이며 다음 이어질 광흥사본과는 앞에서 설명하였던 바와 같이 표기 차이를 보인다.

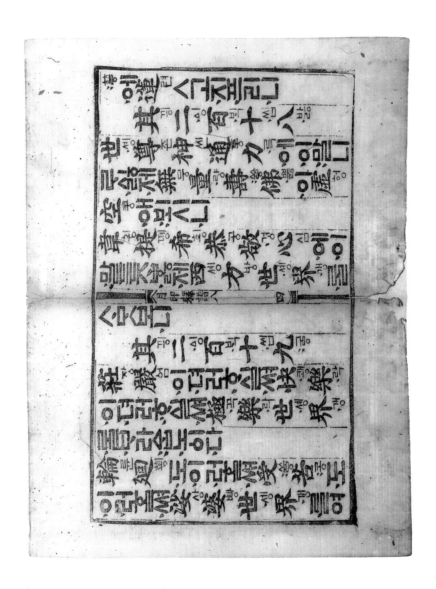

微妙호 菩薩이 般若波羅蜜을 行호미 相好ᅙᆞᆯ 相好로 諸佛如來ㅅ 微妙色身 光明을 金色身이 微妙寶色이 佛功德을 讚嘆相을 觀호미 國王이 自隱德으로 諸天慶에

行者ㅣ 妙法을 펴 니르리니 ... 妙法을 法을 펴 니르리니 ... 定에 드러 ... 定에 ... 多羅ᄅᆞᆯ ᄒᆞᆯᄊᆡ ... 多備ᄒᆞᆯᄊᆡ

... 羅ᄂᆞᆫ ᄒᆞᆫ 마ᄅᆞᆯ ᄉᆞᄆᆞᆺᄆᆞᆯ씨라 ... 妙法蓮華經

... 理ᄂᆞᆫ 法을 ... 根 ... 理ᄅᆞᆯ ... 眞 ... 正 ... 一 ... 法을 行ᄒᆞ야 ...

... 敎化 ... 法ᄂᆞᆫ ... 衆生ᄋᆞᆯ ... 法經

那那修修行行那那佛佛애이거슬達뎌에를無무量량無무數숭河ᇰ沙상와僧ᄀᆞᆮ니無무量량壽佛相샤ᅇᆞ이비예相샤ᅇᆞᆯ조차好ᅘᅩᇢ四숭千쳔

佛佛明몋好ᅘᅩᇢ十씹方바ᇰ世솅界갱옛善쎤光과ᇰ明몋相샤ᅇᆞ
눈佛佛相샤ᅇᆞᆯ想샤ᇰᄒᆞ야念ᄂ몋ᄒᆞ야想샤ᇰᄒᆞᆯ히眼안

十方애一切諸佛ㅅ三昧를다일우시니諸佛을供養ᄒᆞ시고一切衆生ᄋᆞᆯ濟渡ᄒᆞ시ᄂᆞ니大慈悲ᄅᆞᆯ니ᄅᆞ와다衆生ᄋᆞᆯ報호ᇙ緣이시ᄂᆞ니라

衆生ᄋᆞᆯ報ᄒᆞᄂᆞᆫ緣이
一切法이ᄒᆞᆫ相이라諸法이無相ᄒᆞᆯᄊᆡ報ᄒᆞᄂᆞᆫ緣等이自然히ᄒᆞᆫ衆生이니라

佛이慈悲方便으로衆生ᄋᆞᆯ報ᄒᆞ야이便安케ᄒᆞ시ᄂᆞ니라諸法은一切法의理一ᄒᆞᆯᄊᆡ義相ᄋᆞᆯ보면衆生이다一報ㅣ니ᄋᆞ諸衆生이다一報ㅣ라

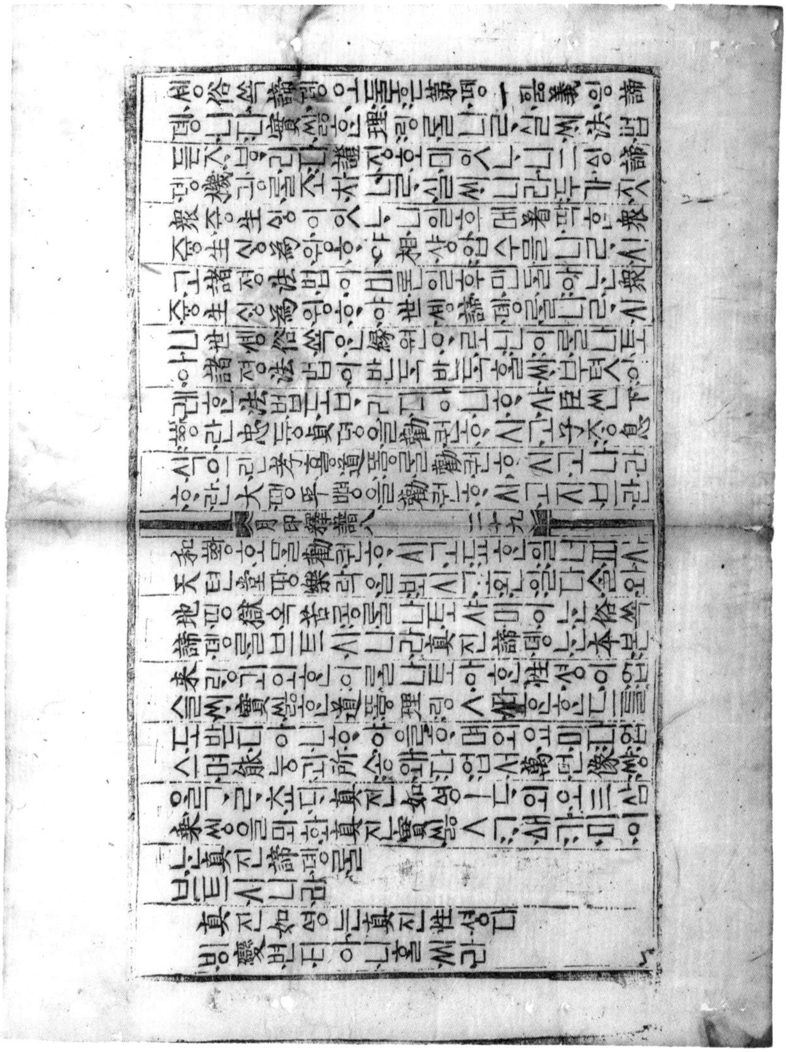

○ᄒᆞᆫ法법이로ᄃᆡ두ᄠᅳ데ᄂᆞᆫ호아잇ᄂᆞ니
實씷相샹ᄋᆞᆯ닐오ᄃᆡ비록일훔허다
아니ᄒᆞ며差창別볋ᄋᆞᆯ論론ᄒᆞ오ᄃᆡ
平뼝等등ᄋᆞᆯ허디아니ᄒᆞᄂᆞ니라
差창別볋은여러가지라
○眞진은잇ᄂᆞᆫ거시뷔오俗쑉ᄋᆞᆫ뷘거
슬잇다ᄒᆞᄂᆞ니俗쑉諦뎽ᄂᆞᆫ아셔도잇
ᄂᆞᆫ거시샹녜제뷔오眞진諦뎽ᄂᆞᆫ뷔여
도뷘거시이슈메ᄉᆞᄆᆞᆺᄂᆞ니라○相샹
ᄋᆞᆯ닐어萬먼法법이ᄂᆞ러니버러도實
씷엣得득ᄒᆞᆫ미업스며性셩ᄋᆞᆯ닐어ᄒᆞᆫ
가지로寂쪅滅멿ᄒᆞ야도緣원ᄋᆞᆯ조초매
막다아니ᄒᆞᄂᆞ니眞진은俗쑉ᄋᆡ眞진

月印釋譜八 三十

이라萬먼法법이절로입고俗쑉ᄋᆞᆫ眞
진ᄋᆡ俗쑉이라ᄒᆞᆫ性셩ᄋᆞᆫ時씽常썅다
ᄅᆞᄂᆞ니빈일후믈허디아니ᄒᆞᆯ씨녀와
이왓生싱滅멿이다ᄅᆞ고諸졍法법實
씷相샹ᄋᆞᆯ니ᄅᆞᆯ씨더와이왓生싱滅멿
아제업스니ᄒᆞ나아닌거긔ᄃᆞᆯ아닌곤
ᄃᆞᆯ볼길씨아로
샹녜ᄒᆞ니히오
智딩慧휑로ᄉᆞᄆᆞᆺ비취면法
법性셩이샹녜ᄒᆞ나히라
諦뎽예샹
녜ᄃᆞᆯ히니
聖셩人신ᄋᆞᆫ眞진ᄋᆞᆯ보고凡
뻠夫붕ᄂᆞᆫ俗쑉ᄋᆞᆯ보ᄂᆞ니라

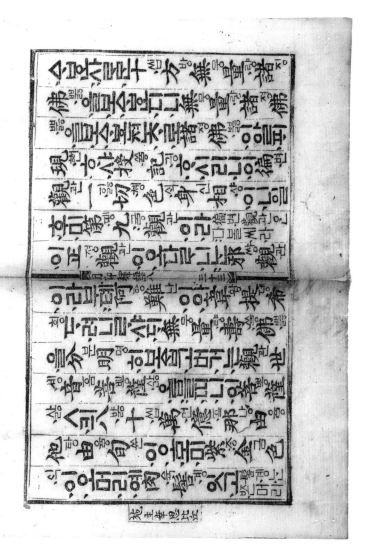

各各圓滿 ᄒᆞ야 各各光明五百由旬化 ᄒᆞᆯ씨라

圓 ᄒᆞᆯ시 五百由旬化 諸天에 釋迦佛菩薩尼 無ᄅᆞᆯ씨라

身道 ᄒᆞ이다 衆生ᄒᆞᆫ ᄆᆞᅀᆞᆷ에 一切色相伽 光明ᄒᆞᆯ씨라

釋迦佛 ᄒᆞ야 尼佛 ᄒᆞᆯ씨라 天 觀世音ᄒᆞᆫ ᄃᆞᆯ씨라

그 光明이 ᄆᆞᆺ 娑婆國에 가 보ᄃᆡ 十方世
界예 한 衆生ᄃᆞᆯ히 다 제 모미 大勢至菩薩ㅅ
몸 相 觀호ᄆᆞᆯ 第十一
阿僧祇劫 衆生罪 업게 ᄒᆞ며 뎌 나라해 나
ᄆᆞᆯ 보리라

〔釋譜〕

부텨 니ᄅᆞ샤ᄃᆡ 佛人ᄃᆞᆯ히 미妙ᄒᆞᆫ 國土 보ᄃᆡ
애 나ᄃᆞᆯ히 니르샤 大教 至 ᄒᆞ샤 觀音
호ᄃᆡ 西方 極樂 世界예 나ᅀᆞ아 坐ᄒᆞ야 안자
이셔

妙法蓮華經

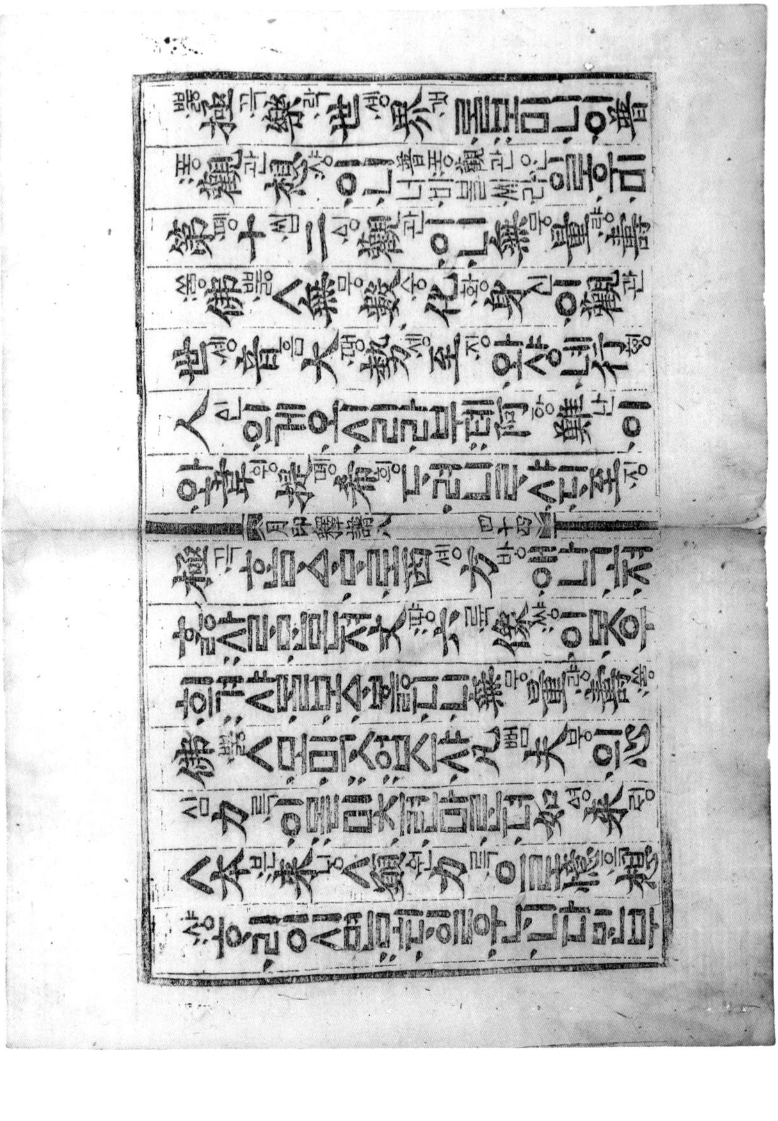
極끅樂락世솅界갱ᄅᆞᆯ 보ᅀᆞᄫᆞ리니 이 普
퐁觀관想샹이니 普퐁觀관ᄋᆞᆫ 너비 볼 씨라 일후미
第똉十씹二싱觀관이니 無뭉量량壽
쓯佛뿛ㅅ 無뭉數숭化황身신이 觀관
世솅音음 大땡勢솅至징와 샹녜 行ᅘᆡᇰ
人신의게 오시리라 부텨 阿항難난이
와 韋윙提똉希힁ᄃᆞ려 니ᄅᆞ샤ᄃᆡ 至징
月印釋譜 八 四十四
極끅ᄒᆞᆫ ᄆᆞᅀᆞ모로 西솅方방애 나고져
ᄒᆞᇙ 사ᄅᆞᄆᆞᆫ 몬져 丈땽六륙像썅이 못 우
희 겨샤ᄆᆞᆯ 보ᅀᆞᄫᆞᆯ 띠니 無뭉量량壽쓯
佛뿛ㅅ 모미 ᄀᆞ이 업스샤 凡뻠夫붕의 心
심力륵이 몯 미츠리언마ᄅᆞᄂᆞᆫ 뎌 如영來링
ㅅ 本본來링ㅅ 願원力륵으로 憶ᅙᅳᆨ想
샹ᄒᆞ리 이시면 반ᄃᆞ기 일우ᄂᆞ니 다ᄆᆞᆫ 부

像 福 相 阿彌陁佛 神通

十方 在

月印釋譜

形 體 眞金色佛

圓

觀

一切

報生相

大蓮一雜십三뎨
...阿彌陀佛化十三
教化觀阿彌陀佛生品이
功想觀이ㅎ야集品이라
觀이ㅎ야...

生精向顔衆生이
向...샤...ㅎ샤極...
精誠...설...며...
向...衆生...이
...衆生...生이

大勢至菩薩 ... 至ᄒᆞᆯ ...

乘 棄 敷 代 佛大
丘 ... 諸 七寶 閣廣 報
觀世 ... 金剛臺 ... 菩薩 殿
菩薩 ... 行 ... 人 阿彌
彌陀佛 ... 光明 ... 諸菩薩

行者 菩薩 迎 ... 觀世音菩薩 大勢
如 至 無數 ... 大勢至 行
者 讚嘆 ... 歡喜
야 金剛 行者 一 ᄆᆞᄋᆞᆷ 歡喜
踊躍 ᄒᆞ야 ...

286

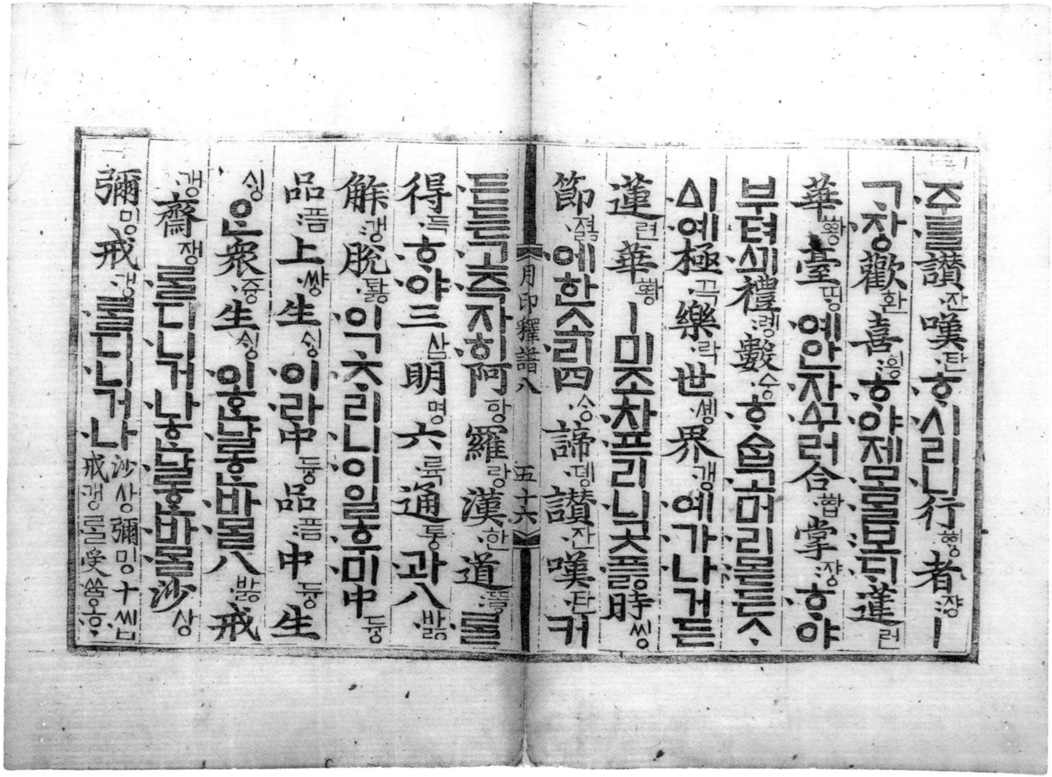

주ᄅᆞᆯ 讚잔歎탄ᄒᆞ시리니 行ᅘᆡᇰ者쟈ᇰㅣ
ᄀᆞ장 歡환喜힁ᄒᆞ야 제 모ᄆᆞᆯ 보ᄃᆡ 蓮련
華ᅘᅪᇰ臺ᄄᆡᆼ예 안자 ᄉᆞ구려 合ᅘᅡᆸ掌쟝ᄒᆞ야
부텨ᄭᅴ 禮롕數숭ᄒᆞᅀᆞᄫᅩ 머리 몰 드ᅀᆞ
ᄫᆞ시 極끅樂락世솅界갱예 가나거든
蓮련華ᅘᅪᇰㅣ 미조차 프리니 곧 時씽
節졇에 한 소리 四ᄉᆞᆼ諦뎅 讚잔歎탄커

月印釋譜八 五十六

든 듣고 즉자히 阿항羅랑漢한道똫ᄅᆞᆯ
得득ᄒᆞ야 三삼明명 六륙通통과 八밣
解갱脫탏이 ᄀᆞᄌᆞ리니 이 일후미 中듕
品픔上썅生싱이라 中듕品픔中듕生
싱ᄋᆞᆫ 衆쥬ᇰ生싱이 ᄒᆞᄅᆞ나 ᄒᆞᄅᆞ바ᄆᆞᆯ 八밣戒
갱齋쟁ᄅᆞᆯ 디니거나 ᄒᆞᄅᆞ나 ᄒᆞᄅᆞ바ᄆᆞᆯ 沙상
彌밍戒갱ᄅᆞᆯ 디니거나 沙상彌밍十씹戒갱ᄅᆞᆯ 受쓯ᄒᆞ야

ᄂᆞ니라 ᄒᆞᄅᆞ ᄒᆞᆫ 바ᄆᆞᆯ 具꿍足죡戒갱ᄅᆞᆯ 디
니거나 ᄒᆞ야 具꿍足죡戒갱ᄂᆞᆫ ᄀᆞᄌᆞᆫ 戒갱니 五옹戒갱ᄂᆞᆫ 下ᅘᅡᆼ品
픔이오 十씹戒갱ᄂᆞᆫ 中듕品픔이오 具꿍戒갱ᄂᆞᆫ 上썅品픔이라 威휭
儀읭 이ᄌᆞ디 업서 威휭儀읭ᄂᆞᆫ 擧겅動똥이라 ᄒᆞᄃᆞᆺᄒᆞᆫ 마리
라 이 功공德득으로 廻횡向향ᄒᆞ야 極
끅樂락國귁에 나고져 ᄒᆞ야 戒갱香향
ᄋᆞᆯ 퓌워 닷ᄂᆞᆫ 사ᄅᆞ미 命명終즁ᄒᆞᆯ 저긔

月印釋譜八 五十七

阿항彌밍陁땅佛뿛이 眷권屬쑉과로
金금色싁光광ᄋᆞᆯ 펴시고 七칧寶봉蓮련
華황 가지샤 行ᅘᆡᆼ者쟝이 앏ᄑᆡ 오나
시ᄂᆞᆫ 行ᅘᆡᆼ者쟝ㅣ 드로ᄃᆡ 空콩中듕에
셔 讚잔嘆탄ᄒᆞ야 니ᄅᆞ샤ᄃᆡ 善쎤男남
子ᄌᆞᆼ아 네 三삼世솅諸졍佛뿛ㅅ 敎ᅙᅭᇢ
法법을 조차 順쓘ᄒᆞᆯᄊᆡ 내 와 니ᄅᆞᆯ 맛노

行者ㅣ ... 世界예 ... 蓮華 ... 世尊이 ... 得ㅎ야 ... 阿羅漢 ... 男子 女人 ... 阿 ... 藏 ...

296

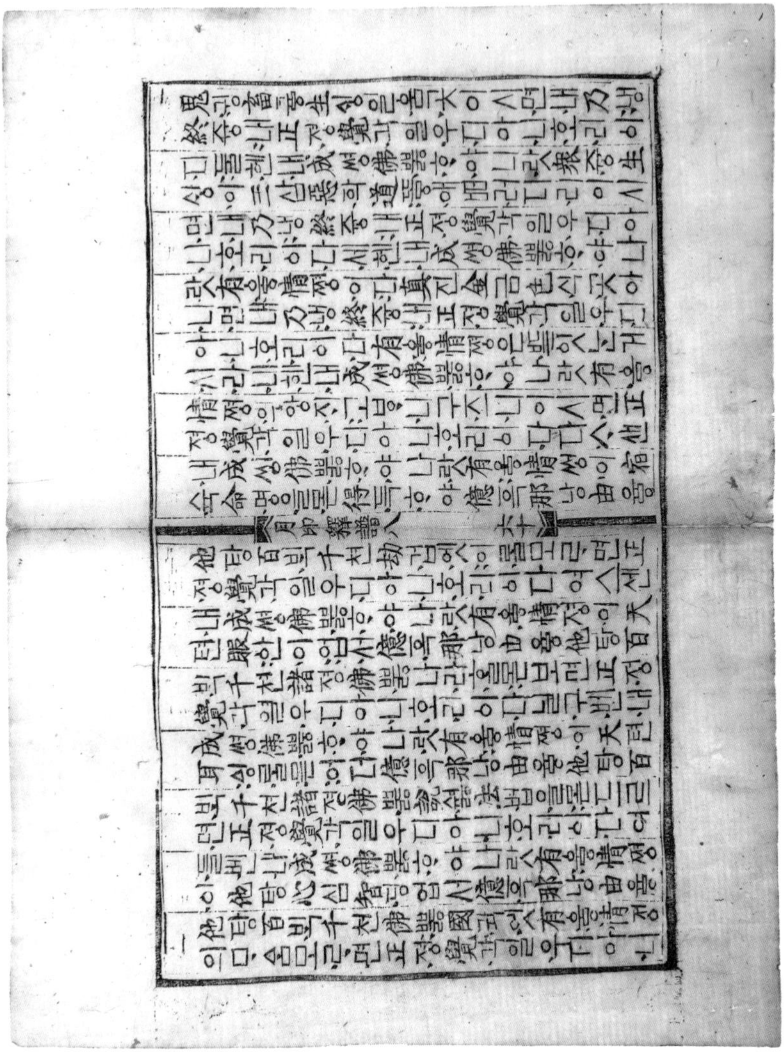

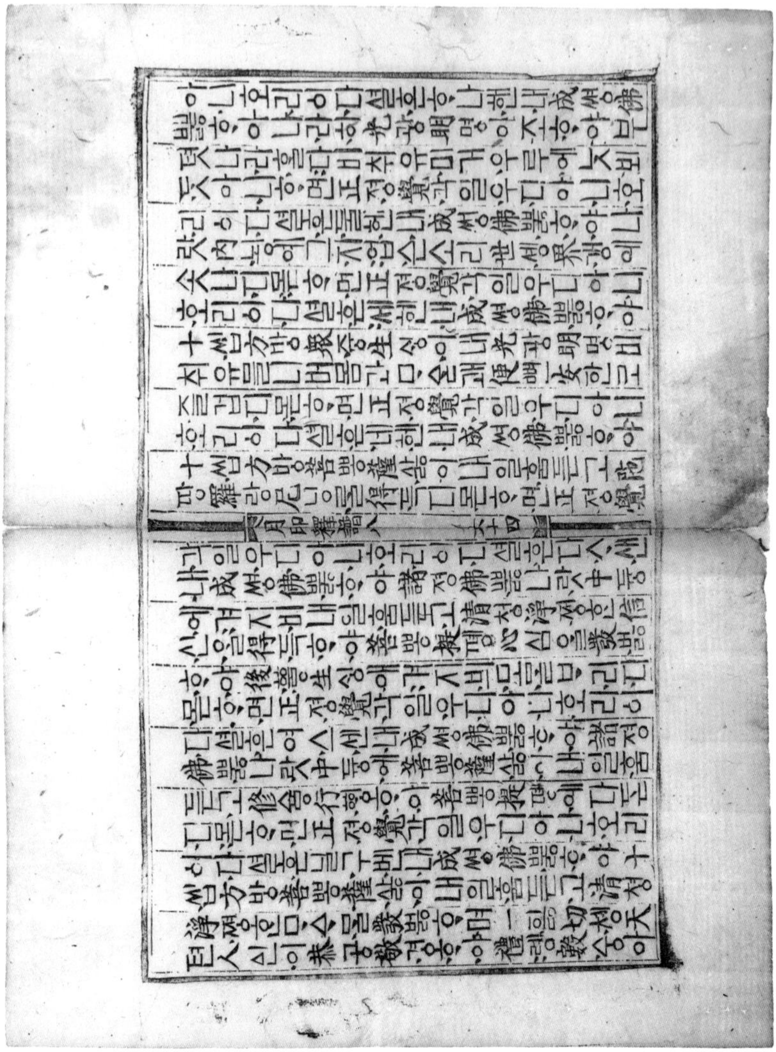

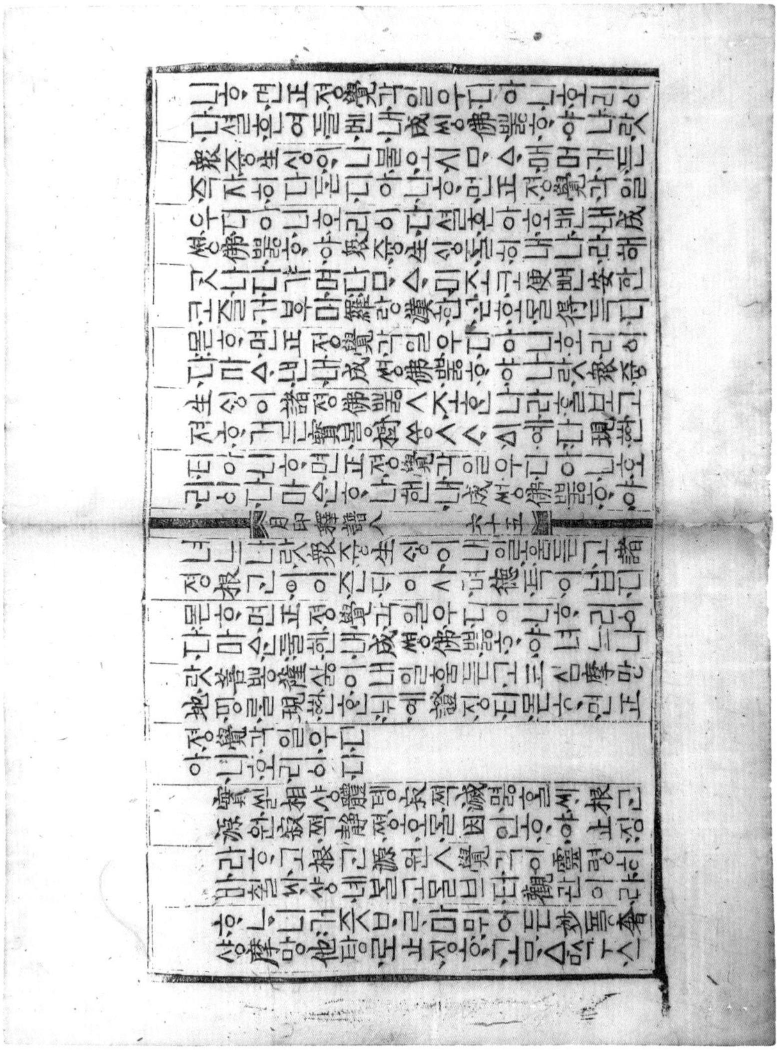

니ᄒᆞ면 正졍覺각일 우디 아니ᄒᆞ리이
다 셜흔여듧 번 내 成쎵佛뿛ᄒᆞ야 나랏
衆즁生ᄉᆡᆼ이 니블오시 ᄆᆞᄆᆡ며 거든
즉자히 다 ᄃᆞ외디 아니ᄒᆞ면 正졍覺각일
우디 아니ᄒᆞ리이다 셜흔아ᄒᆞᆸ 번 내 成
쎵佛뿛ᄒᆞ야 衆즁生ᄉᆡᆼ 돌히 내 나라해
굿 나다가 ᄆᆞᅀᆞ미 조코 便뼌安한
코 즐거부미 羅랑漢한 ᄂᆞᆫ ᄒᆞ뎔 得득디
몯ᄒᆞ면 正졍覺각일 우디 아니ᄒᆞ리이
다 마ᅀᆞᆫ 번 내 成쎵佛뿛ᄒᆞ야 나랏 衆즁
生ᄉᆡᆼ이 諸졍佛뿛ᄉ 조ᄒᆞᆫ 나라ᄒᆞᆯ 보고
져 ᄒᆞ거든 寶봉樹쓩ᄉ 소시예 다 現현
ᄒᆞ디 아니ᄒᆞ면 正졍覺각일 우디 아니ᄒᆞ
리이다 마ᅀᆞᆫ ᄒᆞ나 ᄒᆞᆫ 내 成쎵佛뿛ᄒᆞ야

月印釋譜 八 六十五

녀느 나랏 衆즁生ᄉᆡᆼ이 내 일후믈 듣고 諸
졍根ᄀᆞᆫ이 이즈디 이사 德득이 넙디
몯ᄒᆞ면 正졍覺각일 우디 아니ᄒᆞ리이
다 마ᅀᆞᆫ 둘헨 내 成쎵佛뿛ᄒᆞ야 녀느 나
랏 菩뽕薩삻이 내 일훔 듣고 三삼摩망
地띵를 現현ᄒᆞᆫ ᄢᅴ예 證징티 몯ᄒᆞ면 正
졍覺각일 우디 아니ᄒᆞ리이다
實씷相샹 體톙 寂쪅滅멿ᄒᆞᆯ씨 根ᄀᆞᆫ
源원 寂쪅靜쪙ᄒᆞᆯ 因인ᄒᆞ야 止징
라 ᄒᆞ고 根ᄀᆞᆫ源원ᄉ 覺각이 靈령ᄒᆞᆯ
바ᄅᆞᆯ ᄡᅡ샹 네 보고 ᄆᆞᄅᆞᆯ브터 觀관이라
ᄒᆞᄂᆞ니 ᄀᆞ자 ᄆᆞᆯ미 어든 妙묠를 奢
샹摩망他탕로 止징ᄒᆞ고 ᄆᆞᅀᆞ 스

엄거늘 文문殊쓩ㅣ 과ᄒᆞ야 니ᄅᆞ
샤ᄃᆡ 文문字ᄍᆞㅣ며 말ᄊᆞᆷ 업수메
니ᄅᆞ로미 둘 아닌 法법門몬애 眞
진實씷로 ᄃᆞ로미니 그럴ᄊᆡ 實씷
相샹ᄋᆞᆫ 말ᄊᆞᆷ과 ᄆᆞᅀᆞᆷ 緣원等둥
엣 相샹ᄋᆞᆯ 여흰 ᄃᆞᆯ 아ᄅᆞᆯ디라
○止징 세 가지니 妙묗奢샹摩망他
탕ᄂᆞᆫ 體톙眞진止징오 三삼摩망地
띵ᄂᆞᆫ 方방便뼌隨쓍緣원止징오 禪
션那낭ᄂᆞᆫ 息식二ᅀᅵᆼ邊변分분別볋
止징라 無뭉明명ᄀᆞᆺ로미 곧 이 實
씷相샹ᄋᆡ 眞진인 ᄃᆞᆯ 體톙得득ᄒᆞ미
體톙眞진止징니 眞진諦뎽예 止징
ᄒᆞ미오 이 實씷相샹이 一힗切쳉고

月印釋譜八 六十七

대ᄃᆞ ᄣᅢ디옛거든 緣원을 조차 境경
을 ᄌᆞ나ᄃᆞ ᄆᆞᅀᆞ미 뮈디 아니ᄒᆞ미 方
방便뼌隨쓍緣원止징니 俗쑉諦뎽
예 止징ᄒᆞ미오 生싱死ᄉᆞᆼ涅녏槃빤
이 ᄃᆞ 업수미 ᄃᆞ녁 ᄀᆞᆺᄂᆞᆫ ᄒᆞ오미 업슨
止징니 中듕道똫애 止징ᄒᆞ마라○
ᄒᆞᆫ 念념도 相샹 업수미 空콩이오 몬
ᄀᆞᄌᆞᆫ 法법 업수마 假강ㅣ오 ᄒᆞ나 아
니며 다ᄅᆞ디 아니ᄒᆞ미 中듕이라 假
강로써 空콩觀관애 드로미 ᄯᅩ 二ᅀᅵᆼ
諦뎽觀관이라 ᄒᆞᄂᆞ니라 空콩ᄋᆞ로
쎠 假강觀관애 드로미 ᄯᅩ 平뼝等둥
觀관이라 ᄒᆞᄂᆞ니라 이 ᄃᆞ 觀관ᄋᆞᆯ 브
터 方방便뼌ᄒᆞ야 中듕道똫애 드로

ㅎ야 ... ᄒᆞ리라 ᄒᆞ시고 極
극락(極樂)셰(世)계(界)예 니르면 極樂世界
觀관(觀)음(音) 大땡(大)勢(勢)至(至) ... 劫겁(劫)
아(阿)라(羅)한(漢) ... ᄒᆞ며
中듕(中) ... 下(下)品(品) ... 生(生) ...
菩뽕(菩)薩(薩) 生(生) 想(想) ...

五(五) 觀관(觀) ... 阿(阿) 衆(衆) ... 品(品)
菩뽕(菩)提(提) 希(希) ... 上(上)品(品)
... 業(業) ... 報(報) ... 方(方)
經(經) ... 法(法) ...
... 終(終) ... 法(法) ... ᄒᆞ시니라

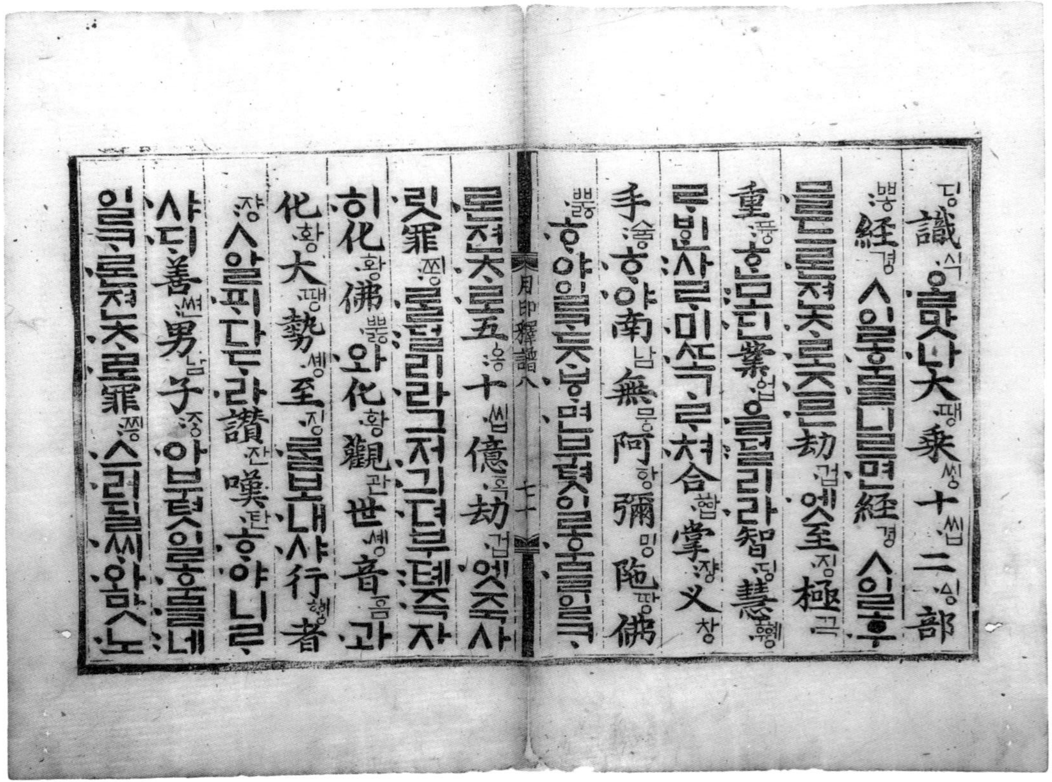

識식ᄋᆞᆯ 몯ᄒᆞ나 大땡乘씽 十씹二싱部
뽕經경ㅅ 일후믈 드르면 經경ㅅ 일훔
믈 드론 젼ᄎᆞ로 즈믄 劫겁엣 至징極끅
重뜡ᄒᆞᆫ 모딘 業업을 덜리라 智딩慧쮕
ᄅᆞ뷘 사ᄅᆞ미 ᄯᅩ ᄀᆞᄅᆞ쳐 合헙掌쟝叉창
手슐ᄒᆞ야 南남無뭉阿항彌밍陀땅佛
뿛ᄒᆞ야 일ᄏᆞᄅᆞ면 부텻 일훔 일ᄏᆞ

月印釋譜 八 七十

ᄅᆞᆫ 젼ᄎᆞ로 五옹十씹億즉劫겁엣 주사
릿 罪쬥ᄅᆞᆯ 덜리라 그저긔 부톄 주자
ᄒᆡ 化황佛뿛와 化황觀관世솅音음과
化황大땡勢솅至징ᄅᆞᆯ 보내샤 行행者
쟝ㅅ 알ᄑᆡ 다ᄃᆞ라 讚잔嘆탄ᄒᆞ야 니ᄅᆞ
샤ᄃᆡ 善쎤男남子ᄌᆞᆼ아 부텻 일후믈 일ᄏᆞ
ᄅᆞᆫ 젼ᄎᆞ로 罪쬥 스러딜ᄊᆡ 와 맛노

比讚嘆ᄒᆞ᷎야 實ᄒᆞᆫ 戒와 定과
와 解脫와 解脫와 知見을 ᄀᆞ초
ㅅ讚歎ᄒᆞᅀᆞᄫᅡ 實ᄒᆞ샤 얼굴 이러
十地ᄅᆞᆯ 億劫에 옛 여러 가짓 됴ᄒᆞᆫ 몸ᄋᆞᆯ 化
ᄂᆞ니 아니ᄒᆞ야 사ᄆᆞ로셔 나ᄉᆞ와ᄒᆞᆯ씨오 化
佛은 諸佛月印華嚴人ᄂᆞᆫ 念ᄒᆞᆯ씨오

七寶ᄂᆞ로 썅엄소 初ㅅ 劫을 내야 蓮華
ㅅ 고ᄅᆞᆯ 觀ᄒᆞᆯᄊᆡ世예 닷거 大 劫 화
至 淸淨ᄒᆞᆫ 大乘에 숑긔 ᄒᆞ기ᄂᆞᆫ 感
經典을 니르ᄂᆞ니ᄉᆞᆯ 法을 듣ᄌᆞᄫᅡ 所

[원전] 광흥사 월인석보 권8   311

大悲音聲菩薩을 야 諸

法實相相 을 니르리니

菩提心을 發호야 諸人相을 디녀

이를 오디 妙法蓮華 生想 十大

第十六 五百傳

信調柔提希 五百傳

女世界廣長相 樂生忍

經三 羅

三經

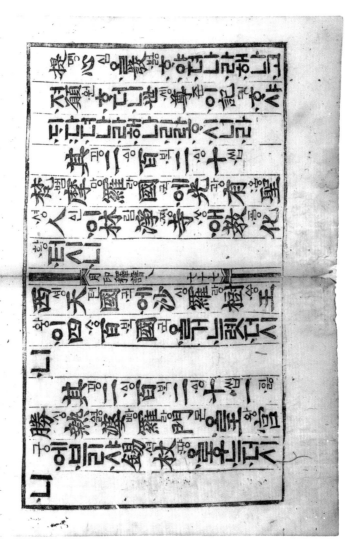

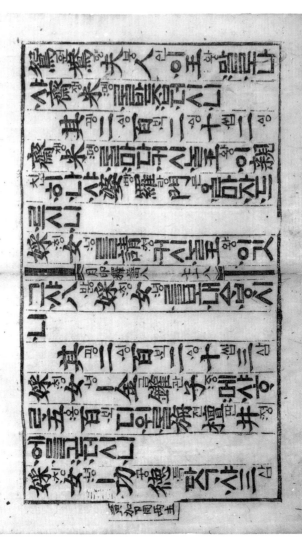

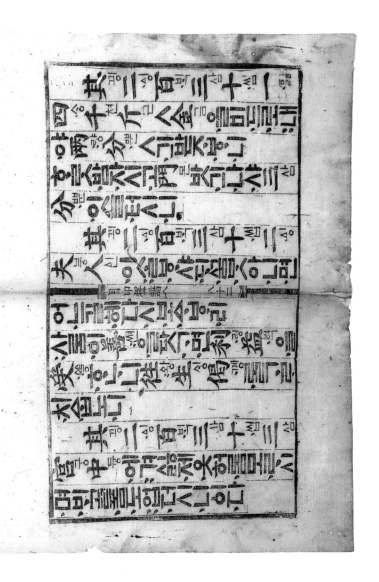

其二

其十三

其十五

其十六

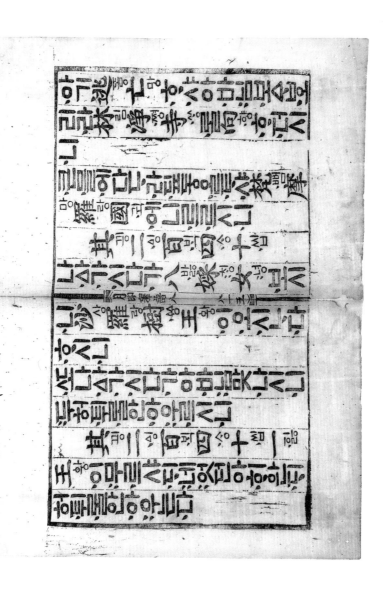

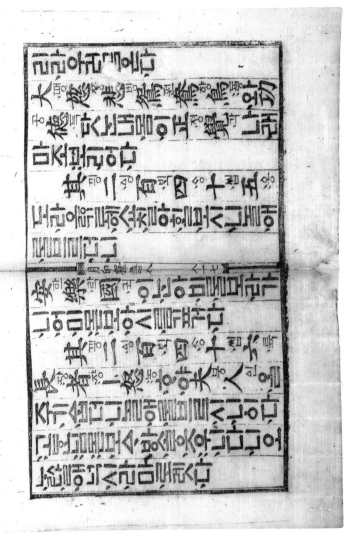

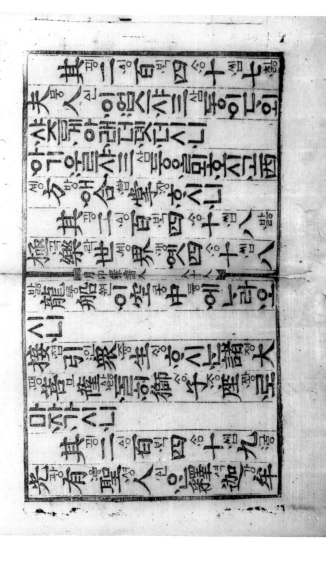

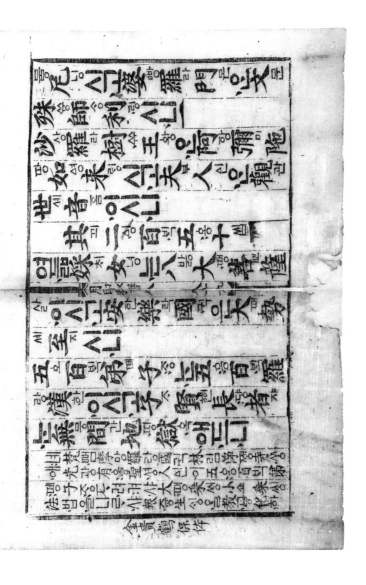

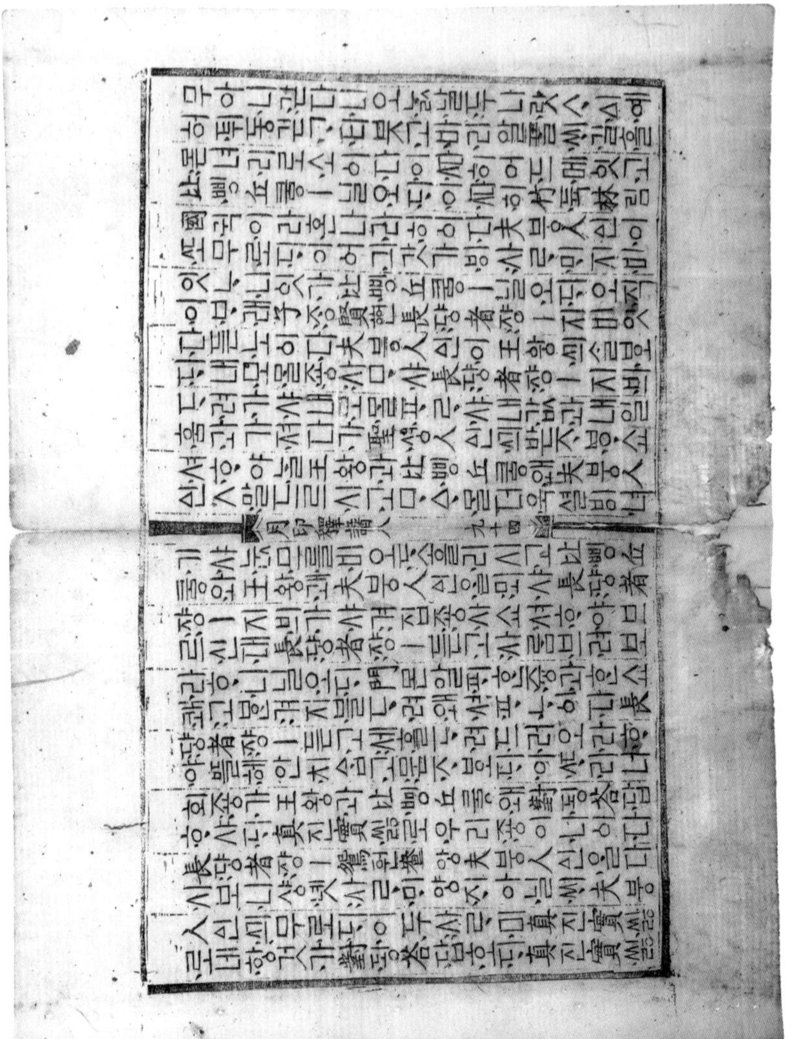

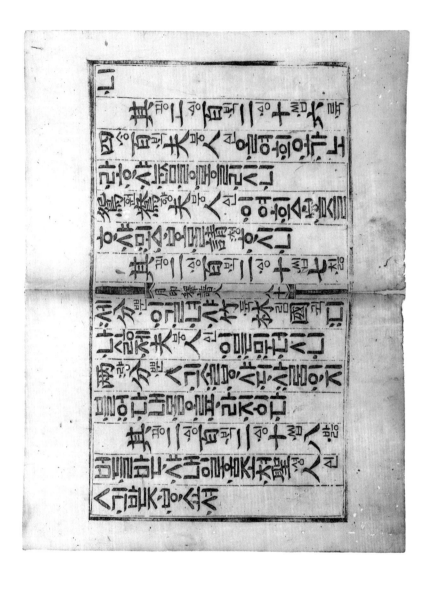

니 徃왕生싱偈꼥ᄅᆞᆯ 브르며 摩망訶항
栴젼檀딴우 므를 기러 가거늘 安한
樂락國귁이 무로ᄃᆡ 너희 브르논 偈꼥
ᄂᆞᆫ 어드러셔 나뇨 妹ᄎᆡ女녕ㅣ 對됭荅답
ᄒᆞᄃᆡ 西솅天텬國귁 沙사羅라樹쓩
大땡王왕 鴛훤鴦향夫붕人신 偈꼥
니 우리도 沙상羅랑樹쓩大땡王왕ㅅ
夫붕人신ᄃᆞᆯ히라니 勝싱熱셣婆빵
羅랑門몬 比삥丘쿻ㅣ 우리 王왕宮궁
의 가샤 우리ᄅᆞᆯ ᄃᆞ려오사고 後흫에 다
시 가샤 沙상羅랑樹쓩大땡王왕과 鴛
훤鴦향夫붕人신이 뫼셔오시다가 夫
붕人신이 허튀 알ᄒᆞ거르믈 몯거르실
씨 王왕과 比삥丘쿻왜 竹듁林림國귁

子ᄌᆞᆼ賢현長댱者쟝ㅣ 지븨 모셔다가
ᄌᆞᆼ사마 ᄑᆞ라시ᄂᆞᆯ 夫붕人신이 여희싫
저긔 大땡王왕ᄭᅴ ᄉᆞᆯᄫᆞ샤ᄃᆡ 往왕生싱
偈꼥ᄅᆞᆯ 외오시면 골폰 ᄇᆡ도 브르며 헌
옷도 새곤ᄒᆞ리니 淨쪙土통애 ᄒᆞᆫᄃᆡ 가
나사이다 ᄒᆞ야 사니ᄂᆞᆯ 王왕이 바ᄒᆞ샤 ᄉᆞᆫ
지 그치디 아니ᄒᆞ야 외오시ᄂᆞ니 우리
도 이 偈꼥ᄅᆞᆯ 조ᄍᆞᄫᆞ 외오ᄂᆞ소라 安한
樂락國귁이 무로ᄃᆡ 沙상羅랑樹쓩大
땡王왕이 어듸 겨시뇨 對됭荅답ᄒᆞᄃᆡ
길헤 믈 기러오시ᄂᆞ니라 安한樂락國
귁이 그 말 듣고 길흐로 向향ᄒᆞ야 가다
가 아바니믈 맛나ᄉᆞᄫᆞ 두 허튀를 안고
우더니 王왕이 무르샤ᄃᆡ 이 아기 엇더

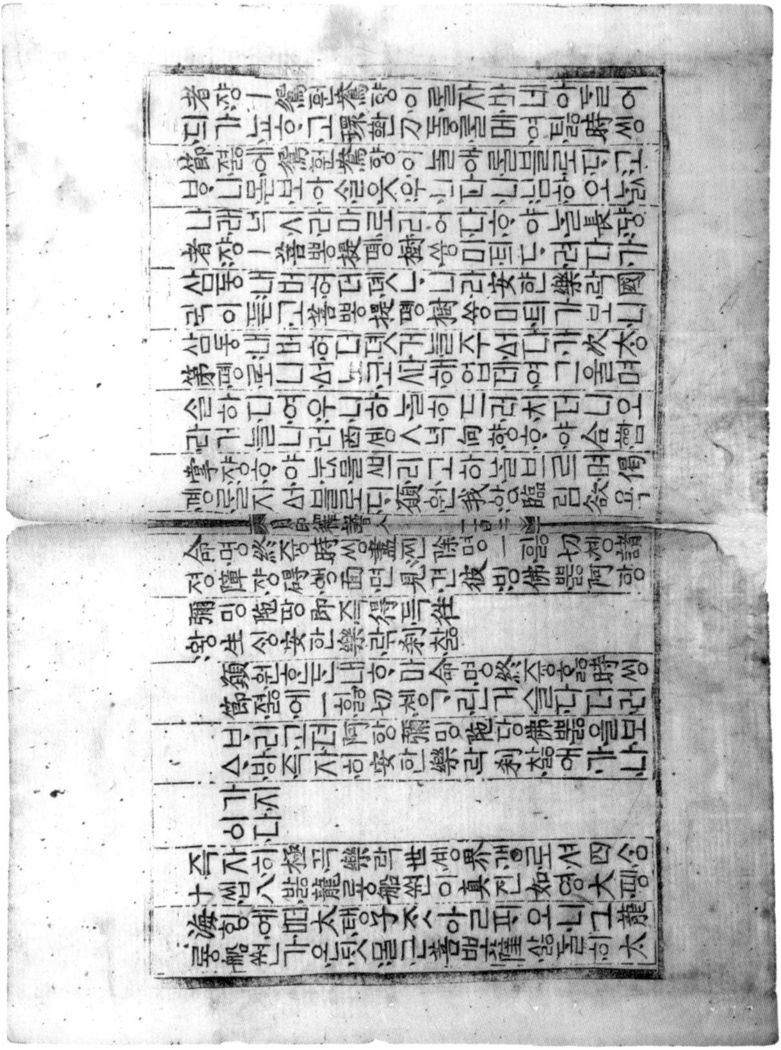

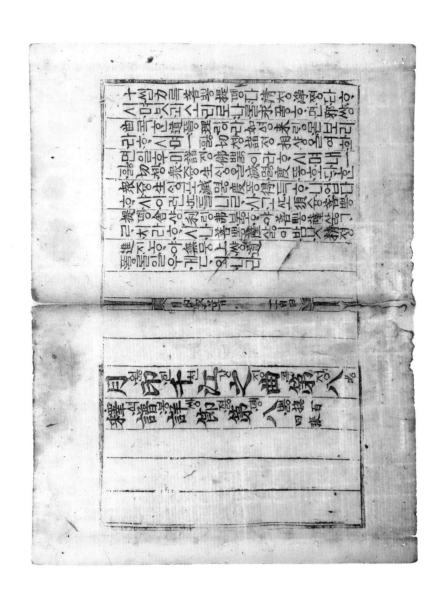